U0114141

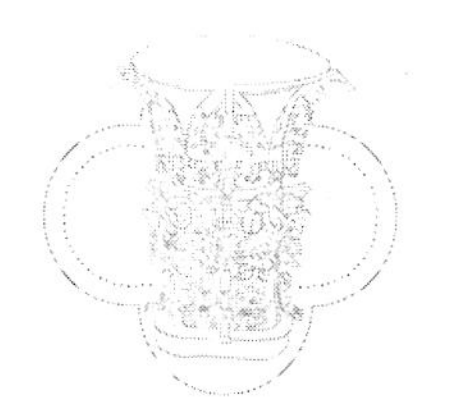

丁　玮

1969年生，中国政法大学法学博士，哈尔滨工程大学人文社会科学学院副教授，硕士研究生导师，黑龙江省法学会宪法学研究会副会长。主要研究领域为法律史、比较法律文化、宪法等。主持和参加国家社科基金项目等20余项，出版相关领域学术专著2部，发表学术论文40余篇，代表作为《“三礼”中的礼法关系考辨》。

中国传统法哲学基本范畴研究

丛书主编 於兴中 李其瑞

法与礼

丁玮 著

知识产权出版社
全国百佳图书出版单位
—北京—

图书在版编目（CIP）数据

法与礼 / 丁玮著. —北京：知识产权出版社，2023.6
（中国传统法哲学基本范畴研究 / 於兴中, 李其瑞主编）
ISBN 978-7-5130-8656-1

Ⅰ. ①法⋯ Ⅱ. ①丁⋯ Ⅲ. ①法哲学—研究—中国—古代 Ⅳ. ①D909.22

中国国家版本馆CIP数据核字（2023）第004113号

责任编辑：薛迎春　　**责任校对：**潘凤越
封面设计：黄慧君　　**责任印制：**刘译文

法与礼
丁　玮　著

出版发行：知识产权出版社有限责任公司	网　　址：http：//www.ipph.cn
社　　址：北京市海淀区气象路 50 号院	邮　　编：100081
责编电话：010-82000860 转 8724	责编邮箱：471451342@qq.com
发行电话：010-82000860 转 8101/8102	发行传真：010-82000893/82005070/82000270
印　　刷：三河市国英印务有限公司	经　　销：新华书店、各大网上书店及相关专业书店
开　　本：880mm × 1230mm　1/32	印　　张：11
版　　次：2023 年 6 月第 1 版	印　　次：2023 年 6 月第 1 次印刷
字　　数：286 千字	定　　价：89.00 元

ISBN 978-7-5130-8656-1

丛书编委会

（以姓氏笔画为序）

总 序

酝酿多年的“中国传统法哲学基本范畴研究”丛书即将付梓，作为丛书主编，我们在深感荣幸的同时，也不免有些忐忑，觉得有不少问题需要予以澄清和交代。本丛书将是国内外首批研究中国传统法哲学基本内涵的系列著述，其本身的学术意义在于，它既是一个奠基之作，又是引领该领域学术研究之滥觞。中国作为一个拥有数千年文明史和深厚法律文化传统的国家，迄今尚未有一本系统研究中国传统法哲学基本范畴的著作面世，实属憾事。鉴往知来，没有对过往的梳理和挖掘，就没有深刻的反省和明晰的方向。只有挖掘历史，才能推陈出新和面向未来。可见，建立体现中国特色的“中国的”法哲学，依然任重而道远。

有鉴于此，很有必要认真研究中国传统法哲学的基本内涵及精髓要义。从“五伦五常”“四维八德”等基本范畴入手，阐发这些概念固有的含义及其与法之关系，并在此基础上，通过概念分析方法展现一种以中国元素为特点的、中国传统法哲学的范畴体系，进而将其推介给国际法哲学界。这便是本项目研究的目的和拟承担的任务。

本丛书以严谨的、专业化的原创性学术研究为原则，以爬梳、整理大量可靠的史料和文献为基础，旨在全面深入地挖掘并展示中国传统文化中有关“法”的基本概念体系，或者说有关支撑中国“法”概念的相关概念体系，以及随着历史变化这些概念的时代内涵和长久的生命力，力争让世界法学界更多地了解中国的法学话语体系及其法律制度的特色，增强中国法学研究的世界影响力。这一持续的努力，必将对西方社会了解中国传统法律文化，理解中国推进国家治理体系和治理能力现代化及中国法治发展模式，提供更深远的历史视角和更丰厚的文献基础。

一、什么是法哲学？

本丛书主要探讨的是中国传统法哲学的基本概念，因此，首先有必要澄清什么是法哲学这个问题。法哲学不同于法律思想史和法律制度史，但与两者均有联系。“philosophy of law”这个说法是欧洲的，而不是英美的，但是后来英美学界也接受了这个说法，大体上用指法理学（jurisprudence）。德国学者阿图尔·考夫曼（Arthur Kaufmann）区分了法律学说（legal doctrine, rechtsdoktrin）、法律理论（legal theory, rechtstheorie）和法哲学(philosophy of law, rechtsphilosophie)，认为学说是关于某一事物的详细说法，比如公序良俗、自由意志。好多学说的集合就构成理论。比如民法理论就是由好多学说构成的，合同法、刑法以及行政法理论亦然。从理论中提炼出来的最基本的抽象的概念就构成了法哲学。法哲学的基本概念其实并不多，但它们适用于各个法律部门，比如公正、权利、自由等。无论民法、刑法、刑事诉讼法，还是宪法、行政法，都要讲公正、权利、自由，等等。

然而，如果从已经出版的法哲学著作的体例来看，人们对法哲学的理解还是大不相同的，至少可以分出三种类型来。第一种是比较传统的写法，探讨法律是什么，法律的功能是什么，法律和其他学科之间的关系如何，这方面的著作可以庞德的《法哲学导论》为例子。[1]第二种是将法哲学这个概念等同于法理学。内容不仅包括法哲学的基本概念，而且包括各个部门法学的一些基本

---

〔1〕［美］庞德：《法哲学导论》，于柏华译，商务印书馆 2020 年版。

原理。这类作品比较任性，有时候会包括一些作者认为重要，但事实上并不重要的题目。这在丹尼斯·帕特森（Dennis Patterson）、安德瑞·马默（Andrei Mamor）等人的法哲学著作中可以窥见一斑。[1]第三种类型是个人根据自己的喜好，或者侧重某一个学派，或者侧重某一个群体，或者侧重某些问题，详细陈述，称之为法哲学的著作。比如登特列夫（d' Entreves）的《自然法》[2],副标题是“法律哲学导论”，实际上谈的是自然法。再如德沃金的法哲学读本，它实际上是德沃金选择了自己认为重要的一些问题，和几位同人一起写成的一本书，名曰“法哲学”，实际上探讨的是编者认为重要的法律问题，既没有体系，也没有多少理论。[3]

本丛书在狭义的角度使用法哲学这一术语，主要涉及诸如仁义礼智信等重要的概念，而这些概念不同于西方法哲学的基本概念。实际上，它们在中国古代社会中起到了理顺人际关系、规范社会秩序的作用。这些重要的概念或范畴在一定意义上就是一种中国人认为的“法”，“仁政”“义理”“礼和”“睿智”“诚信”，它们无不发挥着规范人们行为之功能。正如董仲舒在《举贤良对策》中所言：“仁谊礼知信，五常之道”，“常道”实际上就是与天地长久的经常法则。也正是“五伦”等这些基本的范畴，构成了中国人对“法”的独特理解和认识，成为支撑中国传统法哲学体系的四梁八柱。

二、世界法哲学大要及中国法哲学的缺席

世界主要发达国家均为人类法治文明贡献了具有民族特色的

---

〔1〕 Dennis Patterson, *A Companion to the Philosophy of Law and Legal Theory*, Wiley-Blackwell, 1st Edition, 1999; Andrei Marmor, *Philosophy of Law*, Pinceton University Press, 2014.

〔2〕 [意] 登特列夫:《自然法: 法律哲学导论》，李日章等译，新星出版社 2008 年版。

〔3〕 Ronald Dworkin, *The Philosophy of Law*, Oxford University Press, 1977.

法哲学，例如，德国的概念法学、英国的分析法学、美国的经济分析法学，等等，都是具有鲜明民族文化特征的法哲学。西方传统文化中的基本概念对其法哲学及法治文明发达起到了重要作用。产生于两希文化的“正义”“权利”“平等”“自由”“法治”等概念，在西方的历史长河中起到了举足轻重的导向作用，而对这些概念的研究也从未中断。关于这些概念的研究形成了不同的学术派别和研究传统，较为显著的包括关于权利和正义的自然法学说、实证主义学说、功利主义学说，等等。

截至目前，无论汉语世界还是英语世界，还没有一本系统探讨中国传统法哲学概念范畴的著述问世。梁启超的《中国法理学发达史》以法理学之名论述法律思想史。民国时期，学者陈顾远著有《中国文化与中华法系》，倡导“四维八德”（礼义廉耻，忠孝仁爱信义和平）的法律理论；杨鸿烈著有《中国法律发达史》等书，言及法律制度与法律思想，具有国际视野。台湾学者张伟仁的近著《寻道》一书，从比较法的立场探讨古代思想家的法律思想，是一本重要的法学著作。台湾学者黄源盛著有《中国传统法制与思想》等书，制度史与思想史并重。梁治平的《寻求自然秩序的和谐》尝试从文化解释立场对中国古代法文化进行研究。江山的《中国法的理念》是一部从历史与逻辑视角分析中国法的内在精神理念的学术著作。俞荣根先生的《礼法传统与中华法系》等书是法律文化研究中的杰作。日本学者对中国法制史颇有研究，著述甚夥，但对中国法律哲学的研究尚未有显著成果。西方学者200多年前开始翻译并研究中国法律及其历史，间或有人论及法的基本概念。具有里程碑意义的一项研究是D. 布迪和C. 莫里斯的《中华帝国的法律》，主要从案例入手探讨中国清代法律制度，偶有提及法律概念。还有，德国汉学家何意志的《中国法律文化概要》一书，也从历史和区域的视角展示了中国法文化的诸要素。但是，上述优秀著述所讨论的并不是法哲学的概念范畴。

当然，从某种意义上来说，作为一门学问或知识体系，法哲学就是法哲学，无所谓东西之分。所以提倡发展中国传统法哲学基本概念范畴体系，似乎并不是一件可为之事。然而，对法哲学有过关注的人都会注意到，目前我们所说的法哲学的基本概念都是来自西学。虽然这些基本概念具有相当的普适性，但这并不排除其他文化里发展出法哲学的可能性。尽管可以说，中国传统法哲学也是世界法哲学的一个组成部分，但是，中国传统法哲学有其鲜明的自身特点和独有的概念系统。举例而言。现在通行的法哲学，也就是我们都能够接受的普遍（一般）的法哲学，主要是以正义、自由、平等、权利、法治等概念组成的。反观中国历史文化上的一些主要概念，诸如仁、义、礼、智、信等，这些概念事实上与现有的法哲学的概念是大不相同的，而建立在中国的这些传统文化价值上的法哲学有它自己的原创性和独特性。

当然，更重要的可能是因为哲学并不是一种科学，尽管当初科学是从哲学里分离出来的一个学科。随着科学主义思潮的勃兴，科学后来成为普适的学问。科学体现了客观性和唯一性，其解决的是真假的问题，要么真要么假，不存在既真又假的事物。如果将美国的物理学和中国的物理学予以区分，未免有点儿可笑。因为物理学就是物理学，在美国或中国都是一样的学问。而哲学则不然，哲学中主要范畴所代表的价值观并不是科学的定理，哲学既要面对真假问题，更要解决善恶的问题，而对善恶的价值评判又是多元的，往往带有很强的民族特点和文化色彩。故此，中国哲学或美国哲学的提法是能够讲得通的。因为它们所包含的核心价值、所研究的基本范畴、所采用的方式方法都是不一样的。或者说，不能将物理学区分为中国的或美国的，是由于这是一个事实（科学）领域的问题，而可以将哲学区分为中国的或美国的，在于它是一个价值（文化）领域的问题。

近代以来，中国法学的研究基本上从欧美法学汲取灵感、移植问题并照搬解决问题的方法，根本原因是我们尚不具备从事自主性研究的理论准备和相应的学术水平。而欧美法学在世界范围内的影响及其话语霸权也不允许弱势文化发展具有自己特色的法学。面对全球所出现的新形势新态势，中国亟待建设和完善自我的学术体系、话语体系，尤其在深入挖掘优秀传统文化资源方面，要具有“为天地立心，为生民立命，为往圣继绝学，为万世开太平”的志向和勇气。

近年来，世界法哲学研究呈现“无王期”的时代特征，为中国法哲学的发展提供了很好的契机。在21世纪初以来的法哲学国际舞台上，已经很难分清谁是主流谁是非主流。一个百家争鸣，平起平坐，派别林立，主次不分的状态已然形成。这为中国法学研究彻底摆脱受制于欧美法学、依附于欧美法学的被动局面提供了机会，为我们独辟蹊径开展自主研究，开创构建中国法哲学体系的研究提供了可能。而对中国传统法哲学基本范畴的整理挖掘，并从中厘定哪些概念或范畴是中国传统法哲学的“根概念”，哪些是由这些“根概念”派生出来的“次概念”，不仅对推动中华优秀传统法治文化创造性转化、创新性发展大有裨益，而且是建构具有中国特色、中国风格、中国气派法哲学体系的奠基性工作。

三、本丛书的特点

中国古代虽然没有分化出西方意义或科学意义上的法哲学，但中国人对法的根本看法和价值评判却是一直存在的，只是它没有形成体系化的一种学说而已。既然中国古代没有形成体系化的法哲学，那么，研究中国传统法哲学基本范畴实际上就是在做一种基于传统的建构。这显然是一个非常艰巨的任务，非一人能及之事。因此，本丛书最大的一个特点，首先就在于它是一项集体的努力。本丛书旨在从中国传统文化的资源中寻找建构材料和元素，挖掘历代典籍中关于中国传统文化的主要概念，借以发展具有中国特色的法哲学。这涉及法律著述、历代判例、法律注疏、州县志书、出土文物、铭文、碑刻、文学作品等诸多资源，它是一项浩大的文化工程，意义重大但很有难度。所幸学界对这些资源已有比较系统的整理，而各位作者已经掌握现有的文献检索技术。这是以往的研究无法相比的。

其次，本丛书在方法上也具有比较鲜明的特点。考虑到面对浩繁复杂的文献材料，个人的努力毕竟有限，本丛书除了个人的画龙点睛般的概括和评述，更多是一种注重文献资料的收集、整理和发掘的工作。在一定的意义上来说，本丛书也是一套中国古代法哲学基本范畴的文献资料汇辑。最低限度，本丛书提供了进一步研究中国传统法哲学基本范畴的基础材料。有兴趣的学者可以在本丛书的基础上，进一步挖掘、收集更广泛的材料，从事更进一步、更深入的研究。

本丛书的另一个特点在于，它是一次历史研究方面的新的努力。本丛书所收集的材料，除了官修史书、志书，也就是主要的典籍里面的内容，还注重收集历代律法条疏对一些基本概念的体现，以及判牍案例和文学作品中的一些内容。律法条疏、判牍案例是为了证明当时存在过这样一种概念，且被裁判者所接受。从某种意义上来说，文学作品反映了大众对于某种法律概念或者某一种法律制度的态度。合而观之，这些都从不同侧面构成了中国古代法哲学或者法传统的基本面貌。

中国传统法哲学基本范畴研究，是全面复兴传统文化的国家重大战略需求在法学领域的重要体现。长期以来，法学研究中对传统文化重视不足，西方话语体系充斥在法学研究的各个方面，急需通过深入挖掘传统文化中可资治国理政的优秀文化遗产，梳理和提炼出具有中国气派和中国文化特色的法学话语体系，积极汲取中华法系中的治理智慧，为国家治理体系现代化奠定文化基础。

从文化和政治的角度来说，本丛书也具有非常重要的意义。它为中国学界寻回文化自信铺垫一个良好的开端。众所周知，中国自鸦片战争以来失去了文化的自信，甚至一度对中国传统文化是否存在继承性和民族性产生了质疑。在学术研究上随西方学者身后亦步亦趋，长久以来没有能够建立起自己的学术传统。法国人、德国人从来不会在乎美国人、英国人说什么，因为他们有文化上的自信。他们自己内部进行的学术讨论本身就足以支撑他们的文化传统不断地衍更。而文化自信首先体现在对自己文化的概念范畴上的自信。中国现在国力逐渐强大，自信心重回的可能性也已经受到了民族文化复兴政策的支持。这种民族文化的复兴应该是全方位的，遍及各个领域的。但概念范畴的复兴式的重构乃是民族文化复兴的开端。法哲学方面的研究应该位列其中。相信其他领域里也有同样的项目正在进行。

长期以来，中外学界对中国传统文化多有误读、误解和误译，乃至武断的批判及质疑。在法学领域，中国传统法哲学的基本范畴是什么？这些范畴之间是何种关系？这些基本范畴不同于自由、平等、博爱等为支撑的西方法哲学话语体系的特征有哪些？事实上，传统中国关于治理国家和社会、规范民众行为的整套观念和制度不同于西方意义上的法律、道德或者宗教这样可区分的规范系统，在中国传统文化中不存在西方意义上的纯粹的“法”这样的一种规范系统，简单用西方法哲学中的概念来理解中国的“仁”“义”“礼”“智”“信”等终究是缘木求鱼。当然，关于这些概念的诠释和重建是一项艰巨浩大的工程，需要文化界各个领域的共同努力，本项目只能从法哲学的角度作出自己的贡献。

基于上述考虑及国际法学发展现状，我们提出对中国传统法哲学范畴的系统建构，进而推动建立中国法哲学发展这一高远目标。但我们清醒地认识到欲速则不达，本着坐十年冷板凳的决心，从基本概念的全面梳理及研究入手，用一本著作研究一个基本范畴。令人欣喜的是，已经完成的五部书稿达到了我们预期目标，为后续研究提供了很好的范例，并增强了信心。

在比较文化研究中一个引人瞩目的问题是，在轴心时代东西方都出现了各自文化中的核心概念，比如两希文化中的正义、权利、自由、法治、平等等概念，中国文化中的仁义礼智信天道神气德等概念，而在此后的过程中，西方有无数的书籍和文章探讨自己文化中的概念，而在中国，探讨关于自己文化中的那些概念的专著至今寥寥无几，为什么？我们认为，其中的一个主要原因在于各自熟知的研究方法不同。大体上，西方文化中通行的是概念分析的方法，而中国文化中被普遍接受的乃是综合的方法。本丛书第一次以概念分析普遍化的研究方式，将中国古代法哲学精神展现给世界学界，期待为打通中国法学界乃至世界法学界交流的渠道作出贡献。

四、本丛书涵盖的范围及前景

本丛书的主要任务是用概念分析普遍化的方法围绕特定的范畴收集史料，其所注重的是中国历史上相关的法哲学范畴如何表现在不同的史料里，而不是就某一概念的理论阐释。具体而言，作者不需要做大量的分析和讨论，而需要把精力放在收集相关材料，整理文献，并把它编辑成册。最后呈现的作品，不是某一个作者或某一个专家的观点，而是原汁原味的传统的存在，即在下述各种资源中某一个具体概念的表述、体现或反映。

主要涉及的文献资源有：历代典籍中关于特定概念和法的关系的论述、历代律典、判例、法律注疏、法律史料，如历代《刑法志》、州县志、出土文物、铭文、帛书、碑刻、文学作品、中外学者对中国法律传统的研究成果以及不同解释，等等。

收集材料不一定要全。材料收集当然越多越好，尤其是时间跨度上的历时性要有代表或标志意义，不能只是一个或两个朝代的资料。“全”指的是不要遗漏重要的节点或不能跨越的律典、文献或判例。尽量避免重复收集。如果同一个内容在不同的书里多次出现，只选取一个出处即可。

就具体题目而言，最后的“产品”应该是中国文化中关于该题目的论述、描述、解释、刻画、反映、展现、运用的综合或整合，而不是某一学者或作者个人对该题目的精深的研究。书的主要内容应该是史料，而不是作者的论述，简言之，就是关于某一题目的有组织的资料汇编。作者的任务是识别并选择自己认为某一题目最为重要的资料，将它们分门别类，加上导言或适量的说明、评注，汇编成辑。

在写作过程中，每位作者都明确采取了相应步骤：第一步，选取与某一概念有关的段落，可长可短，视具体情况而定。第二步，注明该段落的出处，越详细越好，包括作者名、书名、出版社、出版年、版本、页码等细节。第三步，在该段落前加上一两句注释或提示，说明该段落的核心思想。第四步，以此类推，待选够一定数量的段落之后，将所选段落根据其核心思想进行归类总结并加上相应的标题。第五步，将各类段落的核心内容汇总，组织一段总的介绍，作为一章的导言。

在选取相应段落并标以说明时，最重要的是让材料“说话”。力图避免受到先入为主的概念的影响。即，避开儒家、法家、道家这样的分类的影响，也不必在意“德治”与“法治”的分野，等等，更要避免作者自己的建构和评论，对材料的“论”仅以说明其本意为目的。

首批出版的五本著作——《法与礼》《法与气》《法与名》《法与信》《法与刑》——为“中国传统法哲学基本范畴研究”丛书第一阶段研究成果。现已接洽外译工作，期望尽快将中国学界的这一最新研究成果介绍给国际法哲学界、国际汉学家及中国问题专家。

现已开展研究的中国传统法哲学基本范畴，主要由法哲学、法史学界具有实力的中青年学者撰写。后续拟推出“法与中”“法与情”“法与神”“法与仁”“法与民”“法与圣”等，作为第二阶段研究成果。仍在研究的基本范畴包括：“法与天”“法与理”“法与道”“法与德”“法与智”“法与义”“法与君”“法与俗”“法与律”“法与兵”“法与贞”“法与孝”“法与乐”等。这些基本涵盖了中国传统法律文化和法律思想中的经典范畴及核心概念。根据研究写作进展等情况，这一清单还可能有所微调。

应该明确的是本丛书所指中国传统法哲学基本概念乃是“法与×”这样的结合概念，而不是纯粹的单个的哲学概念。比如，“法与德”，重点在于这对概念的关系的阐述，而不是将两者分而述之，指出“法”是什么含义，而“德”又是什么含义。

书的结构大体上可分为典籍、律典、判例、官民报刊、文学作品、学者评论等各章，但不一定每本都采取这个体例。有些概念，比如“气”“乐”“神”，可能找不到具体案例，那就不必有案例这一章。作者可根据具体题目和内容自己斟酌安排全书章节。

总之，本丛书旨在深入而全面地研究梳理中国传统法哲学的基本范畴，对重要的基本概念追根溯源、正本清源，细考历史流变，探究多重意涵，并将其按照一定的体例系统化、学术化。丛书主要任务及目标是：使用概念分析方法发掘中国传统文化资源，搜罗整理中国传统法哲学的核心元素和主要素材，为推动构建真正意义上的中国（传统）法哲学做好扎实全面的学术积累和文献基础。期望以此为起点与示范，推动建立体现中国特色和水平的中国法哲学，并为中外法治文明交流与对话开拓新领域。

“中国传统法哲学基本范畴研究”丛书从动议、论证、启动、撰写，到第一批著作的出版，历经数年。2015年该丛书入选“十三五”国家重点出版物出版规划项目，2021年入选国家出版基金项目。其间得到诸多专家学者的关心和帮助，没有他们的认同和鼓励，该项目的推进可能会更加缓慢。他们是俞荣根教授、黄源盛教授、梁治平研究员、姜永琳教授，在首批书即将付梓之际，对他们表示衷心的感谢！知识产权出版社领导给予了大力支持，庞从容、薛迎春两位女士付出了大量辛劳，在此谨致谢意！同时，该套丛书在文献梳理、考据和编辑过程中难免出现一些疏漏和差错，也由衷地期盼专家学者和广大读者批评指正。

主编谨识

2022 年 12 月

序

近年来，党和国家高度重视传承和弘扬中华优秀传统法律文化，强调“礼法合治，德主刑辅”这一中国古代治国理政的优秀传统。中国古代政治家、思想家在肯定法律对于治国安民重要作用的同时，也认识到法律本身所固有的局限性。为实现对社会生活保持总体管控、维护社会和谐稳定，传统国家除了制定和实施法律，还引入“礼”等多种规范形式，以调整社会关系，特别是调整基层的、群体与个体的关系。中华法系由此呈现出礼乐政刑综合为治的独特结构，“法”与“礼”也就成为引导我们理解传统中国法的一对具有基础性、核心性意义的重要范畴。

中国是有着数千年法律传统的文明古国，中华民族自有理解和阐释法律的一套思维模式和哲学体系。但现代法哲学的话语、理论、体系架构多系舶来品，如据以描画中国的传统法哲学，难免方枘圆凿之讥。丁玮博士著《法与礼》一书作为“中国传统法哲学基本范畴研究”丛书中的一部，立足“中国传统法哲学基本范畴”的文化定位，围绕“法”“礼”两个关键范畴，展开兼具民族特色和理论新意的研讨。具体而言，此书具有以下优长特色：

其一，体系全面。此书导论引入“法”“礼”基本范畴，简要介绍所凭借的研究方法和文献材料，概括正文四章的主要内容，并从宏观视角入手，提纲挈领地概括出法与礼基本范畴的若干面向。第一章至第四章分别研讨古代典籍中的法与礼、古代律典中的礼、古代案例中的法与礼、古典文学作品中的法与礼，展示了由哲思而制度、由文本而实践、由庙堂而民间的思路。各章之间层层递进，又与导论相辅相成、互相呼应，形成了一个比较周延、合理的体系。

其二，方法新颖。此书立足丛书定位，意在从法哲学的高度展开理论建构与阐释，从传统资源中寻求有助于“建构”中国法哲学的材料和元素。作者运用“去脉络化”的知识考古学方法、经验主义的事实研究方法和现代规范法学分析方法，以求在理论阐释的层面有所贡献。此书摘录、分析传世典籍、律典、司法案例和文学作品所载“法”和“礼”表述，按照一定的逻辑和理论框架将之重新组织、呈现。作者依据的理论框架基本涵盖了法、礼基本范畴的历史起源、理论基础、制度表征、运行实态等具有法哲学上一般性意义的重要议题，为中国传统法哲学与现代法哲学对话、沟通提供了可行路径。

其三，内容丰富。此书广泛采撷儒家经典、成文法律、判例判牍、传统诗词、明清小说等多方面材料，广泛征引理论法学、部门法学、历史学等多学科学者论著，内容覆盖面之广，已远远超出狭义的法哲学领域。此书还将传统法学研究多未措意的诗词、小说等材料纳入法哲学的考察范围，既扩大了研究的领域、拓展了史料群，也展现出法与礼在社会生活中作用实况的新视野。

对绵延五千年的中华文明，我们应该多一分尊重，多一分思考。长期以来，知识界存在着一种偏见，即将偏重刑戮的“刑”或“法”（主要指历代刑律）视为中国传统法的主体甚至全部内容，继而给传统法律轻率地贴上“重刑轻民”乃至“野蛮残酷”等标签。这固然与近代中国经历了激烈的法制变革、外来的部门化法律体系从整体上取代了传统法律制度有关，而与传统法制紧密相关的传统法律思想、礼法制度受到冷遇，未能充分得到科学、公允的认识，则是前述窘境的重要思想根源。近代中国的法制变革以“西化”为主流，欧风美雨吹打之下的传统法日趋式微。众多法政精英醉心外国法例和学说，不顾其是否合乎国情，一概搬至中国，并据以评断中国传统法律。以“法”或“刑”为中国法之全体，而忽视“礼”在传统中国政治与社会生活各方面扮演的重要角色，就是这种做法的恶果之一。

早在清末，严复就已指出：“西文‘法’字，于中文有理、礼、法、制四者之异译。”时至今日，我们如果不能深入挖掘具有数千年灿烂历程和丰厚积淀的中国法哲学，不能深刻把握中国礼法传统，人云亦云、率尔为之，不仅愧对本民族数千年的优秀传统法律文化，也愧对近代中国法学初创时期的先哲，更无从为加快构建中国特色哲学社会科学作出实质性贡献。中华法系源远流长，礼法相辅、综合为治的传统智慧具有超越时空的宝贵价值。以法哲学的立场和方法，实现传统礼法智慧的条理化、现代化和创造性转化，是当代学人不可推卸的责任。《法与礼》立足于法哲学视角，而不照搬西方化的法哲学教条，重新审视传统法与礼的范畴，在系统研究中国传统法哲学基本范畴层面具有填补空白的意义，是一次有益的尝试。

礼法传统底蕴深厚、史料众多，尚有大量值得开拓的具体论题。期盼以《法与礼》为新的起点，引发学术界对传统法律文化的深入探讨，促进优秀传统法律文化的创造性转化和创新发展。

中国社会科学院法学研究所研究员　张生

2023 年 5 月

目录

导论

法与礼是中国法律传统中的核心概念，是中国传统法哲学的基本范畴，代表了中国法律传统的本质属性和基本特征。礼在中国古代社会，是作为建构国家体制、社会秩序的整体思想理念和指导人们日常生活的具体行为规范而存在的。此即郑玄《礼序》所说："礼也者，体也，履也。统之于心曰体，践而行之曰履。"后世又有区别体用之分的表述："《周礼》为体，《仪礼》为履。"礼从广义而言，是理论观念与行为实践的结合体，中国人的精神世界和社会生活均由其规范。中国古代的礼法结构或体系，是其区别于西方法律体系的重要特征。

本书的研究旨在挖掘和梳理中国传统法律中法与礼的文献，内容涵盖法律思想、法律制度、司法案例以及民众的法律意识，"原汁原味"地呈现其属性、内涵、特征、相互关系等，建构中国传统法哲学的基本概念，重塑当代中国法律主体性，建构走向世界的中国法哲学。具体而言，本书的写作特点有二：

一是研究方法。首先，本书的研究方法不是历史主义地探求法与礼在历史长线中的发展规律，而是借用福柯去脉络化的知识考古学方法，分析、解构、再重构概念。〔1〕其次，本书是经验主义的事实研究，正如冯友兰所言，将历史上的东西，包括思想、学说、制度都看作事实，原汁原味地呈现出来。〔2〕最后，以现代法哲学的规范分析方法，架构法与礼的材料搜集、选取和分析，即运用现代的、西方的法学研究方法，来研究和观察传统的、中国的

---

〔1〕叶秀山：《论福柯的"知识考古学"》，载《中国社会科学》，1990年第4期。

〔2〕冯友兰：《中国哲学史补二集》，中华书局2017年版，第6页。

法与礼。

二是文献搜集及整理。本书的写作思路和步骤是，在典籍、律典、司法判例、文学作品中搜集和查找法与礼相关内容，以法与礼的概念分析为核心，将涉及法与礼的性质、渊源、形式、内涵、特征及关系等方面的事实材料，进行归纳和整理，再就该部分内容做一简要说明。因此，本书的主旨并不在说理，而在于发现历史中存在的道理，并将其尽可能原原本本地找出来。对法与礼的论说和解释，将在材料扎实的基础上继续推进和深入。

本书内容主要分为四个部分：第一部分是古代典籍中的法与礼，分别对“六经”、“三礼”、先秦儒家论述中的法与礼进行整理和分析。学术界自古就有“六经”皆礼的说法。“六经”中，除《礼》之外其他“五经”也都是围绕“礼”这个核心而展开的，它们从不同的层面和角度阐发“礼”的内涵。自汉代郑玄分别给《周礼》《仪礼》《礼记》注疏，才有了“三礼”学的研究。研究“礼”、“礼法”、法与礼等问题，“三礼”是最基本的文献典籍。先秦儒家礼论发端于孔子，经孟子、荀子的传承、发扬形成了内涵丰富、博大精深的礼学体系，对中国传统文化的发展产生了重大而深远的影响。法与礼概念主要依赖先秦儒家经典著作的论说，如《论语》《孟子》《荀子》等。

第二部分是古代律典中的礼。引礼入法是将儒家思想和礼规范，纳入法律条文中，是礼法融合的体现。西汉董仲舒提出罢黜百家独尊儒术，并在司法实践中运用“春秋决狱”，以儒家的礼原则和礼规范校正和补充法家的《汉律》，为引礼入法奠定了基础。这一部分主要对《汉律》《晋律》《唐律疏议》中礼的规定，进行分析和整理。法与礼融合，至唐律得以完成。《唐律疏议》“一准乎礼”，礼以法律规范的形式加以表述，法以礼为制定的依据，是我国古代文献之中法与礼关系表现最为充分、完整的法典。唐以后，宋元明清皆以《唐律疏议》为蓝本，礼贯穿法典始终，形成了中华法系的基本特征。

第三部分是古代司法案例中的法与礼。分别从春秋决狱、司法判牍和典籍案例中的法与礼三部分，对在司法实践中法与礼的具体适用进行分析介绍。司法案例中法与礼的关系主要体现在以下方面：一是反映了当时社会所支持和倡导的主流价值观，如忠孝、仁义、节制等，以及维护纲常伦理的社会秩序；二是在处理案件时，常以礼代律，以儒家经典中的礼作为定案依据；三是在律例法典中，已经实现法与礼的融合，律例本身即为礼所统领与涵摄，依律定案的情形往往也是依礼判决；四是礼作为规范，其内涵有了变化和发展。

第四部分是古典文学作品中的法与礼。研究古代法与礼的途径，除了典籍、成文法典、司法判例，从古典文学作品入手进行研究能够从更为真实、更为生动的视角考察当时的法律现象，研究法与礼对社会生活、家庭生活的影响。中华文明源远流长，文学作品浩若繁星，限于篇幅，本书仅摘选唐宋诗词、宋明话本、明清章回小说中的部分作品。唐诗宋词的文学表达中包含着丰富的法律主题、儒家礼法思想和客观的历史事实，是不可多得的法学资源，值得深入研究。章回小说主要对《红楼梦》中的礼法制度和规范进行了分析研究。《红楼梦》中有关礼法秩序的描述，反映了礼法、礼教是如何在日常生活和社会秩序建构中发挥作用的。“三言”“二拍”是明代五本著名传奇小说集的合称，包括冯梦龙创作的《喻世明言》、《警世通言》和《醒世恒言》以及凌濛初创作的《初刻拍案惊奇》和《二刻拍案惊奇》。笔者通过阅读这些反映古代社会生活中世俗、人情和礼法的小说，整理出一些相关资料。

本书通过文献资料呈现的法与礼的基本范畴主要有以下方面：

关于礼的本质，有“礼之质”“礼之体”“礼之本”等。孔子曰：“安上治民，莫善于礼。”(《礼记·经解》)《礼记》对礼的功能阐述得很充分，礼的功能在两个方面得到扩展，一是作为调整社会关系的一系列制度、伦理范畴被使用，如《礼记·曲礼》所言:“夫礼者,所以定亲疏,决嫌疑,别同异,明是非也。”二是礼被作为基本的治国之术,“古今所以治天下者,礼也”。礼由个人生活领域向国家政治领域转变。而关于礼的神圣性、正当性的渊源是“天”。从“天理”到“人礼”,“天人合一”,阐释了“礼”的神圣性、正当性和合理性的渊源。

《礼记》提出的“礼治”,是一个概念系统,不仅描绘了“大同”与“小康”的理想社会,礼乐同治作为礼治路径,礼制与礼俗作为礼治的基本规范,礼治作为教化手段,教化民众、化民成俗,而且指出礼治的核心是德治,目标是实现至善。《礼记》着墨更多的是对礼的意义的阐释,提出了“仁”“义”“忠信”“孝”“敬”等基本内涵,从而赋予礼以实质的内容。关于礼治论,孔子提出“克己复礼”,维护“礼”的统治秩序;主张“为国以礼”,即以礼治国的礼治思想。“道之以政,齐之以刑,民免而无耻;道之以德,齐之以礼,有耻且格”,表现出孔子对“礼治”内容的维护,也表达了孔子关于法与礼关系的基本看法。由孔子创立的儒家学说,在孟荀那里呈现出两条不同的阐释路向。孟子主要继承并发展了孔子的“仁学”,并且强化了“仁”的本质,就人性论而言,其主张人性善论,倡导“仁政王道”,突出了“内圣”的路向;而荀子着重继承了孔子的“礼”,并且强化了“礼”的特征,主张人性恶论,强调礼义教化对人性的改造作用,突出了“外王”的路向。孔孟荀思想完成了儒家礼学系统化、体系化的任务。

《礼记》中的礼法关系,强调礼对政治、经济以及日常生活的统摄作用。从现代的规范意义上看,法已经具有了独立的范畴,主要表现为刑法、税法、军法等。但是,法的制定以及实施均需依照礼的精神和原则,受到礼规范的调整和约束。因而可以说,在《礼记》所描述的时代,法是被包含在礼治系统下的一类规范体系。礼治所追求的理想社会,是通过礼的规范作用,形塑和提升人的德行,通过人的内在道德修养的约束,建立和谐友爱的社会秩序。慎刑、少刑、不刑，就成为礼治社会追求的另一个目标。在德礼政刑的关系上，德礼居于核心和基础地位，政刑是对德礼的补充。

在礼法关系上，首先，荀子首次将“礼法”作为一个概念范畴加以论述，“学也者，礼法也”。“是百王之所同也，而礼法之大分也。”“是百王之所同也，而礼法之枢要也。”其次，提出“礼”“法”并用，隆礼重法，是法与礼的一般关系。一方面，继承孔子关于礼的主张，认为礼是根本、是原则；另一方面，承认法的重要作用。再次，主张礼法融合，提出“隆礼义至法则国有常”的观点。法与礼都是社会规范，荀子注意到了礼法各自的优点和局限性，以礼制法，引法入礼，礼法融合，是《荀子》对孔孟礼学的重要理论推进。荀子在批判法家的同时，大量吸收融合了法家思想，奠定了儒法合流的理论基础，对后世影响深远。

第一章 古代典籍中的法与礼

一、六　经

中国文化有文字记载的源头是“六经”。《汉书·礼乐志》记载：“六经之道同归，而礼乐之用为急。”颜师古注曰：“六经谓易、诗、书、春秋、礼、乐。”学术界自古就有六经皆礼的说法。六经中，除《礼》之外其他“五经”也都是围绕着“礼”这个核心而展开的，它们从不同的层面和角度阐发“礼”的内涵。

> 诗以道志，书以道事，礼以道行，乐以道和，易以道阴阳，春秋以道名分。[1]

> 易著天地阴阳四时五行，故长于变；礼经纪人伦，故长于行；书记先王之事，故长于政；诗记山川溪谷禽兽草木牝牡雌雄，故长于风；乐乐所以立，故长于和；春秋辨是非，故长于治人。是故礼以节人，乐以发和，书以道事，诗以达意，易以道化，春秋以道义。[2]

> 乐以和神，仁之表也；诗以正言，义之用也；礼以明体，明者著见，故无训也；书以广听，知之术也；春秋以断事，信之符也；五者，盖五常之道，相须而备，而易为之原。[3]

《乐》被收录在《礼记·乐记》中，《礼》即《仪礼》，《乐》《礼》在本章第二节“三礼”中加以介绍。本节将对《易》《诗》《书》《春秋》进行介绍。

---

〔1〕《庄子·天下篇》，见〔清〕郭庆藩：《庄子集释》，王孝鱼点校，中华书局 2012 年版，第 1067 页。

〔2〕《史记·太史公自序》，见〔汉〕司马迁：《史记》，中华书局 1982 年版，第 3297 页。

〔3〕《汉书·艺文志》，见《汉书》，中华书局 1962 年版，第 1723 页。

（一）《易经》

《易》与礼有相同的本源和功用。两千多年来，它一直居于六经和十三经之首，是中国古代重要经典，包括《易经》和《易传》两部分。《易》之所以为礼，主要原因是二者有共同的本源。《易》与礼的本源都在于取象天地、以类万物、以征人事。

《易》与礼同样发挥着规范人伦、协调关系、稳定社会秩序的作用。《礼记·礼运》载："孔子曰：'我欲观夏道，是故之杞，而不足征也，吾得《夏时》焉。我欲观殷道，是故之宋，而不足征也，吾得《坤乾》焉。《坤乾》之义，《夏时》之等，吾以是观之。'"孔子将《坤乾》之义作为礼的重要内容。《易传》是对《易经》文本的解释，提出了仁、忠、孝、节、义、敬、信、诚等概念，以处理君臣、父子、夫妇、兄弟、朋友五伦关系。

1. 礼的来源

（1）《易经·乾》

乾：元、亨、利、贞。
初九：潜龙勿用。
九二：见龙在田，利见大人。
九三：君子终日乾乾，夕惕若厉，无咎。
九四：或跃在渊，无咎。
九五：飞龙在天，利见大人。
上九：亢龙有悔。
用九：见群龙，无首，吉。[1]

乾为天，把天上的星象同人间世事的吉凶联系起来作出解释，

〔1〕《易经·乾》，见〔清〕阮元校刻：《十三经注疏·周易注疏》，方向东点校，中华书局2021年版，第15—27页。

并且进一步把天象看作神的意志的体现。神的意志通过自然现象表现出来，成为对人的行为举止的启示和依据。

（2）《易经·坤》

> 坤：元亨，利牝马之贞。
> 初六：履霜，坚冰至。
> 六二：直方大，不习无不利。
> 六三：含章可贞，或从王事，无成有终。
> 六四：括囊，无咎无誉。
> 六五：黄裳元吉。
> 上六：龙战于野，其血玄黄。
> 用六：利永贞。〔1〕

坤为地，坤卦几乎涉及人们在大地上所从事的衣、食、住、行等全部重要活动，上有天可以崇仰，下有地可以依靠，生命在天、地、人的交融中显现。

2. 礼　义

（1）《易经·泰》。

> 泰：小往大来，吉亨。
> 九三，无平不陂，无往不复。艰贞无咎。勿恤其孚。于食有福。〔2〕

中国传统思想注重对立面的相互转化，在《周易》中已初露端倪，以后历代思想家不断深化其思想。对立面的相互转化的核心是

---

〔1〕《易经·坤》，见〔清〕阮元校刻：《十三经注疏·周易注疏》，方向东点校，中华书局2021年版，第54—66页。

〔2〕《易经·泰》，见〔清〕阮元校刻：《十三经注疏·周易注疏》，方向东点校，中华书局2021年版，第127—130页。

彼此沟通、转移。天与地、自然与人类、国君与臣民、丈夫与妻子，都存在相互联系和沟通。通则畅，畅则和，和则万物兴旺繁盛。对立面转化是双向的，立足于“和”字：由生到死，由盛到衰，由好变坏，由大到小，由福到祸。转化过程就是一个运动和变化的过程，用动态的观点来看待万事万物的存在，万物顺遂和畅就是泰。

（2）《易经·谦》。

> 谦：亨。君子有终。
> 初六：谦谦君子，用涉大川，吉。
> 六二：鸣谦，贞吉。
> 九三：劳谦，君子有终，吉。
> 六四：无不利，撝谦。
> 六五：不富以其邻，利用侵伐，无不利。
> 上六：鸣谦，利用行师征邑国。[1]

这一卦专门讨论谦虚。谦虚是为人处世的准则之一，是君子必须具备的美德。才高而不自恃，心高而不自傲，功高而不自居，名高而不自夸。君子言谈举止应该小心谨慎，克己复礼。正因为难以企及，君子才鹤立鸡群，卓越不凡，让人高山仰止，倾慕心仪。这是“内圣外王”的境界之一。

（3）《易经·蛊》。

> 初六：干父之蛊，有子，考无咎，厉终吉。
> 九二：干母之蛊，不可贞。
> 九三：干父之蛊，小有悔，无大咎。
> 六四：裕父之蛊，往见吝。
> 六五：干父之蛊，用誉。

〔1〕《易经·谦》，见〔清〕阮元校刻：《十三经注疏·周易注疏》，方向东点校，中华书局2021年版，第152—157页。

上九：不事王侯，高尚其事。[1]

这一卦描述父权社会的家庭伦理观。父亲是一家之长，是家庭中的权力核心。儿子继承父业是“孝”的具体表现，儿子不继承父业在道义上要受到指责。男尊女卑，父权和夫权的礼秩序在《周易》中就有体现。

（4）《易经·临》。

初九：咸临，贞吉。

九二：咸临，吉，无不利。

六三：甘临，无攸利。既忧之，无咎。

六四：至临，无咎。

六五：知临，大君之宜，吉。

上六：敦临，吉，无咎。[2]

临卦专门讨论统治术，是一篇政治专论。前三爻讨论感化、温和与忧民政策，讲的是德治；后三爻讨论统治者躬亲、明智和敦厚的品行，说的是人治。

（5）《易经·无妄》。

无妄：元亨利贞。其匪正有眚，不利有攸往。

初九：无妄往，吉。

六二：不耕获，不菑畲，则利有攸往。

六三：无妄之灾，或系之牛，行人之得，邑人之灾。

九四：可贞，无咎。

九五：无妄之疾，勿药有喜。

---

〔1〕《易经·蛊》，见〔清〕阮元校刻：《十三经注疏·周易注疏》，方向东点校，中华书局2021年版，第174—176页。

〔2〕《易经·临》，见〔清〕阮元校刻：《十三经注疏·周易注疏》，方向东点校，中华书局2021年版，第178—180页。

上九：无妄行，有眚，无攸利。[1]

这一卦的主题是告诫人们不要有非分之想，胡作非为，思想和行为都要合于正道。“思无邪”、名正言顺、光明正大。用理论、例证乃至说教来加强和提高人们的自觉性，通过个人人格的修养，来确立人们心中的道德律令、行动准则。

（6）《易经·大过》。

九二：枯杨生稊，老夫得其女妻，无不利。

九五：枯杨生华，老妇得其士夫，无咎无誉。[2]

对人对事采取中间态度，似乎是一种最好的选择：过头或不及都失之偏颇。相比之下，不及比过头还要好些。中庸的思维和行为方式在《易》中即有体现。

（7）《易经·家人》。

家人：利女贞。

初九：闲有家，悔亡。

六二：无攸遂，在中馈，贞吉。

九三：家人嗃嗃，悔厉，吉；妇子嘻嘻，终吝。

六四：富家，大吉。

九五：王假有家，勿恤，吉。

上九：有孚，威如，终吉。[3]

这一卦专讲家庭之事，将妇女的地位和作用定位在家庭之中。

---

〔1〕《易经·无妄》，见〔清〕阮元校刻：《十三经注疏·周易注疏》，方向东点校，中华书局2021年版，第212—218页。

〔2〕《易经·大过》，见〔清〕阮元校刻：《十三经注疏·周易注疏》，方向东点校，中华书局2021年版，第232—235页。

〔3〕《易经·家人》，见〔清〕阮元校刻：《十三经注疏·周易注疏》，方向东点校，中华书局2021年版，第287—291页。

她们不是一家之长，仅专门负责料理家务、生儿育女，无缘参与社会事务，此即古代中国妇女角色的定位。

（8）《易经·兑》。

兑：亨，利贞。
初九：和兑，吉。
九二：孚兑，吉，悔亡。
六三：来兑，凶。
九四：商兑，未宁，介疾有喜。
九五：孚于剥，有厉。
上六：引兑。[1]

这一卦专讲国与国之间的外交关系。国与国、邦与邦是各不相同的利益集团，利益不同，便会产生分歧、摩擦、冲突乃至战争。战争是用武力来争夺利益。只有承认他人的利益和存在，才能确保自己的利益和存在。和睦相处首先以此为前提，和睦相处不是手段，不是权宜之计，而是目的。

3. 礼节与礼仪

（1）《易经·节》。

节：亨，苦节不可贞。
初九：不出户庭，无咎。
九二：不出门庭，凶。
六三：不节若，则嗟若，无咎。
六四：安节，亨。
九五：甘节，吉。往有尚。

〔1〕《易经·兑》，见〔清〕阮元校刻：《十三经注疏·周易注疏》，方向东点校，中华书局2021年版，第426—429页。

上六：苦节，贞凶，悔亡。[1]

这一卦是关于礼节的社会生活规范，使人们行为有度。节制克俭的美德，应当成为社会全体成员信奉和遵守的准则，尤其是统治集团的成员，更应成为表率。

（2）《易经·中孚》。

中孚：豚鱼吉。利涉大川，利贞。

初九：虞吉，有它不燕。

九二：鸣鹤在阴，其子和之。我有好爵，吾与尔靡之。

六三：得敌，或鼓或罢，或泣或歌。

六四：月几望，马匹亡，无咎。

九五：有孚挛如，无咎。

上九：翰音登于天，贞凶。[2]

这一卦专讲礼仪，依次讲了丧礼、宴礼、军礼和祭礼，可见周代礼仪繁复之一斑。古人生活方式普遍仪式化，礼仪都为特殊目的而设，礼仪活动渗透到人们日常生活的方方面面。

（3）《易经·履》。

初九：素履往，无咎。

九二：履道坦坦，幽人贞吉。

六三：眇能视，跛能履，履虎尾，咥人，凶。武人为于大君。

九五：夬履，贞厉。

---

〔1〕《易经·节》，见〔清〕阮元校刻：《十三经注疏·周易注疏》，方向东点校，中华书局2021年版，第434—438页。

〔2〕《易经·中孚》，见〔清〕阮元校刻：《十三经注疏·周易注疏》，方向东点校，中华书局2021年版，第438—444页。

上九：视履考祥，其旋元吉。[1]

这一卦为做人的行为规范。有教养的人行为应当清正纯洁、胸怀坦荡、光明磊落，同时又沉着冷静、机敏细致。这也是君子的标准。孔子所说“君子坦荡荡”“君子不忧不惧”亦来自《易》的思想。

4. 法与礼

（1）《易经·困》。

困：亨。贞，大人吉，无咎。有言不信。

初六：臀困于株木，入于幽谷，三岁不觌。

九二：困于酒食，朱绂方来，利用享祀。征凶，无咎。

六三：困于石，据于蒺藜，入于其宫，不见其妻，凶。

九四：来徐徐，困于金车。吝，有终。

九五：劓刖，困于赤绂，乃徐有说，利用祭祀。

上六：困于葛藟，于臲卼，曰动悔，有悔，征吉。[2]

“困卦”讲刑狱、刑罚的方式和种类。“困”的意思是困厄、倒霉和关押。全卦专讲刑狱。

（2）《易经·讼》。

讼：有孚，窒惕，中吉。终凶。利见大人，不利涉大川。

初六：不永所事，小有言，终吉。

九二：不克讼，归而逋其邑。人三百户，无眚。

〔1〕《易经·履》，见〔清〕阮元校刻：《十三经注疏·周易注疏》，方向东点校，中华书局2021年版，第123—126页。

〔2〕《易经·困》，见〔清〕阮元校刻：《十三经注疏·周易注疏》，方向东点校，中华书局2021年版，第351—359页。

六三：食旧德，贞厉，终吉。或从王事，无成。

九四：不克讼。复即命渝，安贞吉。

九五：讼，元吉。

上九：或锡之鞶带，终朝三褫之。[1]

“初六”“六三”中的“事”，指成事、判例，说明当时已有判例法的原则。“讼”卦讲诉讼问题，但卦义却不鼓励人们争讼。“终凶”，卦中指上九，上九有终极其讼之象，也就是说，把官司打到底的行为无论胜诉还是败诉，皆凶；在《周易》中无讼为最理想境界，有了纠纷通过调解定分止争次之，而将诉讼进行到底最不好。“利见大人”，需由有德有威望的大人物听讼——强调法官的德行，才能息讼；“君子以做事谋始”，与“终凶”对应，从另一个角度告诫人们，与其争讼不止，不如谨慎从事，从根本上杜绝诉讼，体现了息讼思想。

此外，《易经》中的《比卦》记录了适用判例的方法和原则。“比”，即类比。

比：吉，原筮，元永贞，无咎。不宁方来，后夫凶。

初六：有孚比之，无咎。有孚盈缶，终来有它吉。

六二：比之自内，贞吉。

六四：外比之，贞吉。

九五：显比。王用三驱，失前禽。邑人不诫，吉。

上六：比之无首，凶。[2]

---

〔1〕《易经·讼》，见〔清〕阮元校刻：《十三经注疏·周易注疏》，方向东点校，中华书局2021年版，第93—100页。

〔2〕《易经·比》，见〔清〕阮元校刻：《十三经注疏·周易注疏》，方向东点校，中华书局2021年版，第107—113页。

（3）《易经·噬嗑》。

> 噬嗑：亨。利用狱。
> 初九：屦校灭趾，无咎。
> 六二：噬肤灭鼻，无咎。
> 六三：噬腊肉，遇毒，小吝无咎。
> 九四：噬干胏，得金矢，利艰贞吉。
> 六五：噬干肉，得黄金，贞厉无咎。
> 上九：何校灭耳，凶。[1]

噬嗑“大象”：“先王以明罚敕法。”从立法的角度，实现“明罚清”与“明罚中”，前提是“明罚敕法”，也即法的成文化和公开化。“明罚敕法”的重点不在于罚，在敕不在法，在于育民教民，不在于制民刑民，其与法家的思想根本不同。这是“为政以德”，主张德教为先，先教后刑，德主刑辅。[2]

体现明德慎罚思想的还有以下卦辞，可以互相参照。

> 九三：不恒其德，或承之羞，贞吝。[3]

> 九五：有孚惠心，勿问元吉。有孚，惠我德。[4]

> 六四：至临，无咎。
> 六五：知临，大君之宜，吉。

---

〔1〕《易经·噬嗑》，见〔清〕阮元校刻：《十三经注疏·周易注疏》，方向东点校，中华书局2021年版，第187—194页。

〔2〕谭德贵：《〈周易〉中的法律思想及其影响》，载《法学论坛》，2003年第4期。

〔3〕《易经·恒》，见〔清〕阮元校刻：《十三经注疏·周易注疏》，方向东点校，中华书局2021年版，第264页。

〔4〕《易经·益》，见〔清〕阮元校刻：《十三经注疏·周易注疏》，方向东点校，中华书局2021年版，第323页。

上六：敦临，吉，无咎。[1]

象曰：山上有火，旅。君子以明慎用刑，而不留狱。[2]

六五：厥孚交如，威如，吉。[3]

《易经·随》九四：随有获，贞凶。有孚在道以明，何咎。[4]

《易经·家人》上九：有孚，威如，终吉。[5]

（二）《诗经》

《诗经》是我国最古老的诗歌总集，产生于西周初期至春秋中期。至汉代被提升到“经”的地位，称为《诗经》。《诗经》是以文辞形式表达的礼。其中的诗大致来源于制礼作乐过程中的创作，以及公卿列士所献和采集自邦国的诗，诗歌被广泛应用于礼乐活动、教育、日常生活，是当时礼治文化的重要组成部分。诗与礼关系密切，儒家常常将诗、礼、乐并提。孔子云：“不学《诗》，无以言；不学礼，无以立。”（《论语·季氏》）“兴于诗，立于礼，成于乐。”

---

〔1〕《易经·临》，见〔清〕阮元校刻：《十三经注疏·周易注疏》，方向东点校，中华书局2021年版，第179—180页。

〔2〕《易经·旅》，见〔清〕阮元校刻：《十三经注疏·周易注疏》，方向东点校，中华书局2021年版，第416页。

〔3〕《易经·大有》，见〔清〕阮元校刻：《十三经注疏·周易注疏》，方向东点校，中华书局2021年版，第150页。

〔4〕《易经·随》，见〔清〕阮元校刻：《十三经注疏·周易注疏》，方向东点校，中华书局2021年版，第170页。

〔5〕《易经·家人》，见〔清〕阮元校刻：《十三经注疏·周易注疏》，方向东点校，中华书局2021年版，第291页。

(《论语·泰伯》)《诗经》是古人行礼时辞的部分,《诗经》中的《雅》《颂》都是宗庙礼仪和贵族礼仪活动表达感情的文辞,这种文辞皆在行礼时配乐而吟唱。“诗可以兴,可以观,可以群,可以怨。迩之事父,远之事君,多识于鸟兽草木之名。”(《论语·阳货》)《诗经》中大量的礼制、礼仪、礼法,蕴含周人礼治和礼教的精神。孔子曰:“诗、书执礼,皆雅言也。”〔1〕由此可见,诗与发挥法律规范功能的礼存在联系,诗本身也是礼制的一部分。诗的礼乐教化作用,在《礼记·经解》中以孔子的名义做了透彻的说明。

> 孔子曰:“入其国,其教可知也。其为人也,温柔敦厚,《诗》教也;疏通知远,《书》教也;广博易良,《乐》教也;絜静精微,《易》教也;恭俭庄敬,《礼》教也;属辞比事,《春秋》教也。故《诗》之失,愚;《书》之失,诬;《乐》之失,奢;《易》之失,贼;《礼》之失,烦;《春秋》之失,乱。其为人也,温柔敦厚而不愚,则深于《诗》者也;疏通知远而不诬,则深于《书》者也;广博易良而不奢,则深于《乐》者也;絜静精微而不贼,则深于《易》者也;恭俭庄敬而不烦,则深于《礼》者也;属辞比事而不乱,则深于《春秋》者也。”〔2〕

1. 礼

(1)天。敬德保民,法天而治的思想在《诗经》中即有体现。

> 肃肃鸨羽,集于苞栩。王事靡盬,不能艺稷黍。父母

---

〔1〕《论语·述而篇》,见〔梁〕皇侃:《论语义疏》,高尚榘点校,中华书局2013年版,第153页。

〔2〕《礼记·经解》,见杨天宇译注:《礼记译注》(下),上海古籍出版社2016年版,第800页。

> 何怙。悠悠苍天，曷其有所？肃肃鸨翼，集于苞棘。王事靡盬，不能艺黍稷。父母何食？悠悠苍天，曷其有极？肃肃鸨行，集于苞桑。王事靡盬，不能艺稻粱。父母何尝？悠悠苍天，曷其有常？[1]

这类诗还有《周南·卷耳》《卫风·伯兮》《王风·君子于役》《魏风·陟岵》《小雅·杕杜》等，这些诗篇都说明当时法天而治，按照自然规律生活和活动的观念已经成为礼制的一部分。

> 采薇采薇，薇亦作止。曰归曰归，岁亦莫止。靡室靡家，猃狁之故。不遑启居，猃狁之故。采薇采薇，薇亦柔止。曰归曰归，心亦忧止。忧心烈烈，载饥载渴。我戍未定，靡使归聘。采薇采薇，薇亦刚止。曰归曰归，岁亦阳止。王事靡盬，不遑启处。忧心孔疚，我行不来。彼尔维何？维常之华。彼路斯何？君子之车。戎车既驾，四牡业业。岂敢定居？一月三捷。驾彼四牡，四牡骙骙。君子所依，小人所腓。四牡翼翼，象弭鱼服。岂不日戒，猃狁孔棘。昔我往矣，杨柳依依。今我来思，雨雪霏霏。行道迟迟，载渴载饥。我心伤悲，莫知我哀。[2]

根据天地自然的规律安排祀天地、山川等礼乐活动。

> 文王在上，於昭于天。周虽旧邦，其命维新。有周不显，帝命不时。文王陟降，在帝左右。[3]

---

〔1〕《国风·唐风·鸨羽》，见周振甫译注：《诗经译注》，中华书局2010年版，第155—156页。

〔2〕《小雅·鹿鸣之什·采薇》，见周振甫译注：《诗经译注》，中华书局2010年版，第225—227页。

〔3〕《大雅·文王之什·文王》，见周振甫译注：《诗经译注》，中华书局2010年版，第367页。

於皇时周，陟其高山，嶞山乔岳。允犹翕河，敷天之下，裒时之对，时周之命。[1]

敬天保民的思想要求圣王以德配天，惠民保民。

天保定尔，亦孔之固。俾尔单厚，何福不除。俾尔多益，以莫不庶。天保定尔，俾尔戬谷。罄无不宜，受天百禄。降尔遐福，维日不足。天保定尔，以莫不兴。如山如阜，如冈如陵。如川之方至，以莫不增。[2]

天何以刺？何神不富？舍尔介狄，维予胥忌。不吊不祥，威仪不类。人之云亡，邦国殄瘁！[3]

《诗经》中涉及祭祀天地、神祇之礼的诗颇多，典型的有《周颂·昊天有成命》《大雅·文王》《大雅·大明》《周颂·我将》等。这些诗体现了祭天之礼影响了周天子的心态，使之恭敬谨慎，丝毫不敢懈怠地勤政爱民，行仁德之政，故能仁心厚德以致天下太平，这是祭祀天地之礼的礼治意义。

昊天有成命，二后受之。成王不敢康，夙夜基命宥密。於缉熙，单厥心，肆其靖之。[4]

我将我享，维羊维牛，维天其右之。仪式刑文王之典，日靖四方。伊嘏文王，既右飨之。我其夙夜，畏天之威，

---

〔1〕《周颂·闵予小子之什·般》，见周振甫译注：《诗经译注》，中华书局2010年版，第492页。

〔2〕《小雅·鹿鸣之什·天保》，见周振甫译注：《诗经译注》，中华书局2010年版，第223页。

〔3〕《大雅·荡之什·瞻卬》，见周振甫译注：《诗经译注》，中华书局2010年版，第458页。

〔4〕《周颂·清庙之什·昊天有成命》，见周振甫译注：《诗经译注》，中华书局2010年版，第467页。

于时保之。[1]

（2）尊尊亲亲的宗法等级制度。

描写周王至高无上的地位，以及君臣之间的关系，如《小雅·北山之什·北山》。

> 溥天之下，莫非王土；率土之滨，莫非王臣。大夫不均，我从事独贤。[2]

朝会宴饮诗鲜明生动地表现了“亲亲以求天下之和”的思想。

> 湛湛露斯，匪阳不晞。厌厌夜饮，不醉无归。湛湛露斯，在彼丰草。厌厌夜饮，在宗载考。湛湛露斯，在彼杞棘。显允君子，莫不令德。其桐其椅，其实离离。岂弟君子，莫不令仪。[3]

（3）婚礼。

第一，中庸之德。《国风·周南·关雎》这首短诗是中国最古老文学典籍的第一篇。《论语》中多次提到《诗》，但作出具体评价的作品，却只有《关雎》一篇，谓之“乐而不淫，哀而不伤”。在孔子看来，《关雎》是表现“中庸”之德的典范。《诗经·国风》中的很多歌谣，都是既具有一般的抒情意味、娱乐功能，又兼有礼仪上的实用性。《关雎》所歌颂的，是一种感情克制、行为谨慎、以婚姻和谐为目标的爱情，是“正夫妇”引导德行的教材，这也正是《关雎》作为《诗经》首篇的教化作用。

---

〔1〕《周颂·清庙之什·我将》，见周振甫译注：《诗经译注》，中华书局2010年版，第468页。

〔2〕《小雅·北山之什·北山》，见周振甫译注：《诗经译注》，中华书局2010年版，第312页。

〔3〕《小雅·白华之什·湛露》，见周振甫译注：《诗经译注》，中华书局2010年版，第240—241页。

关关雎鸠，在河之洲。窈窕淑女，君子好逑。参差荇菜，左右流之。窈窕淑女，寤寐求之。求之不得，寤寐思服。悠哉悠哉，辗转反侧。参差荇菜，左右采之。窈窕淑女，琴瑟友之。参差荇菜，左右芼之。窈窕淑女，钟鼓乐之。[1]

第二，父母之命，媒妁之言。婚姻缔结的前提，便是以“父母之命，媒妁之言”为原则。

伐柯如何，匪斧不克。取妻如何，匪媒不得。伐柯伐柯，其则不远。我觏之子，笾豆有践。[2]

艺麻如之何？衡从其亩。取妻如之何？必告父母。既曰告止，曷又鞠止？析薪如之何？匪斧不克。取妻如之何？匪媒不得。既曰得止，曷又极止？[3]

第三，婚姻的缔结。在《诗经》中，有很多按照六礼缔结婚姻的场景。唯有经过六礼程序的婚姻，才能被认为合乎礼法，是具有法律效力的婚姻。诗中体现和表达的礼，是人们缔结婚姻行为的规范。如《国风·卫风·氓》《国风·周南·桃夭》描写的结婚场景。

乘彼垝垣，以望复关。不见复关，泣涕涟涟。既见复关，载笑载言。尔卜尔筮，体无咎言。以尔车来，以我贿迁。[4]

---

〔1〕《国风·周南·关雎》，见周振甫译注：《诗经译注》，中华书局2010年版，第1—2页。

〔2〕《国风·豳风·伐柯》，见周振甫译注：《诗经译注》，中华书局2010年版，第210页。

〔3〕《国风·齐风·南山》，见周振甫译注：《诗经译注》，中华书局2010年版，第128页。

〔4〕《国风·卫风·氓》，见周振甫译注：《诗经译注》，中华书局2010年版，第78页。

桃之夭夭，灼灼其华。之子于归，宜其室家。[1]

《诗经》所载的当时婚礼仪节很多。如：

我徂东山，慆慆不归。我来自东，零雨其濛。仓庚于飞，熠耀其羽。之子于归，皇驳其马。亲结其缡，九十其仪。其新孔嘉，其旧如之何？[2]

也有诗描写了婚礼的礼节和步骤。

俟我于著乎而，充耳以素乎而，尚之以琼华乎而。俟我于庭乎而，充耳以青乎而，尚之以琼莹乎而。俟我于堂乎而，充耳以黄乎而，尚之以琼英乎而。[3]

（4）礼仪。

相鼠有皮，人而无仪！人而无仪，不死何为？相鼠有齿，人而无止！人而无止，不死何俟？相鼠有体，人而无礼。人而无礼，胡不遄死？[4]

（5）其他礼法。

第一，分封之礼。封国赐命之礼于周礼属“九仪之命”。《诗经》中反映封国赐命之礼的诗歌主要有《大雅》的《崧高》《韩奕》，《周颂》的《赉》，《鲁颂》的《閟宫》等篇。周代的特点是宗法分封制，这些《诗经》中的封国建诸侯之礼深刻反映了周代的宗法观念和宗法礼治的面貌。

---

〔1〕《国风·周南·桃夭》，见周振甫译注：《诗经译注》，中华书局2010年版，第9页。

〔2〕《国风·豳风·东山》，见周振甫译注：《诗经译注》，中华书局2010年版，第207页。

〔3〕《国风·齐风·著》，见周振甫译注：《诗经译注》，中华书局2010年版，第125页。

〔4〕《国风·鄘风·相鼠》，见周振甫译注：《诗经译注》，中华书局2010年版，第68—69页。

文王既勤止，我应受之。敷时绎思，我徂维求定。时周之命。于绎思！[1]

后稷之孙，实维大王，居岐之阳，实始剪商。至于文武，缵大王之绪，致天之届，于牧之野。无贰无虞，上帝临女！敦商之旅，克咸厥功。[2]

第二，祭祀之礼。《诗经》中的祭祖诗及这一类诗歌的礼乐活动无疑对强化观念，敬畏先祖，维护政治和社会的秩序，保民而王，永保天命具有十分重要的礼治意义。

下武维周，世有哲王。三后在天，王配于京。王配于京，世德作求。永言配命，成王之孚。成王之孚，下土之式。永言孝思，孝思维则。媚兹一人，应侯顺德。永言孝思，昭哉嗣服。昭兹来许，绳其祖武。于万斯年，受天之祜。受天之祜，四方来贺。于万斯年，不遐有佐。[3]

第三，丧礼。

庶见素冠兮，棘人栾栾兮，劳心慱慱兮。庶见素衣兮，我心伤悲兮，聊与子同归兮。庶见素韠兮，我心蕴结兮，聊与子如一兮。[4]

---

〔1〕《周颂·闵予小子之什·赉》，见周振甫译注：《诗经译注》，中华书局2010年版，第491页。

〔2〕《颂·鲁颂·閟宫》，见周振甫译注：《诗经译注》，中华书局2010年版，第501—502页。

〔3〕《大雅·文王之什·下武》，见周振甫译注：《诗经译注》，中华书局2010年版，第389—390页。

〔4〕《国风·桧风·素冠》，见周振甫译注：《诗经译注》，中华书局2010年版，第188—189页。

（6）礼义。

第一，霸王之器。品德高尚的君子，有礼有度，治理国家的官员如果依礼行事则民和而国治。

> 居处有礼，进退有度，百官得其宜，万事得其序。此之谓也。……义与信，和与仁，霸王之器也。有治民之意而无其器，则不成。〔1〕

> 鸤鸠在桑，其子在棘。淑人君子，其仪不忒。其仪不忒，正是四国。〔2〕

> 道不远人，人之为道而远人，不可以为道……故君子以人治人，改而止。忠恕违道不远，施诸己而不愿，亦勿施于人。〔3〕

> 伐柯如何，匪斧不克。取妻如何，匪媒不得。伐柯伐柯，其则不远。我觏之子，笾豆有践。〔4〕

第二，仁德。

> 仁有数，义有长短小大。中心憯怛，爱人之仁也。率法而强之，资仁者也。〔5〕

---

〔1〕《礼记·经解》，见杨天宇译注：《礼记译注》（下），上海古籍出版社2016年版，第801—802页。

〔2〕《国风·曹风·鸤鸠》，见周振甫译注：《诗经译注》，中华书局2010年版，第195页。

〔3〕《礼记·中庸》，见杨天宇译注：《礼记译注》（下），上海古籍出版社2016年版，第851页。

〔4〕《国风·豳风·伐柯》，见周振甫译注：《诗经译注》，中华书局2010年版，第210页。

〔5〕《礼记·表记》，见杨天宇译注：《礼记译注》（下），上海古籍出版社2016年版，第876页。

> 子曰："恭近礼，俭近仁，信近情，敬让以行此，虽有过，其不甚矣。"[1]

何谓仁德？孔子认为温良恭俭让是仁德的基础，只有尊礼才能至德，至德才能得其位。

> 文王有声，遹骏有声，遹求厥宁，遹观厥成。文王烝哉！文王受命，有此武功；既伐于崇，作邑于丰。文王烝哉！筑城伊淢，作丰伊匹。匪棘其欲，遹追来孝。王后烝哉！[2]

> 礼仪三百，威仪三千，待其人然后行。故曰"苟不至德，至道不凝焉"。故君子尊德性而道问学，致广大而尽精微，极高明而道中庸，温故而知新，敦厚以崇礼。[3]

> 子曰："舜其大孝也与。德为圣人，尊为天子，富有四海之内，宗庙飨之，子孙保之。故大德必得其位，必得其禄，必得其名，必得其寿。故天之生物，必因其材而笃焉。故栽者培之，倾者覆之。"[4]

> 假乐君子，显显令德。宜民宜人，受禄于天。保右命之，自天申之。干禄百福，子孙千亿。穆穆皇皇，宜君宜

---

〔1〕《礼记·表记》，见杨天宇译注：《礼记译注》（下），上海古籍出版社 2016 年版，第 879 页。

〔2〕《大雅·文王之什·文王有声》，见周振甫译注：《诗经译注》，中华书局 2010 年版，第 391 页。

〔3〕《礼记·中庸》，见杨天宇译注：《礼记译注》（下），上海古籍出版社 2016 年版，第 865 页。

〔4〕《礼记·中庸》，见杨天宇译注：《礼记译注》（下），上海古籍出版社 2016 年版，第 853 页。

王，不愆不忘，率由旧章。威仪抑抑，德音秩秩。无怨无恶，率由群匹。受福无疆，四方之纲。之纲之纪，燕及朋友。百辟卿士，媚于天子。不解于位，民之攸塈。[1]

夫礼者，所以章疑别微，以为民坊者也。故贵贱有等，衣服有别，朝廷有位，则民有所让。[2]

"《诗》云：'尔卜尔筮，履无咎言。'子云：'善则称人，过则称己，则民让善。'"[3]

孔子曰："礼之先币帛也，欲民之先事而后禄也。先财而后礼，则民利；无辞而行情，则民争。"[4]

习谷风，以阴以雨。黾勉同心，不宜有怒。采葑采菲，无以下体。德音莫违，及尔同死。[5]

第三，礼器。

孔子曰："夫昔者君子比德于玉焉：温润而泽，仁也；缜密以栗，知也；廉而不刿，义也；垂之如队，礼也；叩之，其声清越以长，其终诎然，乐也；瑕不掩瑜，瑜不掩瑕，忠也；孚尹旁达，信也；气如白虹，天也；精神见于山

[1]《大雅·生民之什·假乐》，见周振甫译注：《诗经译注》，中华书局2010年版，第404—405页。

[2]《礼记·坊记》，见杨天宇译注：《礼记译注》（下），上海古籍出版社2016年版，第828页。

[3]《礼记·坊记》，见杨天宇译注：《礼记译注》（下），上海古籍出版社2016年版，第832页。

[4]《礼记·坊记》，见杨天宇译注：《礼记译注》（下），上海古籍出版社2016年版，第840页。

[5]《国风·邶风·谷风》，见周振甫译注：《诗经译注》，中华书局2010年版，第46—47页。

川，地也；圭璋特达，德也。天下莫不贵者，道也。”[1]

言念君子，温其如玉。在其板屋，乱我心曲。[2]

2. 法

《诗经》中没有“法”字或者“律”字，在《诗经》成书时期，法律是以“刑”为称谓的。

《诗经》中的“刑”，第一层含义指规范，如：

惠于宗公，神罔时怨，神罔时恫。刑于寡妻，至于兄弟，以御于家邦。[3]

《诗经》中的“刑”，第二层含义指取法，效仿，如：

无念尔祖，聿修厥德。永言配命，自求多福。殷之未丧师，克配上帝。宜鉴于殷，骏命不易。命之不易，无遏尔躬。宣昭义问，有虞殷自天。上天之载，无声无臭。仪刑文王，万邦作孚。[4]

烈文辟公，锡兹祉福，惠我无疆，子孙保之。无封靡于尔邦，维王其崇之。念兹戎功，继序其皇之。无竞维人，

---

〔1〕《礼记·聘义》，见杨天宇译注：《礼记译注》（下），上海古籍出版社 2016 年版，第 1033 页。

〔2〕《国风·秦风·小戎》，见周振甫译注：《诗经译注》，中华书局 2010 年版，第 165 页。

〔3〕《大雅·文王之什·思齐》，见周振甫译注：《诗经译注》，中华书局 2010 年版，第 381 页。

〔4〕《大雅·文王之什·文王》，见周振甫译注：《诗经译注》，中华书局 2010 年版，第 369—370 页。

四方其训之。不显维德，百辟其刑之。[1]

我将我享，维羊维牛，维天其右之。仪式刑文王之典，日靖四方。[2]

《诗经》中“刑”的第三种含义，是法典、法式，如：

文王曰咨，咨女殷商。如蜩如螗，如沸如羹。小大近丧，人尚乎由行。内奰于中国，覃及鬼方。文王曰咨，咨女殷商。匪上帝不时，殷不用旧。虽无老成人，尚有典刑。曾是莫听，大命以倾。[3]

3. 法与礼的关系

《诗经》所反映的西周时代，礼是社会的主要规范，刑是礼的辅助手段。西周礼制主张明德慎罚，慎用刑罚，以德治国。

亲亲故尊祖，尊祖故敬宗，敬宗故收族，收族故宗庙严，宗庙严故重社稷，重社稷故爱百姓，爱百姓故刑罚中，刑罚中故庶民安，庶民安故财用足，财用足故百志成，百志成故礼俗刑，礼俗刑然后乐。[4]

人亦有言，德輶如毛，民鲜克举之。我仪图之，维仲

---

〔1〕《周颂·清庙之什·烈文》，见周振甫译注：《诗经译注》，中华书局2010年版，第465—466页。

〔2〕《周颂·清庙之什·我将》，见周振甫译注：《诗经译注》，中华书局2010年版，第468页。

〔3〕《大雅·荡之什·荡》，见周振甫译注：《诗经译注》，中华书局2010年版，第422页。

〔4〕《礼记·大传》，见杨天宇译注：《礼记译注》（下），上海古籍出版社2016年版，第538—539页。

山甫举之，爱莫助之。衮职有缺，维仲山甫补之。[1]

辟尔为德，俾臧俾嘉。淑慎尔止，不愆于仪。不僭不贼，鲜不为则。投我以桃，报之以李。彼童而角，实虹小子。荏染柔木，言缗之丝。温温恭人，维德之基。其维哲人，告之话言，顺德之行。其维愚人，覆谓我僭，民各有心。[2]

《诗经》也体现周礼治下的明德慎罚思想。

士也罔极，二三其德。[3]

这里的“德”指道德修养，与“明德”意思相近，即谨慎修德。

（三）《尚书》

《尚书》是三代典、命、文、诰的汇编，是“敬天顺礼”思想的政典化。其绝大多数篇章出自周初至春秋学者之手，记录了以天子为中心的等级体系、五服制度。通过君臣之间的语言行为，提倡“君君、臣臣、父父、子子”的等级观念。《尚书》与周礼的精神高度一致，其本身就是周礼精神的载体。在三代，政教合一，礼乐刑政是一个整体。其政，是以礼行政，所谓“为政先礼，礼者，政之本也”。其刑，是以礼定刑，所谓“礼乐不兴，刑罚不中”。三代王者之治，无一不依于礼。《尚书》中“顺天敬礼”，体现了周礼的精神。

---

〔1〕《大雅·荡之什·烝民》，见周振甫译注：《诗经译注》，中华书局2010年版，第445页。

〔2〕《大雅·荡之什·抑》，见周振甫译注：《诗经译注》，中华书局2010年版，第426—427页。

〔3〕《国风·卫风·氓》，见周振甫译注：《诗经译注》，中华书局2010年版，第79页。

1. 礼

（1）天。天命神鬼，“代天行罚”，是明德慎罚思想和礼治的由来。

帝曰：“吁！静言庸违，象恭滔天。”[1]

有扈氏威侮五行，怠弃三正，天用剿绝其命，今予惟恭行天之罚。左不攻于左，汝不恭命；右不攻于右，汝不恭命；御非其马之正，汝不恭命。用命，赏于祖；弗用命，戮于社，予则孥戮汝。[2]

天休于宁王兴我小邦周，宁王惟卜用，克绥受兹命。今天其相民，矧亦惟卜用。呜呼！天明畏，弼我丕丕基。[3]

我西土惟时怙，冒闻于上帝，帝休。天乃大命文王殪戎殷，诞受厥命。[4]

天命不易，天难谌。乃其坠命，弗克经历。[5]

（2）礼治。第一，以德治国。《尚书》首篇《尧典》记述尧、舜

[1]《尚书·虞书·尧典第一》，见〔清〕阮元校刻：《十三经注疏·尚书注疏》，方向东点校，中华书局2021年版，第69页。

[2]《尚书·夏书·甘誓第二》，见〔清〕阮元校刻：《十三经注疏·尚书注疏》，方向东点校，中华书局2021年版，第281页。

[3]《尚书·周书·大诰第九》，见〔清〕阮元校刻：《十三经注疏·尚书注疏》，方向东点校，中华书局2021年版，第563页。

[4]《尚书·周书·康诰第十一》，见〔清〕阮元校刻：《十三经注疏·尚书注疏》，方向东点校，中华书局2021年版，第584页。

[5]《尚书·周书·君奭第十八》，见〔清〕阮元校刻：《十三经注疏·尚书注疏》，方向东点校，中华书局2021年版，第713页。

选贤禅让、任德使能、教化天下的德政故事。

> 昔在帝尧，聪明文思，光宅天下。将逊于位，让于虞舜。作《尧典》。
>
> 曰若稽古，帝尧曰放勋。钦明文思安安，允恭克让，光被四表，格于上下。克明俊德，以亲九族。九族既睦，平章百姓。百姓昭明，协和万邦，黎民于变时雍。[1]

> 皋陶曰："都！在知人，在安民。"禹曰："……知人则哲，能官人；安民则惠，黎民怀之……"[2]

第二，礼制。《尚书·虞书·舜典》记录了舜建立各种礼制治理国家的过程，舜为政以礼，建邦立制，以德治国安天下。礼确定上下名分、基本的秩序和法律关系。《舜典》记录舜巡守、祭天、修历法、均布度量衡、祭礼、五等诸侯玉器之制等，并将礼制推及邦国四方。

> 正月上日，受终于文祖。在璇玑玉衡，以齐七政，肆类于上帝，禋于六宗，望于山川，遍于群神。辑五瑞，既月，乃日觐四岳群牧，班瑞于群后。
>
> 岁二月，东巡守，至于岱宗，柴，望秩于山川，肆觐东后。协时月正日，同律度量衡。修五礼、五玉、三帛、二生、一死贽。如五器，卒乃复。五月，南巡守，至于南岳，如岱礼。八月，西巡守，至于西岳，如初。十有一月，朔巡守，至于北岳，如西礼。归，格于艺祖，用特。五载一巡守，群后四朝。敷奏以言，明试以功，车服

---

〔1〕《尚书·虞书·尧典第一》，见〔清〕阮元校刻：《十三经注疏·尚书注疏》，方向东点校，中华书局2021年版，第41—48页。

〔2〕《尚书·虞书·皋陶谟第四》，见〔清〕阮元校刻：《十三经注疏·尚书注疏》，方向东点校，中华书局2021年版，第169页。

以庸。[1]

舜设丧礼、亲政之礼。设考绩常法，处理乱德的“三苗”，仍是涉礼行为。

月正元日，舜格于文祖。询于四岳，辟四门。明四目，达四聪。[2]

三载考绩，三考，黜陟幽明，庶绩咸熙，分北三苗。[3]

钦哉钦哉，惟刑之恤哉！流共工于幽洲，放驩兜于崇山，窜三苗于三危，殛鲧于羽山，四罪而天下咸服。[4]

第三，礼器。礼器制作，是礼治名分等级的基础。

在璇玑玉衡，以齐七政，肆类于上帝，禋于六宗，望于山川，遍于群神。辑五瑞，既月，乃日觐四岳群牧，班瑞于群后。[5]

第四，礼乐之教。舜命夔典乐。其职司是教胄子音乐。这是后世乐教诗教之本。

---

〔1〕《尚书·虞书·舜典第二》，见〔清〕阮元校刻：《十三经注疏·尚书注疏》，方向东点校，中华书局 2021 年版，第 93—102 页。

〔2〕《尚书·虞书·舜典第二》，见〔清〕阮元校刻：《十三经注疏·尚书注疏》，方向东点校，中华书局 2021 年版，第 120 页。

〔3〕《尚书·虞书·舜典第二》，见〔清〕阮元校刻：《十三经注疏·尚书注疏》，方向东点校，中华书局 2021 年版，第 136—137 页。

〔4〕《尚书·虞书·舜典第二》，见〔清〕阮元校刻：《十三经注疏·尚书注疏》，方向东点校，中华书局 2021 年版，第 110—111 页。

〔5〕《尚书·虞书·舜典第二》，见〔清〕阮元校刻：《十三经注疏·尚书注疏》，方向东点校，中华书局 2021 年版，第 93 页。

帝曰："夔，命汝典乐，教胄子。直而温，宽而栗，刚而无虐，简而无傲，诗言志，歌永言，声依永，律和声。八音克谐，无相夺伦，神人以和。"夔曰："於！予击石拊石，百兽率舞。"〔1〕

（3）德。《尚书》多处出现"德"字。

王其疾敬德，相古先民有夏。〔2〕

王敬作所不可不敬德。〔3〕

我不敢知曰，不其延，惟不敬厥德，乃早坠厥命。〔4〕

知今我初服，宅新邑，肆惟王其敬德。〔5〕

蔡仲克庸祗德，周公以为卿士。〔6〕

皇天无亲，惟德是辅，民心无常，惟惠之怀。〔7〕

〔1〕《尚书·虞书·舜典第二》，见〔清〕阮元校刻：《十三经注疏·尚书注疏》，方向东点校，中华书局2021年版，第131页。

〔2〕《尚书·周书·召诰第十四》，见〔清〕阮元校刻：《十三经注疏·尚书注疏》，方向东点校，中华书局2021年版，第642页。

〔3〕《尚书·周书·召诰第十四》，见〔清〕阮元校刻：《十三经注疏·尚书注疏》，方向东点校，中华书局2021年版，第646页。

〔4〕《尚书·周书·召诰第十四》，见〔清〕阮元校刻：《十三经注疏·尚书注疏》，方向东点校，中华书局2021年版，第647页。

〔5〕《尚书·周书·召诰第十四》，见〔清〕阮元校刻：《十三经注疏·尚书注疏》，方向东点校，中华书局2021年版，第649页。

〔6〕《尚书·周书·蔡仲之命第十九》，见〔清〕阮元校刻：《十三经注疏·尚书注疏》，方向东点校，中华书局2021年版，第732页。

〔7〕《尚书·周书·蔡仲之命第十九》，见〔清〕阮元校刻：《十三经注疏·尚书注疏》，方向东点校，中华书局2021年版，第735页。

嗣前人，恭明德，在今予小子旦。[1]

天不可信。我道惟宁王德延，天不庸释于文王受命。[2]

《尚书》的德是“明德”，要求统治者加强自我克制，实行德政，体现为“勤政”“任贤”，以至“保民”。

第一，勤政。

周公曰：“呜呼！君子所其无逸。先知稼穑之艰难，乃逸，则知小人之依。相小人，厥父母勤劳稼穑，厥子乃不知稼穑之艰难，乃逸乃谚，既诞，否则侮厥父母曰：‘昔之人无闻知。’”

…………

周公曰：“呜呼！厥亦惟我周太王、王季，克自抑畏。文王卑服，即康功田功。徽柔懿恭，怀保小民，惠鲜鳏寡。自朝至于日中昃，不遑暇食，用咸和万民。文王不敢盘于游田，以庶邦惟正之供。文王受命惟中身，厥享国五十年。”

周公曰：“呜呼！继自今嗣王，则其无淫于观、于逸、于游、于田，以万民惟正之供。无皇曰：‘今日耽乐。’乃非民攸训，非天攸若，时人丕则有愆。无若殷王受之迷乱，酗于酒德哉！”

周公曰：“呜呼！我闻曰：古之人犹胥训告，胥保惠，胥教诲，民无或胥诪张为幻。此厥不听，人乃训之，乃变乱先王之正刑，至于小大。民否则厥心违怨，否则厥口

---

〔1〕《尚书·周书·君奭第十八》，见〔清〕阮元校刻：《十三经注疏·尚书注疏》，方向东点校，中华书局2021年版，第713页。

〔2〕《尚书·周书·君奭第十八》，见〔清〕阮元校刻：《十三经注疏·尚书注疏》，方向东点校，中华书局2021年版，第714页。

诅祝。”[1]

第二，任贤。桀、纣不任用有德之士，专门任用任刑弃德之人，造成政治昏暗，国运断绝。

古之人迪惟有夏，乃有室大竞，吁俊尊上帝。迪知忱恂于九德之行，乃敢告教厥后曰：拜手稽手后矣。……谋面，用丕训德，则乃宅人，兹乃三宅无义民。

其在受德，暋惟羞刑，暴德之人同于厥邦，乃惟庶习逸德之人同于厥政。[2]

第三，保民。

无胥戕，无胥虐，至于敬寡，至于属妇，合由以容。

今王惟曰：先王既勤用明德，怀为夹，庶邦享作，兄弟方来，亦既用明德。后式典集，庶邦丕享。皇天既付中国民，越厥疆土，于先王肆。王惟德用和怿，先后迷民，用怿先王受命。已！若兹监，惟曰欲至于万年惟王，子子孙孙永保民。[3]

周公曰：“呜呼！厥亦惟我周太王、王季，克自抑畏。文王卑服，即康功田功。徽柔懿恭，怀保小民，惠鲜鳏寡。”[4]

---

〔1〕《尚书·周书·无逸十七》，见〔清〕阮元校刻：《十三经注疏·尚书注疏》，方向东点校，中华书局2021年版，第696—707页。

〔2〕《尚书·周书·立政第二十一》，见〔清〕阮元校刻：《十三经注疏·尚书注疏》，方向东点校，中华书局2021年版，第758—762页。

〔3〕《尚书·周书·梓材第十三》，见〔清〕阮元校刻：《十三经注疏·尚书注疏》，方向东点校，中华书局2021年版，第624—628页。

〔4〕《尚书·周书·无逸十七》，见〔清〕阮元校刻：《十三经注疏·尚书注疏》，方向东点校，中华书局2021年版，第702—703页。

汝往敬哉！兹予其明农哉！被裕我民，无远用戾。[1]

惟天降命，肇我民，惟元祀。天降威，我民用大乱丧德，亦罔非酒惟行。越小大邦用丧，亦罔非酒惟辜。[2]

厥命罔显于民，祇保越怨不易。[3]

弗惟德馨香祀登闻于天，诞惟民怨。[4]

人无于水监，当于民监。[5]

乃曰吾有民有命，罔惩其侮。天佑下民，作之君，作之师。[6]

天矜于民，民之所欲，天必从之。[7]

天视自我民视，天听自我民听。百姓有过，在予一人。[8]

---

〔1〕《尚书·周书·洛诰第十五》，见〔清〕阮元校刻，方向东点校：《十三经注疏·尚书注疏》，中华书局 2021 年版，第 666 页。

〔2〕《尚书·周书·酒诰第十二》，见〔清〕阮元校刻：《十三经注疏·尚书注疏》，方向东点校，中华书局 2021 年版，第 605—606 页。

〔3〕《尚书·周书·酒诰第十二》，见〔清〕阮元校刻：《十三经注疏·尚书注疏》，方向东点校，中华书局 2021 年版，第 615 页。

〔4〕《尚书·周书·酒诰第十二》，见〔清〕阮元校刻：《十三经注疏·尚书注疏》，方向东点校，中华书局 2021 年版，第 616 页。

〔5〕《尚书·周书·酒诰第十二》，见〔清〕阮元校刻：《十三经注疏·尚书注疏》，方向东点校，中华书局 2021 年版，第 617 页。

〔6〕《尚书·周书·泰誓上第一》，见〔清〕阮元校刻：《十三经注疏·尚书注疏》，方向东点校，中华书局 2021 年版，第 442 页。

〔7〕《尚书·周书·泰誓上第一》，见〔清〕阮元校刻：《十三经注疏·尚书注疏》，方向东点校，中华书局 2021 年版，第 444 页。

〔8〕《尚书·周书·泰誓中第二》，见〔清〕阮元校刻：《十三经注疏·尚书注疏》，方向东点校，中华书局 2021 年版，第 450 页。

2. 礼与刑的关系

(1)《尚书》记载舜颁布的刑，有礼的因素。刑是礼的一个分支，刑制是礼治的一部分。

象以典刑，流宥五刑，鞭作官刑，扑作教刑，金作赎刑，眚灾肆赦，怙终贼刑。……流共工于幽洲，放驩兜于崇山，窜三苗于三危，殛鲧于羽山，四罪而天下咸服。[1]

(2) 将礼纳入刑罚制度中。

帝曰:"契，百姓不亲，五品不逊，汝作司徒，敬敷五教，在宽。"

帝曰:"皋陶，蛮夷猾夏，寇贼奸宄，汝作士，五刑有服，五服三就。五流有宅，五宅三居。惟明克允。"[2]

(3) 礼对刑的影响。

第一，刑罚思想:恤刑。

濬哲文明，温恭允塞，玄德升闻，乃命以位。

慎徽五典，五典克从。[3]

钦哉钦哉，惟刑之恤哉！[4]

---

〔1〕《尚书·虞书·舜典第二》，见〔清〕阮元校刻:《十三经注疏·尚书注疏》，方向东点校，中华书局 2021 年版，第 109—111 页。

〔2〕《尚书·虞书·舜典第二》，见〔清〕阮元校刻:《十三经注疏·尚书注疏》，方向东点校，中华书局 2021 年版，第 125—126 页。

〔3〕《尚书·虞书·舜典第二》，见〔清〕阮元校刻:《十三经注疏·尚书注疏》，方向东点校，中华书局 2021 年版，第 86—88 页。

〔4〕《尚书·虞书·舜典第二》，见〔清〕阮元校刻:《十三经注疏·尚书注疏》，方向东点校，中华书局 2021 年版，第 110 页。

第二，刑罚目的，不是惩罚，而是制止犯罪，教人为善。

司徒、司马、司空、尹旅曰：‘予罔厉杀人。’亦厥君先敬劳，肆徂厥敬劳。肆往，奸宄杀人，历人宥。肆亦见厥君事，戕败人宥。[1]

乱罚无罪，杀无辜，怨有同，是丛于厥身。[2]

典狱非讫于威，惟讫于富。[3]

第三，司法。《尚书·周书·立政第二十一》所谓“中罚”，是指用刑宽严适当，刑当其罪，不可偏重偏轻。

太史，司寇苏公，式敬尔由狱，以长我王国。兹式有慎，以列用中罚。[4]

上刑适轻，下服。下刑适重，上服。轻重诸罚，有权。刑罚世轻世重，惟齐非齐，有伦有要。[5]

两造具备，师听五辞。五辞简孚，正于五刑。五刑不简，正于五罚。五罚不服，正于五过。五过之疵，惟官，惟反，惟内，惟货，惟来。其罪惟均，其审克之。五刑之疑有赦，五罚之疑有赦，其审克之。上下比罪，无僭乱辞，

〔1〕《尚书·周书·梓材第十三》，见〔清〕阮元校刻：《十三经注疏·尚书注疏》，方向东点校，中华书局2021年版，第622—623页。

〔2〕《尚书·周书·无逸十七》，见〔清〕阮元校刻：《十三经注疏·尚书注疏》，方向东点校，中华书局2021年版，第709页。

〔3〕《尚书·周书·吕刑第二十九》，见〔清〕阮元校刻：《十三经注疏·尚书注疏》，方向东点校，中华书局2021年版，第871页。

〔4〕《尚书·周书·立政第二十一》，见〔清〕阮元校刻：《十三经注疏·尚书注疏》，方向东点校，中华书局2021年版，第775页。

〔5〕《尚书·周书·吕刑第二十九》，见〔清〕阮元校刻：《十三经注疏·尚书注疏》，方向东点校，中华书局2021年版，第884页。

勿用不行。惟察惟法，其审克之。[1]

敬明乃罚。人有小罪，非眚，乃惟终，自作不典，式尔，有厥罪小，乃不可不杀。乃有大罪，非终，乃惟眚灾，适尔，既道极厥辜，时乃不可杀。[2]

“眚”，过失；“非眚”，故意；“惟终”，惯犯；“非终”，偶犯。周公认为，罪虽小，如果是故意和惯犯，也要从重处罚；罪虽大，如果是过失和偶犯，也应从轻处罚。

要囚，服念五六日，至于旬时，丕蔽要囚。[3]

第四，重视教化。宣明德教，慎施刑罚，是劝勉人的手段；监禁、杀死重大罪犯，释放无罪的人，也是劝勉人的手段。

慎厥丽乃劝，厥民刑用劝。以至于帝乙，罔不明德慎罚，亦克用劝。要囚，殄戮多罪，亦克用劝。开释无辜，亦克用劝。[4]

若有疾，惟民其毕其咎。若保赤子，惟民其康乂。[5]

厥或诰曰群饮，汝勿佚。尽执拘以归于周，予其杀。又惟殷之迪诸臣，惟工乃湎于酒，勿庸杀之。姑惟教之。

---

〔1〕《尚书·周书·吕刑第二十九》，见〔清〕阮元校刻：《十三经注疏·尚书注疏》，方向东点校，中华书局 2021 年版，第 877—883 页。

〔2〕《尚书·周书·康诰第十一》，见〔清〕阮元校刻：《十三经注疏·尚书注疏》，方向东点校，中华书局 2021 年版，第 589 页。

〔3〕《尚书·周书·康诰第十一》，见〔清〕阮元校刻：《十三经注疏·尚书注疏》，方向东点校，中华书局 2021 年版，第 591 页。

〔4〕《尚书·周书·多方第二十》，见〔清〕阮元校刻：《十三经注疏·尚书注疏》，方向东点校，中华书局 2021 年版，第 743—744 页。

〔5〕《尚书·周书·康诰第十一》，见〔清〕阮元校刻：《十三经注疏·尚书注疏》，方向东点校，中华书局 2021 年版，第 590 页。

有斯明享。乃不用我教辞，惟我一人弗恤，弗蠲乃事，时同于杀。[1]

（四）《春秋》

《春秋》由孔子根据鲁史编定，汉代后被提到“经”的地位。孔子作《春秋》，意在“正礼乐”“寓褒贬”“存前圣之业”，使王道复兴。孟子曰：“《春秋》，天子之事也。孔子曰：‘知我者其惟《春秋》乎！罪我者其惟《春秋》乎！’”（《孟子·滕文公下》）《史记·太史公自序》云：“夫《春秋》上明三王之道，下辨人事之纪……万物之聚散，皆在《春秋》……故《春秋》者，礼仪大宗也。”因此，《春秋》以“礼”为准则，“礼”是《春秋》的核心。《春秋》言简意赅，后世的春秋三传为主要研究《春秋》经义的经典文献。

1. 礼的含义

（1）社会秩序。礼规定了社会的基本秩序，无论国家社稷，还是等级地位，皆遵循礼。

礼，经国家，定社稷，序民人，利后嗣者也。许，无刑而伐之，服而舍之，度德而处之，量力而行之，相时而动，无累后人，可谓知礼矣。[2]

夫礼，天之经也，地之义也，民之行也。[3]

---

〔1〕《尚书·周书·酒诰第十二》，见〔清〕阮元校刻：《十三经注疏·尚书注疏》，方向东点校，中华书局2021年版，第619—620页。

〔2〕《左传·隐公十一年》，见〔清〕洪亮吉：《春秋左传诂》，李解民点校，中华书局1987年版，第206页。

〔3〕《左传·昭公二十五年》，见〔清〕洪亮吉：《春秋左传诂》，李解民点校，中华书局1987年版，第764页。

异哉，君子名子也！夫名以制义，义以出礼，礼以体政，政以正民。[1]

王命诸侯，名位不同，礼亦异数，不以礼假人。[2]

（2）基本规则。礼规定了国家治理和个人立身行事的规则和标准。

礼，上下之纪，天地之经纬也，民之所以生也，是以先王尚之。故人之能自曲直以赴礼者，谓之成人。[3]

礼，国之干也；敬，礼之舆也。不敬，则礼不行，礼不行，则上下昏，何以长世？[4]

子与之！定人之谓礼。[5]

政以礼成，民是以息。百官承事，朝而不夕。此公侯之所以扞城其民也。[6]

政治只有通过施行礼教才能得以推行，人民也才能得以休养

---

〔1〕《左传·桓公二年》，见〔清〕洪亮吉：《春秋左传诂》，李解民点校，中华书局1987年版，第213页。

〔2〕《左传·庄公十八年》，见〔清〕洪亮吉：《春秋左传诂》，李解民点校，中华书局1987年版，第248页。

〔3〕《左传·昭公二十五年》，见〔清〕洪亮吉：《春秋左传诂》，李解民点校，中华书局1987年版，第766页。

〔4〕《左传·僖公十一年》，见〔清〕洪亮吉：《春秋左传诂》，李解民点校，中华书局1987年版，第289页。

〔5〕《左传·僖公二十八年》，见〔清〕洪亮吉：《春秋左传诂》，李解民点校，中华书局1987年版，第331页。

〔6〕《左传·成公十二年》，见〔清〕洪亮吉：《春秋左传诂》，李解民点校，中华书局1987年版，第465—466页。

生息。

> 二君者，必不免。会朝，礼之经也；礼，政之舆也；政，身之守也。怠礼失政，失政不立，是以乱也。[1]

为政的目的在于使人民得以安身。政治的推行必须依靠礼。如若怠慢礼，则政治必败；而政治衰败，则国将不存。

> 是仪也，不可谓礼。礼，所以守其国，行其政令，无失其民者也。[2]

礼不仅有礼仪的含义，还具有政治含义。礼的作用是保卫国家，推行政令以及受到人们拥戴的制度。

> 礼，王之大经也。[3]

> 礼，上下之纪，天地之经纬也，民之所以生也。[4]

（3）个人规范。礼、乐是考察个人品德的准则。

> 说礼、乐而敦诗、书。诗、书，义之府也。礼、乐，德之则也。德、义，利之本也。[5]

---

〔1〕《左传·襄公二十一年》，见〔清〕洪亮吉：《春秋左传诂》，李解民点校，中华书局1987年版，第556页。

〔2〕《左传·昭公五年》，见〔清〕洪亮吉：《春秋左传诂》，李解民点校，中华书局1987年版，第667页。

〔3〕《左传·昭公十五年》，见〔清〕洪亮吉：《春秋左传诂》，李解民点校，中华书局1987年版，第772页。

〔4〕《左传·昭公二十五年》，见〔清〕洪亮吉：《春秋左传诂》，李解民点校，中华书局1987年版，第766页。

〔5〕《左传·僖公二十七年》，见〔清〕洪亮吉：《春秋左传诂》，李解民点校，中华书局1987年版，第766页。

礼，身之干也。敬，身之基也。[1]

民受天地之中以生，所谓命也。是以有动作礼义威仪之则，以定命也。能者养之以福，不能者败以取祸。是故君子勤礼，小人尽力。[2]

礼，人之干也。无礼，无以立。[3]

夫礼，死生存亡之体也。[4]

2. 敬　让

敬、让、恭、俭是礼的主要内涵和精神。

敬，礼之舆也；不敬，则礼不行。[5]

世之治也，诸侯间于天子之事，则相朝也，于是乎有享宴之礼。享以训共俭，宴以示慈惠。共俭以行礼，而慈惠以布政。[6]

---

〔1〕《左传·成公十三年》，见〔清〕洪亮吉：《春秋左传诂》，李解民点校，中华书局1987年版，第466页。

〔2〕《左传·僖公二十七年》，见〔清〕洪亮吉：《春秋左传诂》，李解民点校，中华书局1987年版，第327页。

〔3〕《左传·昭公七年》，见〔清〕洪亮吉：《春秋左传诂》，李解民点校，中华书局1987年版，第682页。

〔4〕《左传·定公十五年》，见〔清〕洪亮吉：《春秋左传诂》，李解民点校，中华书局1987年版，第841页。

〔5〕《左传·僖公十一年》，见〔清〕洪亮吉：《春秋左传诂》，李解民点校，中华书局1987年版，第289页。

〔6〕《左传·成公十二年》，见〔清〕洪亮吉：《春秋左传诂》，李解民点校，中华书局1987年版，第465页。

国家治理社会必须恭敬、俭省。

君子勤礼，小人尽力。勤礼莫如致敬，尽力莫如敦笃。[1]

君子勤于礼法，小人竭尽力气。勤于礼法没有比恭敬再好的了，竭尽力气没有比敦厚笃诚再好的了。

让，礼之主也。[2]

敬，德之聚也。能敬必有德，德以治民，君请用之！[3]

凡君即位，卿出并聘，践修旧好，要结外援，好事邻国，以卫社稷，忠信卑让之道也。忠，德之正也。信，德之固也。卑让，德之基也。[4]

3. 法与礼的关系

（1）礼具有规范意义。

夫礼，天之经也，地之义也，民之行也。[5]

---

〔1〕《左传·成公十三年》，见〔清〕洪亮吉：《春秋左传诂》，李解民点校，中华书局1987年版，第467页。

〔2〕《左传·襄公十三年》，见〔清〕洪亮吉：《春秋左传诂》，李解民点校，中华书局1987年版，第526页。

〔3〕《左传·僖公三十三年》，见〔清〕洪亮吉：《春秋左传诂》，李解民点校，中华书局1987年版，第347页。

〔4〕《左传·文公元年》，见〔清〕洪亮吉：《春秋左传诂》，李解民点校，中华书局1987年版，第352页。

〔5〕《左传·昭公二十五年》，见〔清〕洪亮吉：《春秋左传诂》，李解民点校，中华书局1987年版，第765页。

（2）礼具有定罪的功能。

凡侯伯救患分灾讨罪，礼也。[1]

（3）礼法关系：礼主刑辅，德主刑辅。

善为国者，赏不僭而刑不滥。赏僭，则惧及淫人；刑滥，则惧及善人。若不幸而过，宁僭无滥。与其失善，宁其利淫。无善人，则国从之。……故《夏书》曰："与其杀不辜，宁失不经。"……古之治民者，劝赏而畏刑，恤民不倦。赏以春夏，刑以秋冬。是以将赏，为之加膳，加膳则饫赐，此以知其劝赏也。将刑，为之不举，不举则彻乐，此以知其畏刑也。夙兴夜寐，朝夕临政，此以知其恤民也。三者，礼之大节也。有礼，无败。[2]

古往今来，王都善于奖赏而慎用刑罚，体恤人民。此三者是礼制的要义，推行礼制则国家不败。

二、"三礼"中的法与礼

"三礼"是指《周礼》《仪礼》《礼记》。自从汉代郑玄分别给《周礼》《仪礼》《礼记》注疏，有了"三礼学"。研究"礼"、"礼法"、法与礼等问题，"三礼"是最基本的文献典籍。

（一）《周礼》

《周礼》是早期中国历史上一部重要典籍，《周礼》所涉及之内

〔1〕《左传·僖公元年》，见〔清〕洪亮吉：《春秋左传诂》，李解民点校，中华书局1987年版，第270页。

〔2〕《左传·襄公二十六年》，见〔清〕洪亮吉：《春秋左传诂》，李解民点校，中华书局1987年版，第587页。

容极为丰富。大至天下九州，天文历象；小至沟洫道路，草木虫鱼。凡邦国建制，政法文教，礼乐兵刑，赋税度支，膳食衣饰，寝庙车马，农商医卜，工艺制作，各种名物、典章、制度，无所不包。

《周礼》主要内容是国家体制和官吏的掌职。作者将官吏分为六大系统，即天官冢宰、地官司徒、春官宗伯、夏官司马、秋官司寇、冬官考工记（汉人补入）。天官掌管国政治理，地官掌管天下教育，春官掌管礼事，夏官掌管军政之事，秋官掌管刑事禁令，冬官掌管百工、建筑。

《周礼》最初名为《周官》，记述的是国家政制和职官职责。“礼”与“法”的内容在春官和秋官职制中体现得比较集中，在天官、地官、夏官职制中也多有法与礼的内容。涉及礼的名词有“礼仪”“礼俗”“礼法”“礼节”“礼教”等，有时并不以“礼”字表述，而是以“法”字出现，实际上却是礼的内容。秋官职制中的“法”主要体现为“刑”“宪”“禁令”“政令”等。此外，有些没有直接提及“礼”或者“法”字的部分，也包含法与礼的内容。《周礼》一书最为明显的特征是，内文皆为整齐排列的制度条文。综观《周礼》的各种制度，有多种表述方法，最后都归结为《周礼》之治。

《周礼》中的法包罗万象，且法与礼的界分并不明显，甚至可见“礼法”并提，字义互摄。“法”除了有司法上的意义，还有行政命令、规定、仪则等含义。《周礼·天官·大宰》言“以八法治官府”，“法”在此作准则之义。《周礼·秋官·小司寇》记载“读书则用法”，“法”是审判结束后，用以命定犯罪者罪行的依据。《周礼·春官宗伯·小史》有“读礼法”一词，此“礼法”即行礼时的仪节。可见，《周礼》的“法”不仅有行政规范、司法律例之意，还有行礼之仪。“法”的这些不同含义体现出其规范性的基本特征。“礼”本义从“豊”字，取意于祭祀所使用的玉器和鼓乐。“祀神致福”之器是“礼”的最初含义，用祭祀之器（玉器和鼓乐）从事祭祀仪式，便称为“礼”。《周礼》中的礼虽然将祭祀作为最重要的礼，但是

“等差”“次序”等制度的含义已有显现，超出宗教礼仪的范围，着重强调制度的建构，具有明确的社会功能和社会意义，“礼”演化为规范长幼、尊卑等人伦关系的行为准则和社会规范。《周礼》中的礼在内容上主要体现为“五礼”，在体例上与法平行。礼作为制度和规范本身并不具有强制性，法则作为礼的补充，以刑为辅助手段。

《周礼》重视道德教化，刑是保证教化能够推行的辅助手段，地官和秋官皆有与刑相关的职官。在性质上，“刑”大致可分为两类：一是辅佐教化施行的刑，即地官职属所涵盖的内容；二是司法审判后给予制裁的刑罚，即秋官职属所涵盖的内容。在教化标准上，以礼为教。教官以行为“合礼与否”作为纠正民众行为的标准。违礼行为便属于大司徒所确立的“乡八刑”的范围。以礼乐为教化的核心价值，以“五礼防万民之伪而教之中，以六乐防万民之情而教之和”。在教化方式上，先礼而后刑。以劝诫为先，不轻易施以刑罚。即使施以刑罚，亦少有肉体残害的情况。“明刑”“坐嘉石”等名誉刑也体现了明德慎罚的思想。《周礼》以礼为教化中心，以刑为辅助手段，体现的是礼法合一的形态。

1. 典

> 大宰之职，掌建邦之六典，以佐王治邦国。一曰治典，以经邦国，以治官府，以纪万民。二曰教典，以安邦国，以教官府，以扰万民。三曰礼典，以和邦国，以统百官，以谐万民。四曰政典，以平邦国，以正百官，以均万民。五曰刑典，以诘邦国，以刑百官，以纠万民。六曰事典，以富邦国，以任百官，以生万民。[1]

---

〔1〕《周礼·天官冢宰第一·大宰》，见杨天宇译注：《周礼译注》，上海古籍出版社2016年版，第26页。

凡治，以典待邦国之治，以则待都鄙之治，以法待官府之治，以官成待万民之治，以礼待宾客之治。[1]

大史掌建邦之六典，以逆邦国之治；掌法以逆官府之治；掌则以逆都鄙之治。凡辨法者考焉，不信者刑之。

凡邦国、都鄙及万民之有约剂者藏焉，以贰六官，六官之所登。若约剂乱，则辟法，不信者刑之。[2]

2. 法

（1）法。“法”字在《周礼》中大量出现。《大宰》“治象之法”，《宰夫》“掌治朝之法”，《大司徒》“教象之法”，《小司徒》“建邦之教法”，《州长》“教治政令之法”，《内史》“国法”，《大司马》“建邦国之九法”“政象之法”，《司士》“军法”，《都司马》“国法”，《大司法》“刑象之法”“邦法”，《小司寇》“邦法”，《大行人》“王抚邦国诸侯之法”，《宰夫》“牢礼之法”，《大府》“颁财之法”，《司会》“九贡之法”“九赋之法”“九功之法”“九式之法”，《司书》敛税之法，《内宰》“书版图之法”“妇职之法”，《九嫔》“妇学之法”，《典妇功》“妇式之法”，《大司徒》“土会之法”“土宜之法”“土均之法”“土圭之法”“地法”“教法”，《小司徒》“比法”，《乡师》“国比之法”“田法”，《族师》“邦比之法”，《载师》“任土之法”，《遂人》“造县鄙形体之法”，《稍人》“县师之法”，《草人》“土化之法”，《舍人》“出入宫中财物之法”，《大司乐》“成均之法”，《内史》“八柄之法”“叙事之法”，《大司马》“九伐之法”“蒐之法”，《司勋》“六乡赏地之法”，《量人》“建国之法”，

〔1〕《周礼·天官冢宰第一·大宰》，见杨天宇译注：《周礼译注》，上海古籍出版社 2016 年版，第 37 页。

〔2〕《周礼·春官宗伯第三·大史》，见杨天宇译注：《周礼译注》，上海古籍出版社 2016 年版，第 496—497 页。

《掌固》“都邑之法”，《射人》“射法”，《司弓史》“六弓四弩把矢之法”，《土方氏》“土圭之法”“土宜土化之法”，《士师》“五禁之法”“荒辩之法”，《朝士》“建外朝之法”，《司刑》“五刑之法”，《司刺》“三刺三宥三赦之法”，《司盟》“盟载之法”，《司隶》“五隶之法”等。[1]

第一，政治职事之法。

以八法治官府。一曰官属，以举邦治。二曰官职，以辨邦治。三曰官联，以会官治。四曰官常，以听官治。五曰官成，以经邦治。六曰官法，以正邦治。七曰官刑，以纠邦治。八曰官计，以弊邦治。[2]

宰夫之职，掌治朝之法。以正王及三公、六卿、大夫、群吏之位，掌其禁令。

叙群吏之治，以待宾客之令，诸臣之复，万民之逆。[3]

大司乐掌成均之法，以治建国之学政，而合国之子弟焉。[4]

内史掌王之八枋之法，以诏王治：一曰爵，二曰禄，三曰废，四曰置，五曰杀，六曰生，七曰予，八曰夺。

执国法及国令之贰，以考政事，以逆会计。

---

〔1〕参见陶磊：《德礼·道法·斯文重建：中国古代政治文化变迁之研究》，浙江大学出版社 2016 年版，第 48—49 页。

〔2〕《周礼·天官冢宰第一·大宰》，见杨天宇译注：《周礼译注》，上海古籍出版社 2016 年版，第 27 页。

〔3〕《周礼·天官冢宰第一·宰夫》，见杨天宇译注：《周礼译注》，上海古籍出版社 2016 年版，第 53—53 页。

〔4〕《周礼·春官宗伯第三·大司乐》，见杨天宇译注：《周礼译注》，上海古籍出版社 2016 年版，第 197—432 页。

掌叙事之法，受讷访以诏王听治。[1]

大司马之职，掌建邦国之九法，以佐王平邦国。

以九伐之法正邦国。[2]

司刑掌五刑之法，以丽万民之罪：墨罪五百，劓罪五百，宫罪五百，刖罪五百，杀罪五百。

若司寇断狱弊讼，则以五刑之法诏刑罚，而以辨罪之轻重。[3]

司刺掌三刺、三宥、三赦之法，以赞司寇听狱讼：一刺曰讯群臣，再刺曰讯群吏，三刺曰讯万民；一宥曰不识，再宥曰过失，三宥曰遗忘；一赦曰幼弱，再赦曰老旄，三赦曰蠢愚。以此三法者求民情，断民中，而施上服、下服之罪，然后刑、杀。[4]

司盟掌盟载之法。凡邦国有疑会同，则掌其盟约之载及其礼仪，背面诏明神。既盟则贰之。盟万民之犯命者，诅其不信者，亦如是。[5]

司隶掌五隶之法，辨其物，而掌其政令。帅其民而搏盗贼，役国中之辱事，为百官积任器。凡囚执人之事。邦

〔1〕《周礼·春官宗伯第三·内史》，见杨天宇译注：《周礼译注》，上海古籍出版社 2016 年版，第 505—506 页。

〔2〕《周礼·夏官司马第四·大司马》，见杨天宇译注：《周礼译注》，上海古籍出版社 2016 年版，第 551—553 页。

〔3〕《周礼·秋官司寇第五·司刑》，见杨天宇译注：《周礼译注》，上海古籍出版社 2016 年版，第 709—710 页。

〔4〕《周礼·秋官司寇第五·司刺》，见杨天宇译注：《周礼译注》，上海古籍出版社 2016 年版，第 710 页。

〔5〕《周礼·秋官司寇第五·司盟》，见杨天宇译注：《周礼译注》，上海古籍出版社 2016 年版，第 713 页。

有祭祀、宾客、丧纪之事，则役其烦辱之事。掌帅四翟之隶，使之皆服其邦之服，执其邦之兵，守王宫与野舍之厉禁。[1]

第二，观象之法。观象之法包括治象之法、教象之法、政象之法、刑象之法，分别由天官、地官、夏官和秋官执掌。

正月之吉，始和布治于邦国都鄙，乃县治象之法于象魏，使万民观治象，挟日而敛之。[2]

《周礼·地官司徒·大司徒》中大司徒使万民观教象之法，《周礼·夏官司马·大司马》中大司马使万民观政象之法，《周礼·秋官司寇·大司寇》中大司寇使万民观刑象之法。

正岁，帅治官之属，而观治象之法，徇以木铎，曰："不用法者，国有常刑。"乃退，以宫刑宪，禁于王宫。令于百官府曰："各修乃职，考乃法，待乃事，以听王命。其有不共，则国有大刑。"[3]

《周礼·地官司徒·小司徒》中小司徒率属下官员观教象之法，《周礼·秋官司寇·小司寇》中小司寇率属下官员观刑象之法。不遵法执事的官员，将按照刑罚处置。所谓"不用法者，国有常刑"。

第三，无"法"的法。

以八柄诏王驭群臣……以八统诏王驭万民……以九职

---

〔1〕《周礼·秋官司寇第五·司隶》，见杨天宇译注：《周礼译注》，上海古籍出版社 2016 年版，第 720 页。

〔2〕《周礼·天官冢宰第一·大宰》，见杨天宇译注：《周礼译注》，上海古籍出版社 2016 年版，第 35 页。

〔3〕《周礼·天官冢宰第一·小宰》，见杨天宇译注：《周礼译注》，上海古籍出版社 2016 年版，第 52 页。

任万民……以九赋敛财贿……以九式均节财用……以九贡致邦国之用……以九两系邦国之民。[1]

八柄、八统、九职、九赋、九式、九贡、九两，虽然没有出现“法”字，但按照上下文的意思，其是指辅助王统御群臣和民众，任用民众，收取赋税，调节财物用度，收取诸侯国的财物，联系天下各国民众的方法。《周礼》中还有多处涉及方法、制度，但没有以“法”字明示的。如：《庖人》可以名为四时禽献之法，《大司法》有封建之法，《载师》有任地之法，《闾师》有任民之法，《遗人》有委积之法，《均人》有均力政之法，《遂人》有治野之法，《大宗伯》有正国位之法，《小胥》有正乐县之位法，《大司马》有令赋之法，《司险》有设国沟涂之法，《考工记》通篇是各种制器之法。而《司士》和《大行人》则是正朝仪辨命等之法，也可以说是礼仪部分的内容。相反，《九嫔》“妇学之法”，《典妇功》“妇式之法”，虽然冠以“法”的名头，实质内容却是关于礼仪制度的。

（2）令。《周礼》中出现的令主要有政令、禁令、征令、戒令，其中，前两种比较多见。体现政令的有：《小宰》《宫伯》《兽人》《渔人》《医师》《酒正》《盐人》《内宰》《大司徒》《小司徒》《乡师》《州长》《党政》《司市》《胥师》《肆长》《遂师》《遂大夫》《县正》《鄙师》《攒长》《稍人》《里宰》《旅师》《土均》《山虞》《林衡》《泽虞》《司巫》《巾车》《乐师》《司爟》《司士》《司右》《道仆》《牧

---

〔1〕《周礼·天官冢宰第一·大宰》，见杨天宇译注：《周礼译注》，上海古籍出版社2016年版，第29—34页。

师》《司隶》《柞氏》《薙氏》等[1]。

掌建邦之宫刑，以治王宫之政令。[2]

祀五帝，奉牛牲，羞其肆。享先王亦如之。

大宾客，令野修道、委积。大丧，帅六乡之众庶，属其六引，而治其政令。

大军旅、大田役，以旗致万民，而治其徒庶之政令。[3]

各掌其州之教、治、政、令之法。[4]

各掌其党之政、令、教、治。[5]

各掌其次之政令。[6]

各掌其遂之政令、戒禁。[7]

出现禁令的有：《宰夫》《天府》《内宰》《寺人》《小司徒》《乡

---

〔1〕陶磊：《德礼·道法·斯文重建：中国古代政治文化变迁之研究》，浙江大学出版社2016年版，第52页。

〔2〕《周礼·天官冢宰第一·小宰》，见杨天宇译注：《周礼译注》，上海古籍出版社2016年版，第42页。

〔3〕《周礼·地官司徒第二·大司徒》，见杨天宇译注：《周礼译注》，上海古籍出版社2016年版，第210—211页。

〔4〕《周礼·地官司徒第二·州长》，见杨天宇译注：《周礼译注》，上海古籍出版社2016年版，第210—211页。

〔5〕《周礼·地官司徒第二·党正》，见杨天宇译注：《周礼译注》，上海古籍出版社2016年版，第232页。

〔6〕《周礼·地官司徒第二·胥师》，见杨天宇译注：《周礼译注》，上海古籍出版社2016年版，第283页。

〔7〕《周礼·地官司徒第二·遂师》，见杨天宇译注：《周礼译注》，上海古籍出版社2016年版，第301页。

大夫》《司虣》《遂人》《遂师》《土均》《林衡》《川衡》《胥》《小宗伯》《典祀》《墓大夫》《职丧》《家宗人》《肆师》《候人》《弁师》《士师》《乡士》《遂士》《县士》《方士》等[1]，如：

掌市之治、教、政、刑、量度、禁令。[2]

掌平土地之政。……以和邦国、都鄙之政令、刑、禁与其施舍，礼俗、丧纪、祭祀，皆以地美恶为轻重之法而行之，掌其禁令。[3]

此外，还有多处出现“禁”字。

掌沟、渎、浍、池之禁。[4]

掌国之水禁。几酒，谨酒。禁川游者。[5]

刑禁则往往与政令一同出现，先政令再刑禁。

各掌其次之政令，而平其货贿，宪刑禁焉。[6]

---

〔1〕陶磊：《德礼·道法·斯文重建：中国古代政治文化变迁之研究》，浙江大学出版社2016年版，第52页。

〔2〕《周礼·地官司徒第二·司市》，见杨天宇译注：《周礼译注》，上海古籍出版社2016年版，第273页。

〔3〕《周礼·地官司徒第二·土均》，见杨天宇译注：《周礼译注》，上海古籍出版社2016年版，第314—315页。

〔4〕《周礼·秋官司寇第五·雍氏》，见杨天宇译注：《周礼译注》，上海古籍出版社2016年版，第730页。

〔5〕《周礼·秋官司寇第五·萍氏》，见杨天宇译注：《周礼译注》，上海古籍出版社2016年版，第731页。

〔6〕《周礼·地官司徒第二·胥师》，见杨天宇译注：《周礼译注》，上海古籍出版社2016年版，第283页。

曰："不用法者，国有常刑。"令群吏宪禁令。[1]

掌宪邦之刑禁，凡邦之大事合众庶，则以刑禁号令。[2]

其礼俗、政事、教治、刑禁之逆顺为一书。[3]

（3）式、式法。《周礼》中出现式、式法，多与规范财币的制度有关。以九种法则节省财物用度，如：

以九式均节财用。一曰祭祀之式，二曰宾客之式，三曰丧荒之式，四曰羞服之式，五曰工事之式，六曰币帛之式，七曰刍秣之式，八曰匪颁之式，九曰好用之式。[4]

大府、职岁、职币用式法掌管收取和支出财物，如：

掌邦之赋出，以贰官府、都鄙之财出赐之数，以待会计而考之。

凡官府、都鄙、群吏之出财用，受式法于职岁。

凡上之赐予，以叙与职币授之。

及会，以式法赞逆会。[5]

---

〔1〕《周礼·地官司徒第二·小司徒》，见杨天宇译注：《周礼译注》，上海古籍出版社2016年版，第219页。

〔2〕《周礼·秋官司寇第五·布宪》，见杨天宇译注：《周礼译注》，上海古籍出版社2016年版，第724—725页。

〔3〕《周礼·秋官司寇第五·小行人》，见杨天宇译注：《周礼译注》，上海古籍出版社2016年版，第761页。

〔4〕《周礼·天官冢宰第一·大宰》，见杨天宇译注：《周礼译注》，上海古籍出版社2016年版，第32页。

〔5〕《周礼·天官冢宰第一·职岁》，见杨天宇译注：《周礼译注》，上海古籍出版社2016年版，第136—137页。

掌式法以敛官府、都鄙与凡用邦财者之币。

同邦之会事，以式法赞之。[1]

以式法掌祭祀之戒具，与其荐羞，从大宰而视涤濯。[2]

（4）宪。《周礼》中多次出现“宪”，它有两种语义。一种是作名词使用，指五戒的一种。

以五戒先后刑罚，毋使罪丽于民：一曰誓，用之于军旅；二曰诰，用之于会同；三曰禁，用诸田役；四曰纠，用诸国中；五曰宪，用诸都鄙。[3]

宪的第二种语义是作为动词使用，指悬挂、公布法、政令、禁令等。

令群吏宪禁令，修法，纠职，以待邦治。[4]

各掌其次之政令，而平其货贿，宪刑禁焉。[5]

掌宪邦之刑禁。正月之吉，执旌节以宣布于四方。而

---

〔1〕《周礼·天官冢宰第一·职币》，见杨天宇译注：《周礼译注》，上海古籍出版社 2016 年版，第 137—138 页。

〔2〕《周礼·天官冢宰第一·宰夫》，见杨天宇译注：《周礼译注》，上海古籍出版社 2016 年版，第 57 页。

〔3〕《周礼·秋官司寇第五·士师》，见杨天宇译注：《周礼译注》，上海古籍出版社 2016 年版，第 690—691 页。

〔4〕《周礼·地官司徒第二·小司徒》，见杨天宇译注：《周礼译注》，上海古籍出版社 2016 年版，第 219 页。

〔5〕《周礼·地官司徒第二·胥师》，见杨天宇译注：《周礼译注》，上海古籍出版社 2016 年版，第 283 页。

宪邦之刑禁，以诘四方邦国及其都鄙，达于四海。[1]

（5）刑。《周礼》中的刑主要出现在地官和秋官职制中。地官执掌刑罚，职责是以刑辅教，刑罚对象主要是违礼的行为。秋官对违反法与礼的行为施以刑罚，由大小司寇执掌刑罚。

以乡八刑纠万民：一曰不孝之刑，二曰不睦之刑，三曰不姻之刑，四曰不弟之刑，五曰不任之刑，六曰不恤之刑，七曰造言之刑，八曰乱民之刑。[2]

刑市：小刑宪罚，中刑徇罚，大刑扑罚。其附于刑者，归于士。[3]

大司寇之职，掌建邦之三典，以佐王刑邦国，诘四方：一曰刑新国用轻典，二曰刑平国用中典，三曰，刑乱国用重典。

以五刑纠万民：一曰野刑，上功纠力；二曰军刑，上命纠守；三曰乡刑，上德纠孝；四曰官刑，上能纠职；五曰国刑；上愿纠暴。[4]

以五刑听万民之狱讼，附于刑，用情询之，至于旬乃弊之，读书则用法。

凡命夫、命妇，不躬坐狱讼。凡王之同族有罪，不

〔1〕《周礼·秋官司寇第五·布宪》，见杨天宇译注：《周礼译注》，上海古籍出版社2016年版，第724—725页。

〔2〕《周礼·地官司徒第二·大司徒》，见杨天宇译注：《周礼译注》，上海古籍出版社2016年版，第209页。

〔3〕《周礼·地官司徒第二·司市》，见杨天宇译注：《周礼译注》，上海古籍出版社2016年版，第278—279页。

〔4〕《周礼·秋官司寇第五·大司寇》，见杨天宇译注：《周礼译注》，上海古籍出版社2016年版，第676页。

即市。

以五声听狱讼，求民情：一曰辞听，二曰色听，三曰气听，四曰耳听，五曰目听。

以八辟丽邦法，附刑罚：一曰议亲之辟，二曰议故之辟，三曰议贤之辟，四曰议能之辟，五曰议功之辟，六曰议贵之辟，七曰议勤之辟，八曰议宾之辟。

以三刺断庶民狱讼之中：一曰讯群臣，二曰讯群吏，三曰讯万民。听民之所刺宥，以施上服、下服之刑。[1]

3. 礼

（1）礼。《周礼·春官宗伯第三·大宗伯》规定了“五礼”：吉礼、凶礼、宾礼、军礼、嘉礼。用吉礼祭祀天神、人鬼和地神。用凶礼哀悼各国所遭遇的忧伤，用宾礼使各国相亲附，用军礼协同各国，用嘉礼使民众相亲和。

大宗伯之职，掌建邦之天神、人鬼、地示之礼，以佐王建保邦国。

以吉礼事邦国之鬼神示。以禋祀祀昊天上帝，以实柴祀日、月、星、辰，以槱燎祀司中、司命、风师、雨师。

以血祭祭社稷、五祀、五岳，以狸沉祭山林、川泽，以副辜祭四方、百物。

以肆、献、祼享先王，以馈食享先王，以祠春享先王，以禴夏享先王，以尝秋享先王，以烝冬享先王。

---

〔1〕《周礼·秋官司寇第五·小司寇》，见杨天宇译注：《周礼译注》，上海古籍出版社2016年版，第684—686页。

以凶礼哀邦国之忧：以丧礼哀死亡，以荒礼哀凶札，以吊礼哀祸灾，以禬礼哀围败，以恤礼哀寇乱。

以宾礼亲邦国，春见曰朝，夏见曰宗，秋见曰觐，冬见曰遇，时见曰会，殷见曰同，时聘曰问，殷覜曰视。

以军礼同邦国：大师之礼，用众也；大均之礼，恤众也；大田之礼，简众也；大役之礼，任众也；大封之礼，合众也。

以嘉礼亲万民：以饮、食之礼，亲宗族兄弟；以婚、冠之礼，亲成男女；以宾射之礼，亲故旧朋友；以飨、燕之礼，亲四方之宾客；以脤、膰之礼，亲兄弟之国；以贺庆之礼，亲异姓之国。[1]

小宗伯掌管建立王国祭祀的神位：右边建社稷坛，左边建宗庙。在四郊确定五帝祭坛的范围。确定祭祀名山大川、日、月、星、辰的范围和方位。掌管有关五礼的禁令，以及所用牲和礼器的等差。由此看来，礼中首要且最重要的制度都是有关宗教祭祀的，礼起源于宗教祭祀。

小宗伯之职，掌建国之神位：右社稷，左宗庙。兆五帝于四郊。四望、四类亦如之。兆山川丘陵坟衍，各因其方。

掌五礼之禁令，与其用等。[2]

（2）礼器。在六官执掌的礼仪用器中，玉器贯穿于朝觐、聘问、丧葬、日常冠服、玩好，是每一位职官职掌礼仪生活的核心用物，具有神祇凭依和身份威仪的象征意义。牲禽也有辨等的作用。礼器

---

〔1〕《周礼·春官宗伯第三·大宗伯》，见杨天宇译注：《周礼译注》，上海古籍出版社2016年版，第366—371页。

〔2〕《周礼·春官宗伯第三·小宗伯》，见杨天宇译注：《周礼译注》，上海古籍出版社2016年版，第378—379页。

与名分是“礼”最为直接的表现形式。名分不同，所行之礼也不同。

> 以玉作六瑞，以等邦国。王执镇圭，公执桓圭，侯执信圭，伯执躬圭，子执谷璧，男执蒲璧。
>
> 以禽作六挚，以等诸臣。孤执皮帛，卿执羔，大夫执雁，士执雉，庶人执鹜，工商执鸡。
>
> 以玉作六器，以礼天地四方。以苍璧礼天，以黄琮礼地，以青圭礼东方，以赤璋礼南方，以白琥礼西方，以玄璜礼北方。皆有牲币，各放其器之色。
>
> 以天产作阴德，以中礼防之。以地产作阳德，以和乐防之。以礼乐合天地之化，百物之产，以事鬼神，以谐万民，以致百物。
>
> 凡祀大神，享大鬼，祭大示，帅执事而卜日，宿，视涤濯，莅玉鬯，省牲镬，奉玉粢，诏大号，治其大礼，诏相王之大礼。[1]

（3）礼俗。《周礼》在《天官》《地官》《秋官》中均出现“礼俗”“俗”，且“礼俗”并称始自《周礼》，“俗”的范围是《周礼·地官司徒·大司徒》中规定的“六俗”。礼起源于宗教祭祀，也形成于风俗习惯。言礼而不言俗，未为知礼。无论是作为八种治理采邑的原则之一，还是作为礼教中的一种手段，礼都与用风俗约束、训练和影响民众有关。

> 以八则治都鄙。一曰祭祀，以驭其神。二曰法则，以驭其官。三曰废置，以驭其吏。四曰禄位，以驭其士。五曰赋贡，以驭其用。六曰礼俗，以驭其民。七曰刑赏，以

---

〔1〕《周礼·春官宗伯第三·大宗伯》，见杨天宇译注：《周礼译注》，上海古籍出版社2016年版，第373—376页。

> 驭其威。八曰田役，以驭其众。[1]

> 土均掌平土地之政，以均地守，以均地事，以均地贡。
>
> 以和邦国、都鄙之政令、刑、禁与其施舍，礼俗、丧纪、祭祀，皆以地美恶为轻重之法而行之，掌其禁令。[2]

（4）礼仪。《周礼》中的“礼”表现为一定的仪式，“仪”“礼仪”的规定贯穿于《周礼》官制之中，内容涉及行为举止、礼文仪节、服饰辨等的礼仪规范。

> 内宰掌书版图之法，以治王内之政令，均其稍食，分其人民以居之。
>
> 以阴礼教六宫，以阴礼教九嫔，以妇职之法教九御，使各有属，以作二事，正其服，禁其奇邪，展其功绪。[3]

> 内小臣掌王后之命，正其服位。后出入，则前驱。
>
> 若有祭祀、宾客、丧纪，则摈，诏后之礼事，相九嫔之礼事，正内人之礼事。彻后之俎。[4]

> 保氏掌谏王恶。

---

〔1〕《周礼·天官冢宰第一·大宰》，见杨天宇译注：《周礼译注》，上海古籍出版社2016年版，第28页。

〔2〕《周礼·地官司徒第二·土均》，见杨天宇译注：《周礼译注》，上海古籍出版社2016年版，第314—315页。

〔3〕《周礼·天官冢宰第一·内宰》，见杨天宇译注：《周礼译注》，上海古籍出版社2016年版，第142页。

〔4〕《周礼·天官冢宰第一·内小臣》，见杨天宇译注：《周礼译注》，上海古籍出版社2016年版，第147—148页。

而养国子以道。乃教之六艺：一曰五礼，二曰六乐，三曰五射，四曰五驭，五曰六书，六曰九数。乃教之六仪：一曰祭祀之容，二曰宾客之容，三曰朝廷之容，四曰丧纪之容，五曰军旅之容，六曰车马之容。

凡祭祀、宾客、会同、丧纪、军旅，王举则从。听治亦如之。使其属守王闱。〔1〕

以九仪之命，正邦国之位。壹命受职，再命受服，三命受位，四命受器，五命赐则，六命赐官，七命赐国，八命作牧，九命作伯。〔2〕

典命掌诸侯之五仪，诸臣之五等之命。上公九命为伯，其国家、宫室、车旗、衣服、礼仪皆以九为节；侯伯七命，其国家、宫室、车旗、衣服、礼仪皆以七为节；子男五命，其国家、宫室、车旗、衣服、礼仪皆以五为节。王之三公八命，其卿六命，其大夫四命，及其出封，皆加一等，其国家、宫室、车旗、衣服、礼仪亦如之。

凡诸侯之适子誓于天子，摄其君，则下其君之礼一等；未誓，则以皮帛继子男。〔3〕

（5）礼节。“节”“礼节”出现于秋官官职规定中，节、礼节也是指行为规范的外在形式，是比礼仪更为具体的程式规范。

司仪掌九仪之宾客、摈相之礼，以诏仪容、辞令、揖

〔1〕《周礼·地官司徒第二·保氏》，见杨天宇译注：《周礼译注》，上海古籍出版社2016年版，第265—267页。

〔2〕《周礼·春官宗伯第三·大宗伯》，见杨天宇译注：《周礼译注》，上海古籍出版社2016年版，第372页。

〔3〕《周礼·春官宗伯第三·典命》，见杨天宇译注：《周礼译注》，上海古籍出版社2016年版，第413—414页。

让之节。[1]

行夫掌邦国传遽之小事，美恶而无礼者。凡其使也，必以旌节，虽道有难而不时，必达。居于其国，则掌行人之劳辱事焉。使则介之。[2]

象胥掌蛮、夷、闽、貉、戎、狄之国使，掌传王之言而谕说焉，以和亲之。若以时入宾，则协其礼，与其辞言传之。凡其出入送逆之礼节、币帛、辞令，而宾相之。

凡国之大丧，诏相国客之礼仪，而正其位。

凡军旅、会同，受国客币，而宾礼之。

凡作事，王之大事诸侯，次事卿，次事大夫，次事上士，下事庶子。[3]

（6）礼教。《周礼》以教化为礼传播、施行的主要途径。其中，贵族阶层的"国子之教"包括德行、道艺和大司乐的乐教。《周礼》之中与国子教育有关的职官有：地官师氏、保氏，春官大司乐、乐师、大胥、小胥、籥师，夏官的诸子等。按施教的顺序、内容及性质可分为小学、大学，另设有督导国子的官职。平民阶层的教化主要在乡、遂两级行政系统。其教化内容主要是大司徒确立的十二教。《周礼》教化思想以"孝"为基础，亦重视贵族阶层楷模的示范作用。

因此五物者民之常，而施十有二教焉：一曰以祀礼教

---

〔1〕《周礼·秋官司寇第五·司仪》，见杨天宇译注：《周礼译注》，上海古籍出版社 2016 年版，第 761 页。

〔2〕《周礼·秋官司寇第五·行夫》，见杨天宇译注：《周礼译注》，上海古籍出版社 2016 年版，第 772 页。

〔3〕《周礼·秋官司寇第五·象胥》，见杨天宇译注：《周礼译注》，上海古籍出版社 2016 年版，第 774—775 页。

敬，则民不苟。二曰以阳礼教让，则民不争。三曰以阴礼教亲，则民不怨。四曰以乐礼教和，则民不乖。五曰以仪辨等，则民不越。六曰以俗教安，则民不偷。七曰以刑教中，则民不暴。八曰以誓教恤，则民不怠。九曰以度教节，则民知足。十曰以世事教能，则民不失职。十有一曰以贤制爵，则民慎德。十有二曰以庸制禄，则民兴功。……

以乡三物教万民，而宾兴之。一曰六德：知、仁、圣、义、忠、和。二曰六行：教、友、睦、姻、任、恤。三曰六艺：礼、乐、射、御、书、数。[1]

保氏掌谏王恶。

而养国子以道。乃教之六艺：一曰五礼，二曰六乐，三曰五射，四曰五驭，五曰六书，六曰九数。乃教之六仪：一曰祭祀之容，二曰宾客之容，三曰朝廷之容，四曰丧纪之容，五曰军旅之容，六曰车马之容。

凡祭祀、宾客、会同、丧纪、军旅，王举则从。听治亦如之。使其属守王闱。[2]

司谏掌纠万民之德而劝之朋友，正其行而强之道艺，巡问而观察之，以时书其德行道艺，辨其能而可任于国事者。

以考乡里之治，以诏废置，以行赦宥。[3]

---

〔1〕《周礼·地官司徒第二·大司徒》，见杨天宇译注：《周礼译注》，上海古籍出版社 2016 年版，第 198—208 页。

〔2〕《周礼·地官司徒第二·保氏》，见杨天宇译注：《周礼译注》，上海古籍出版社 2016 年版，第 265—267 页。

〔3〕《周礼·地官司徒第二·司谏》，见杨天宇译注：《周礼译注》，上海古籍出版社 2016 年版，第 267—268 页。

大司乐掌成均之法，以治建国之学政，而合国之子弟焉。凡有道者、有德者，使教焉。死则以为乐祖，祭于瞽宗。

以乐德教国子中、和、祗、庸、孝、友，以乐语教国子兴、道、讽、诵、言、语，以乐舞教国子舞《云门》、《大卷》、《大咸》、《大韶》、《大夏》、《大濩》、《大武》。[1]

乐师掌国学之政，以教国子小舞。凡舞，有帗舞，有羽舞，有皇舞，有旄舞，有干舞，有人舞。

教乐仪：行以《肆夏》，趋以《采荠》，车亦如之。[2]

大师掌六律、六同，以合阴阳之声。阳声：黄钟、大蔟、姑洗、蕤宾、夷则、无射；阴声：大吕、应钟、南吕、函钟、小吕、夹钟。皆文之以五声：宫、商、角、徵、羽；皆播之以八音：金、石、土、革、丝、木、匏、竹。

教六诗：曰风，曰赋，曰比，曰兴，曰雅，曰颂。以六德为之本，以六律为之音。[3]

（7）礼法。《周礼》中礼法并提只有一处，即《春官宗伯·小史》中的小史职责，“礼法”指的是具有规范意义的礼，并且成书，

---

〔1〕《周礼·春官宗伯第三·大司乐》，见杨天宇译注：《周礼译注》，上海古籍出版社2016年版，第432—433页。

〔2〕《周礼·春官宗伯第三·乐师》，见杨天宇译注：《周礼译注》，上海古籍出版社2016年版，第440—441页。

〔3〕《周礼·春官宗伯第三·大师》，见杨天宇译注：《周礼译注》，上海古籍出版社2016年版，第447页。

在大祭祀时宣读。

> 小史掌邦国之志，奠系世，辨昭穆。若有事，则诏王之忌讳。
>
> 大祭祀，读礼法，史以书叙昭穆之俎簋。
>
> 大丧、大宾客、大会同、大军旅，佐大史。凡国事之用礼法者，掌其小事。[1]

4. 法与礼

《周礼》中法与礼的关系，比较清楚地反映在地官和秋官教育和惩罚的职责中。礼是法的精神，是刑的标准，刑是礼得以施行的强制手段。

> 以五礼防万民之伪而教之中，以六乐防万民之情而教之和。
>
> 凡万民之不服教而有狱讼者，与有地治者听而断之，其附于刑者，归于士。[2]

> 司救掌万民之邪恶、过失，而诛让之，以礼防禁而救之。凡民之有邪恶者，三让而罚，三罚而士加明刑，耻诸嘉石，役诸司空。其有过失者，三让而罚，三罚而归于圜土。
>
> 凡岁时有天患民病，则以节巡国中及郊野，而以王命

[1]《周礼·春官宗伯第三·小史》，见杨天宇译注：《周礼译注》，上海古籍出版社 2016 年版，第 500—501 页。

[2]《周礼·地官司徒第二·大司徒》，见杨天宇译注：《周礼译注》，上海古籍出版社 2016 年版，第 209 页。

施惠。[1]

调人掌司万民之难而谐和之。凡过而杀伤人者，以民成之。鸟兽亦如之。

凡和难，父之仇辟诸海外，兄弟之仇辟诸千里之外，从父兄弟之仇不同国；君之仇视父，师长之仇视兄弟，主友之仇视从父兄弟。弗辟，则与之瑞节而以执之。

凡杀人有反杀者，使邦国交仇之。凡杀人而义者，不同国，令勿仇，仇之则死。凡有斗怒者，成之；不可成者则书之，先动者诛之。[2]

以圜土聚教罢民。凡害人者，置之圜土而施职事焉，以明刑耻之。其能改过，反于中国，不齿三年。其不能改而出圜土者，杀。

以两造禁民讼，入束矢于朝，然后听之。以两剂禁民狱，入钧金，三日乃致于朝，然后听之。

以嘉石平罢民。凡万民之有罪过而未丽于法，而害于州里者，桎梏而坐诸嘉石，役诸司空。重罪，旬有三日坐，期役；其次九日坐，九月役；其次七日坐，七月役；其次五日坐，五月役；其下罪三日坐，三月役。使州里任之，则宥而舍之。

以肺石达穷民。凡远近惸独老幼之欲有复于上，而其长弗达者，立于肺石三日，士听其辞，以告于上，而罪

〔1〕《周礼·地官司徒第二·司救》，见杨天宇译注：《周礼译注》，上海古籍出版社 2016 年版，第 268—269 页。

〔2〕《周礼·地官司徒第二·调人》，见杨天宇译注：《周礼译注》，上海古籍出版社 2016 年版，第 269—271 页。

其长。[1]

司圜掌收教罢民。凡害人者弗使冠饰，而加明刑焉，任之以事而收教之，能改者，上罪三年而舍，中罪二年而舍，下罪一年而舍。其不能改而出圜土者，杀。虽出，三年不齿。凡圜土之刑人也，不亏体；其罚人也，不亏财。[2]

（二）《仪礼》

《仪礼》在先秦时期单称为《礼》，《庄子·天运篇》中孔子对老子语："丘治诗书易礼乐春秋六经"，其中的礼指的就是《仪礼》。《仪礼》源自对周礼的记载，孔子对周礼文献加工、修订，作为教育弟子的教材的《礼》即为《仪礼》初本。[3]在"三礼"中，最初只有《仪礼》被称为《礼》，中国古代所谓《礼》或《礼经》指的就是今天的《仪礼》，而《周礼》为《周官》，《礼记》只是《礼经》的传。[4]

《仪礼》十七篇，其中《士冠礼》《士昏礼》《乡射礼》《士丧礼》《既夕礼》《士虞》《特牲馈食礼》七篇是士礼；《乡饮酒礼》《少牢馈食礼》《有司》属于卿大夫礼；《燕礼》《大射》《聘礼》《公食大夫礼》是诸侯礼；《觐礼》是诸侯奴见天子之礼；《士相见礼》是士与士及各级贵族互相拜访之礼；《丧服》记中国古代丧服制度，上自天子，下到庶民都适用。《仪礼》记录了古代社会的各种仪礼规范和

---

〔1〕《周礼·秋官司寇第五·大司寇》，见杨天宇译注：《周礼译注》，上海古籍出版社2016年版，第677—679页。

〔2〕《周礼·秋官司寇·司圜》，见杨天宇译注：《周礼译注》，上海古籍出版社2016年版，第717页。

〔3〕杨天宇译注：《仪礼译注》，上海古籍出版社2016年版，第15页。

〔4〕杨向奎：《宗周社会与礼乐文明（修订本）》，人民出版社1997年版，第299页。

制度，是研究古代中国的重要传统文化典籍，具有无可替代的价值。《仪礼》提供了大量重要的史料，是儒家礼学最早最基础的文献，不读《仪礼》就很难读懂《礼记》《周礼》《荀子》《左传》等。

中国古代社会，儒家的礼学已经成为国家统治思想的重要组成部分，渗透到人们日常生活的各个方面，成为人们思想和言行的准则、伦理道德规范。这些准则和规范不是抽象空洞的，而是通过一系列礼仪的具体要求来实现的。从某种意义上说，仪礼本身就具有规范的意义，这也是法律起源的要素。

从社会学角度来看，对《仪礼》中“礼”的内容的研究都可以归入社会学研究范畴。“中国的‘礼’字，好像包括‘民风’‘民仪’‘制度’‘仪式’‘政令’等等，所以在社会学的已在范畴里，‘礼’是没有相当名称的：大而等于‘文化’，小而不过是区区的‘礼节’。……我们也可以说，‘礼’就是人类学上的‘文化’，包括物质与精神两方面。”[1]“仪礼”，即行礼时享献辞受、揖让进退、登降跪拜、动容周旋等举止、仪容。

1. 仪礼的意义

《仪礼》规定人们行为的仪式和态度，这些仪式都有其所指和意义，即为什么要举行这样的仪式，其中蕴含怎样的意义。

> 始加，祝曰：“令月吉日，始加元服。弃尔幼志，顺尔成德。寿考惟祺，介尔景福。”
>
> 再加曰：“吉月令辰，乃申尔服。敬尔威仪，淑慎尔德。眉寿万年，永受胡福。”
>
> 三加曰：“以岁之正，以月之令，咸加尔服。兄弟具

---

〔1〕李安宅：《〈仪礼〉与〈礼记〉之社会学的研究》，上海世纪出版集团2005年版，第3—5页。转引自汪梅枝：《近二十年来〈仪礼〉研究综述》，载《文献学》，2010年第8期。

在，以成厥德。黄耇无疆，受天之庆。”[1]

第一次加冠的祝词：“丢掉你的幼稚之心，顺养你的成人之德。长寿吉祥，广增洪福。”第二次加冠的祝词：“敬慎你的仪表，淑养你的德行。长寿无疆，洪福永远。”第三次加冠的祝词：“兄弟们都在场，就是为了成就你的美德；长寿无疆，接受上天的保佑。”

礼仪也包含了道德要求，如：

天子之元子犹士也，天下无生而贵者也。继世以立诸侯，像贤也。以官爵人，德之杀也。

死而谥，今也。古者生无爵，死无谥。[2]

世子行冠礼也用士礼，说明天下没有生来就尊贵的人。之所以让诸侯的子孙继位，是为了让他们效法祖先的贤德，而不是说他们生来就尊贵。授予官爵，也是按照受封者的功德大小而不以出身是否尊贵来决定所授官爵的高低。古时候，生前没有功德的人，死后就不给加谥号。

2. 封建伦理等级制度

（1）以父、夫为中心。

[传曰]父至尊也……天子至尊也……夫至尊也……君至尊也。[3]

父、夫、天子被称为“尊者”或“至尊”，构成《仪礼》人伦

〔1〕《仪礼·士冠礼第一》，见杨天宇译注：《仪礼译注》，上海古籍出版社2016年版，第22—23页。

〔2〕《仪礼·士冠礼第一》，见杨天宇译注：《仪礼译注》，上海古籍出版社2016年版，第29页。

〔3〕《仪礼·丧服第十一》，见杨天宇译注：《仪礼译注》，上海古籍出版社2016年版，第338—339页。

关系的主体，也决定了《仪礼》伦理思想的基本性质。

> 丧服。斩衰裳，苴绖、杖、绞带，冠绳缨，菅屦者。〔1〕

> 女子子在室为父，布总，箭笄，髽，衰，三年。[传曰]总六升，长六寸。箭笄长尺，吉笄尺二寸。子嫁反在父之室，为父三年。
>
> 公士大夫之众臣，为其君布带、绳屦。[传曰]公卿大夫室老、士，贵臣，其余皆众臣也。君谓有地者也。众臣杖，不以即位。近臣，君服斯服矣。绳屦者，绳菲也。〔2〕

斩衰服丧期三年，是所有服丧规定中时间最长的一种。而各人要服三年丧期的情况却不尽相同。服斩衰三年反映了《仪礼》的主要伦理关系。

亲亲伦理关系的中心内容，就是父亲与嫡长子的父子关系。《仪礼·士丧礼》《仪礼·既夕礼》中的丧主人也是指父亲。

> 乃赴于君。主人西阶东，南面命赴者，拜送。有宾则拜之。
>
> 入，坐于床东。众主人在其后。西面。妇人侠床，东面。亲者在室。众妇人户外北面，众兄弟堂下北面。〔3〕

---

〔1〕《仪礼·丧服第十一》，见杨天宇译注：《仪礼译注》，上海古籍出版社2016年版，第333页。

〔2〕《仪礼·丧服第十一》，见杨天宇译注：《仪礼译注》，上海古籍出版社2016年版，第339页。

〔3〕《仪礼·士丧礼》，见杨天宇译注：《仪礼译注》，上海古籍出版社2016年版，第385—386页。

（2）男女有别。

男女都有成人礼，但二者有一定区别。男子的成人礼即士冠礼，在《仪礼·士冠礼》中有详细记载，女子的成人礼被称为异礼，其仪式程序和男子冠礼有相似之处，但规格级别都低于男子。

> 父醮子，命之曰："往迎尔相，承我宗事。勖帅以敬，先妣之嗣。若则有常。"子曰："诺。唯恐弗堪，不敢忘命。"
>
> 宾至，摈者请，对曰："吾子命某以兹初昏，使某将请承命。"对曰："某固敬具以须。"
>
> 父送女命之曰："戒之敬之，夙夜毋违命。"母施衿结帨曰："勉之敬之，夙夜无违宫事。"庶母及门内施鞶，申之以父母之命，命之曰："敬恭听宗尔父母之言，夙夜无愆，视诸衿鞶。"
>
> 壻授绥，姆辞曰："未教，不足与为礼也。"[1]

成年男女之间的交往必须遵守男女有别的原则，否则将违背礼仪。成年男子与其母亲之间也要遵守男女有别的伦理原则。

> 冠者奠觯于荐东，降筵，北面坐，取脯，降自西阶，适东壁，北面见于母。母拜受。子拜送。母又拜。[2]

行过冠礼的儿子已经是成年男子，母亲也不能再将其视为小孩子，应该对儿子待以成人礼仪，而母亲对儿子行以成年女子之礼。

---

〔1〕《仪礼·士昏礼第二》，见杨天宇译注：《仪礼译注》，上海古籍出版社 2016 年版，第 61—63 页。

〔2〕《仪礼·士冠礼第一》，见杨天宇译注：《仪礼译注》，上海古籍出版社 2016 年版，第 13 页。

(三)《礼记》

《礼记》，也称为《小戴礼记》，是一部先秦至秦汉时期的礼学文献选编，是重要的儒家经典文献，于“三礼”之中占有特殊地位。《礼记》在汉代附属于经(《仪礼》)，后经郑玄作《注》，取得与《周礼》《仪礼》并立之地位。在魏晋时期，《礼记》的传习已经胜过《仪礼》。唐太宗考证“五经”，编订《五经正义》，于“三礼”独收《礼记》，第一次以朝廷名义正式将其升格为经，且拔之于《周礼》《仪礼》之上。“三礼”之学，在唐代形成了《礼记》独胜的局面。宋代将《大学》《中庸》《论语》《孟子》并称“四书”，《诗》《书》《礼》《易》《春秋》“五经”也包含《礼记》的内容。元明皆承宋学，只是到了清代，《礼记》研究不及《周礼》《仪礼》。〔1〕

在儒家思想中，先秦的“礼”是融道德、习俗、政治理论、经济制度、婚姻家庭制度和思想行为准则等为一体的社会生活的总规范，是以“礼法”的形式存在于民族思维中的理性自觉。礼的内涵主要包括三方面：礼之义、礼之仪、礼之制。所谓礼之义，指礼的义理；所谓礼之仪，指礼的仪式；所谓礼之制，指礼的制度。礼之制主要见于《周礼》，礼之仪主要见于《仪礼》，礼之义则主要见于《礼记》。〔2〕《礼记·郊特牲》曰：“礼之所尊，尊其义。失其义，陈其数，祝史之事也。故其数可陈也，其义难知也。知其义而敬守之，天子之所以治天下也。”郑玄注曰：“言礼之所以尊，尊其有义也。”“义者，宜也。”如果只讲礼仪，而不知礼义，那只是“祝史之事也。”孔子在《论语·阳货》中说：“礼云礼云，玉帛云乎哉？乐云乐云，钟鼓云乎哉？”他所强调的也是礼具有的“义理”，而不仅是“云帛”“钟鼓”。阐释、申明和升华礼书中的义理内涵正是《礼

〔1〕参见杨天宇:《礼记译注》，上海古籍出版社2016年版，第2—34页。

〔2〕参见高明士:《中国中古礼律综论——法文化的定型》，商务印书馆2017年版，第13—19页。

记》的主要内容。

《礼记》首先对礼的本质、功能、渊源进行阐发。关于礼的本质，有“礼之质”“礼之体”“礼之本”等。孔子曰：“安上治民，莫善于礼。”(《礼记·经解》)《礼记》对礼的功能阐述得很充分，礼的功能在两个方面得到扩展：一是作为调整社会关系的一系列制度、伦理范畴被使用，如《礼记·表记》所言：“夫礼者，所以定亲疏，决嫌疑，别同异，明是非也。”二是礼被作为基本的治国之术，“古今所以治天下者，礼也”。礼由个人生活领域向国家政治领域转变。而礼的神圣性、正当性的渊源是“天”，从“天理”到“人礼”，“天人合一”，即阐释了“礼”的神圣性、正当性和合理性。其次，《礼记》提出的“礼治”，是一个概念系统。其中不仅描绘了“大同”与“小康”的理想社会，礼乐同治为礼治路径，礼制与礼俗为礼治的基本规范，教化民众、化民成俗，而且指出礼治的核心是德治，目标是实现至善。最后，《礼记》着墨更多的是对礼的意义的阐释，提出了“仁”“义”“忠”“信”“孝”“敬”等基本内涵，从而赋予礼以实质的内容。

《礼记》强调礼对政治、经济以及日常生活的统摄作用。从现代的规范意义上看，当时的法已经具有了独立的范畴，主要表现为刑法、税法、军法等。但是，法的制定以及实施均需依照礼的精神和原则，受到礼规范的调整和约束。因而可以说，在《礼记》所描述的时代，法是被包含在礼治系统中的一类规范体系。礼治所追求的理想社会，是通过礼的规范作用，形塑和提升人的德行，通过人的内在道德修养的约束，建立和谐友爱的社会秩序。慎刑、少刑、不刑，就成为礼治社会追求的另一个目标。在德礼政刑的关系上，德礼居于核心和基础地位，政刑是对德礼的补充。

总之，礼作为一种礼治文化和系统，在《礼记》中被集中加以阐发和论证，形成了较为系统的理论体系。

1. 礼的本质

礼的本质,《礼记》的表述有“礼之质”“礼之体”“礼之本”“礼即理”等。

(1)礼之质。

夫礼者，所以定亲疏、决嫌疑、别同异、明是非也。礼，不妄说人，不辞费。礼，不逾节，不侵侮，不好狎。修身，践言，谓之善行。行修，言道，礼之质也。〔1〕

(2)礼之本。

是故夫礼，必本于天，殽于地，列于鬼神，达于丧、祭、射、御、冠、昏、朝、聘。故圣人以礼示之，故天下国家可得而正也。

…………

是故夫礼，必本于大一。分而为天地，转而为阴阳，变而为四时，列而为鬼神。夫礼必本于天，动而之地，列而之事，变而从时，协于分艺。〔2〕

先王之立礼也，有本，有文。忠信，礼之本也；义理，礼之文也。无本不立，无文不行。

礼也者，合于天时，设于地财，顺于鬼神，合于人心，理万物者也。〔3〕

---

〔1〕《礼记·曲礼上第一》，见杨天宇:《礼记译注》(上)，上海古籍出版社 2016 年版，第 2 页。

〔2〕《礼记·礼运第九》，见杨天宇:《礼记译注》(上)，上海古籍出版社 2016 年版，第 334—349 页。

〔3〕《礼记·礼器第十》，见杨天宇:《礼记译注》(上)，上海古籍出版社 2016 年版，第 354—355 页。

礼也者，返本修古，不忘其初者也。[1]

君子欲观仁义之道，礼其本也。[2]

（3）礼之体。

凡礼之大体，体天地，法四时，则阴阳，顺人情，故谓之礼。訾之者，是不知礼之所由生也。

夫礼，吉凶异道，不得相干，取之阴阳也。……丧有四制，变而从宜，取之四时也。有恩，有理，有节，有权，取之人情也。恩者仁也，理者义也，节者礼也，权者智也。仁、义、礼、智，人道具矣。[3]

敬慎，重正，而后亲之，礼之大体而所以成男女之别，而立夫妇之义也。男女有别，而后夫妇有义；夫妇有义，而后父子有亲；父子有亲，而后君臣有正。故曰“昏礼者，礼之本也”。

夫礼，始于冠，本于昏，重于丧、祭，尊于朝、聘，和于射、乡。此礼之大体也。[4]

（4）礼即理。

乐也者，情之不可变者也；礼也者，理之不可易

〔1〕《礼记·礼器第十》，见杨天宇：《礼记译注》（上），上海古籍出版社 2016 年版，第 370 页。

〔2〕《礼记·礼器第十》，见杨天宇：《礼记译注》（上），上海古籍出版社 2016 年版，第 376 页。

〔3〕《礼记·丧服四制第四十九》，见杨天宇：《礼记译注》（下），上海古籍出版社 2016 年版，第 1035 页。

〔4〕《礼记·昏义第四十四》，见杨天宇：《礼记译注》（下），上海古籍出版社 2016 年版，第 993—994 页。

者也。[1]

子曰："礼也者，理也。乐也者，节也。君子无理不动，无节不作。不能诗，于礼缪。不能乐，于礼素。薄于德，于礼虚。"[2]

礼也者，合于天时，设于地财，顺于鬼神，合于人心，理万物者也。[3]

2. 礼的起源

礼的起源，有"饮食说""等级说""礼始于冠"等。

（1）饮食说。

夫礼之初始诸饮食。其燔黍捭豚，污尊而抔饮，蒉桴而土鼓，犹若可以致其敬于鬼神。[4]

（2）等级说。

礼，始于谨夫妇。为宫室，辨外内。[5]

---

〔1〕《礼记·乐记第十九》，见杨天宇：《礼记译注》（下），上海古籍出版社2016年版，第608页。

〔2〕《礼记·仲尼燕居二十八》，见杨天宇：《礼记译注》（下），上海古籍出版社2016年版，第818页。

〔3〕《礼记·礼器第十》，见杨天宇：《礼记译注》（上），上海古籍出版社2016年版，第355页。

〔4〕《礼记·礼运第九》，见杨天宇：《礼记译注》（上），上海古籍出版社2016年版，第335页。

〔5〕《礼记·内则第十二》，见杨天宇：《礼记译注》（上），上海古籍出版社2016年版，第435页。

（3）礼始于“冠”。

> 凡人之所以为人者，礼义也。礼义之始，在于正容体，齐颜色，顺辞令。容体正，颜色齐，辞令顺，而后礼义备。以正君臣，亲父子，和长幼。君臣正，父子亲，长幼和，而后礼义立。故冠而后服备，服备而后容体正、颜色齐，辞令顺。故曰“冠者礼之始也”，是故古者圣王重冠。
>
> …………
>
> 故孝、弟、忠、顺之行立，而后可以为人。可以为人，而后可以治人也。故圣王重礼。故曰“冠者礼之始也”，嘉事之重者也。[1]

（4）人情（性）说。礼缘情而作，出于人的自然之情。同时，礼又制约和规范人之情。

> 故哭泣无时，服勤三年，思慕之心，孝子之志也，人情之实也。
>
> …………
>
> 孝子丧亲，哭泣无数，服勤三年，身病体羸，以杖扶病也。则父在不敢杖矣，尊者在故也。堂上不杖，辟尊者之处也；堂上不趋，示不遽也。此孝子之志也，人情之实也。礼义之经也，非从天降也，非从地出也，人情而已矣。[2]

子游曰：“礼有微情者，有以故兴物者。有直情而径行

---

〔1〕《礼记·冠义第四十三》，见杨天宇：《礼记译注》（下），上海古籍出版社2016年版，第987—989页。

〔2〕《礼记·问丧第三十五》，见杨天宇：《礼记译注》（下），上海古籍出版社2016年版，第925—928页。

者，戎狄之道也。礼道则不然。”[1]

故礼义也者，人之大端也，所以讲信修睦，而固人之肌肤之会，筋骸之束也，所以养生送死，事鬼神之大端也；所以达天道，顺人情之大窦也。

人情者，圣王之田也。修礼以耕之，陈义以种之，讲学以耨之，本仁以聚之，播乐以安之。[2]

是故先王本之情性，稽之度数，制之礼义。[3]

3. 礼的渊源

“天”在《礼记》中出现100多次，是《礼记》中反映人与自然关系的核心概念，包含了古人关于宇宙与自然的基本观念。《礼记·效特牲》载：“万物本乎天”，顺天守时，师法自然，从“天理”到“人礼”，达到“天人合一”。这就阐释了“礼”神圣性、正当性和合理性的渊源。《礼记》中“天”有以下含义：

（1）宇宙和自然现象。

是月也，天气下降，地气上腾，天地和同，草木萌动。[4]

---

〔1〕《礼记·檀弓下第四》，见杨天宇：《礼记译注》（上），上海古籍出版社2016年版，第147页。

〔2〕《礼记·礼运第九》，见杨天宇：《礼记译注》（上），上海古籍出版社2016年版，第349—350页。

〔3〕《礼记·乐记第十九》，见杨天宇：《礼记译注》（下），上海古籍出版社2016年版，第601页。

〔4〕《礼记·月令第六》，见杨天宇：《礼记译注》（上），上海古籍出版社2016年版，第221页。

凡居民材，必因天地寒暖燥湿。[1]

故人者，其天地之德，阴阳之交，鬼神之会，五行之秀气也。

故人者，天地之心也，五行之端也，食味、别声、被色而生者也。[2]

（2）天的超越意义。

孔子曰："天无私覆，地无私载，日月无私照。奉斯三者以劳天下，此之谓三无私。"[3]

子曰："舜其大孝也与。德为圣人，尊为天子，富有四海之内，宗庙飨之，子孙保之。故大德必得其位，必得其禄，必得其名，必得其寿。故天之生物，必因其材而笃焉。故栽者培之，倾者覆之。《诗》曰：'嘉乐君子，宪宪令德。宜民宜人，受禄于天。保佑命之，天申之。'故大德者必受命。"[4]

凡在天下九州岛之民者，无不咸献其力，以共皇天上帝、社稷、寝庙、山林、名川之祀。[5]

---

〔1〕《礼记·王制第五》，见杨天宇：《礼记译注》（上），上海古籍出版社 2016 年版，第 197 页。

〔2〕《礼记·礼运第九》，见杨天宇：《礼记译注》（上），上海古籍出版社 2016 年版，第 344—345 页。

〔3〕《礼记·孔子闲居第二十九》，见杨天宇：《礼记译注》（下），上海古籍出版社 2016 年版，第 824 页。

〔4〕《礼记·中庸第三十一》，见杨天宇：《礼记译注》（下），上海古籍出版社 2016 年版，第 853 页。

〔5〕《礼记·月令第六》，见杨天宇：《礼记译注》（上），上海古籍出版社 2016 年版，第 279 页。

故君子不可以不修身，思修身不可以不事亲，思事亲不可以不知人，思知人，不可以不知天。[1]

（3）天人相通。

孔子曰："夫礼，先王以承天之道，以治人之情，故失之者死，得之者生。"[2]

"公曰：'敢问君子何贵乎天道也？'孔子对曰：'贵其不已，如日月东西相从而不已也，是天道也；不闭其久，是天道也，无为而物成，是天道也；已成而明，是天道也。'"[3]

君子之道，造端乎夫妇，及其至也，察乎天地。[4]

天命之谓性，率性之谓道，修道之谓教。[5]

4. 礼的功能

礼对个人道德修养、社会伦理秩序、国家政治统治等各方面发挥统摄作用。所谓道德仁义、教训正俗、纷争变讼、君臣上下、父子兄弟、宦学事师、班朝治军，无礼不成。礼使人成其为人，而别于禽兽。

---

〔1〕《礼记·中庸第三十一》，见杨天宇：《礼记译注》（下），上海古籍出版社 2016 年版，第 857 页。

〔2〕《礼记·礼运第九》，见杨天宇：《礼记译注》（上），上海古籍出版社 2016 年版，第 334 页。

〔3〕《礼记·哀公问二十七》，见杨天宇：《礼记译注》（上），上海古籍出版社 2016 年版，第 811 页。

〔4〕《礼记·中庸第三十一》，见杨天宇：《礼记译注》（下），上海古籍出版社 2016 年版，第 850 页。

〔5〕《礼记·中庸第三十一》，见杨天宇：《礼记译注》（下），上海古籍出版社 2016 年版，第 846 页。

道德仁义，非礼不成；教训正俗，非礼不备；分争辩讼，非礼不决；君臣、上下，父子、兄弟，非礼不定；宦学事师，非礼不亲；班朝治军，莅官行法，非礼威严不行。……是故圣人作，为礼以教人，使人以有礼，知自别于禽兽。

礼尚往来。往而不来，非礼也；来而不往，亦非礼也。人有礼则安，无礼则危。〔1〕

礼之于正国也，犹衡之于轻重也，绳墨之于曲直也，规矩之于方圜也。……故以奉宗庙则敬，以入朝廷则贵贱有位，以处室家则父子亲、兄弟和，以处乡里则长幼有序。孔子曰："安上治民，莫善于礼。"此之谓也。故朝觐之礼，所以明君臣之义也；聘问之礼，所以使诸侯相尊敬也；丧祭之礼，所以明臣、子之恩也；乡饮酒之礼，所以明长幼之序也；昏姻之礼，所以明男女之别也。夫礼，禁乱之所由生，犹坊止水之所自来也。〔2〕

民之所由生，礼为大。非礼无以节事天地之神也，非礼无以辨君臣、上下、长幼之位也，非礼无以别男女、父子、兄弟之亲，昏姻疏数之交也。〔3〕

5. 礼　治

《礼记》中出现的"礼治"，是一个概念系统，归纳起来包括七

〔1〕《礼记·曲礼上第一》，见杨天宇：《礼记译注》（上），上海古籍出版社 2016 年版，第 3—4 页。

〔2〕《礼记·经解第二十六》，见杨天宇：《礼记译注》（下），上海古籍出版社 2016 年版，第 802—803 页。

〔3〕《礼记·哀公问第二十七》，见杨天宇：《礼记译注》（下），上海古籍出版社 2016 年版，第 805 页。

个层次：一是关于“大同”与“小康”的理想社会的描述。二是“为政先礼”的执政理念。三是“治国以礼”的思想，如，孔子曰：“治国而无礼，譬犹瞽之无相与？”《礼记·礼运》也说：“治国不以礼，犹无耜而耕也。……夫礼，国之干也。”四是礼乐同治、相辅相成的治理模式。五是礼治中两个基本概念——礼制与礼俗构成了礼治的规范性内容。六是礼教是礼文化传播与教化的手段。七是礼治的终极目标为德治，达至至善。《礼记·大学》载：“大学之道，在明明德，在亲民，在止于至善。”“古之欲明明德于天下者，先治其国。”

（1）“大同”与“小康”。《礼记·礼运》开篇借助“大同”“小康”之说导出礼之运行这一主题，即礼制的发生、演变及政教人文生活与礼法的关系，旨在表明礼法制度的合理性。

依照《礼记·礼运》的描述，大同社会应具备以下特点：其基本政治制度是“天下为公”，而不属于一家一姓，通过“选贤与能”，选举贤能之人管理社会。大同社会中人人地位平等，“讲信修睦”，没有自私邪恶，具有社会公德，自觉为社会各尽其力。

> 大道之行也，天下为公，选贤与能，讲信修睦。故人不独亲其亲，不独子其子，使老有所终，壮有所用，幼有所长，矜寡孤独废疾者皆有所养；男有分，女有归；货恶其弃于地也，不必藏于己；力恶其不出于身也，不必为己。是故谋闭而不兴，盗窃乱贼而不作，故户外而不闭。是谓大同。[1]

“小康”一词，出自《诗经·大雅·民劳》：“民亦劳止，汔可小康，惠此中国，以绥四方。”小康社会以“天下为家”，人各为己，自私自利，社会充满矛盾和冲突，六先祖莫不遵循以礼治国，“如有

〔1〕《礼记·礼运第九》，见杨天宇：《礼记译注》（上），上海古籍出版社 2016 年版，第 332 页。

不由此者，在埶者去，众以为殃”。

今大道既隐，天下为家。各亲其亲，各子其子，货力为己，大人世及以为礼，城郭沟池以为固，礼义以为纪，以正君臣，以笃父子，以睦兄弟，以和夫妇，以设制度，以立田里，以贤勇知，以功为己，故谋用是作，而兵由此起。禹、汤、文、武、成王、周公，由此其选也。此六君子者，未有不谨于礼者也，以著其义，以考其信，著有过，刑仁讲让，示民有常。如有不由此者，在埶者去，众以为殃。是谓小康。[1]

（2）政。《礼记》多处出现“政”，尤以问政于孔子为要：“为政先礼。礼，其政之本与！”为政在于人，人以修身成仁为道，主张施政以礼，治国以德。

修其教不易其俗，齐其政不易其宜。[2]

苛政猛于虎也。[3]

惠均则政行，政行则事成，事成则功立。功之所以立者，不可不知也。俎者，所以明惠之必均也。善为政者如此，故曰“见政事之均焉”。[4]

孔子曰：“……人道政为大。”……“政者，正也。

---

〔1〕《礼记·礼运第九》，见杨天宇：《礼记译注》（上），上海古籍出版社 2016 年版，第 333 页。

〔2〕《礼记·王制第五》，见杨天宇：《礼记译注》（上），上海古籍出版社 2016 年版，第 197 页。

〔3〕《礼记·檀弓下第四》，见杨天宇：《礼记译注》（上），上海古籍出版社 2016 年版，第 166 页。

〔4〕《礼记·祭统第二十五》，见杨天宇：《礼记译注》（下），上海古籍出版社 2016 年版，第 791 页。

> 君为正，则百姓从政矣。君之所为，百姓之所从也。君所不为，百姓何从？”公曰：“敢问为政如之何？”孔子对曰：“夫妇别，父子亲，君臣严，三者正，则庶物从之矣。”……“古之为政，爱人为大。所以治爱人，礼为大。所以治礼，敬为大。敬之至矣，大昏为大。大昏至矣。大昏既至，冕而亲迎，亲之也。亲之也者，亲之也。是故君子兴敬为亲，舍敬是遗亲也。弗爱不亲，弗敬不正。爱与敬，其政之本与。”……内以治宗庙之礼，足以配天地之神明；出以治直言之礼，足以立上下之敬。物耻足以振之，国耻足以兴之。为政先礼，礼其政之本与。〔1〕

> 子曰：“文、武之政，布在方策。其人存则其政举；其人亡则其政息。人道敏政，地道敏树。夫政也者，蒲卢也，故为政在人。取人以身，修身以道，修道以仁。仁者，人也，亲亲为大；义者，宜也，尊贤为大。亲亲之杀，尊贤之等，礼所生也。”〔2〕

> 古之制礼也，经之以天地，纪之以日月，参之以三光，政教之本也。
>
> …………
>
> 月者三日则成魄，三月则成时，是以礼有三让，建国必立三卿。三宾者，政教之本也，礼之大参也。〔3〕

（3）治。以礼治国的论述，在《礼记》中多处以“治”字体现，

---

〔1〕《礼记·哀公问第二十七》，见杨天宇：《礼记译注》（下），上海古籍出版社 2016 年版，第 807 页。

〔2〕《礼记·中庸第三十一》，见杨天宇：《礼记译注》（下），上海古籍出版社 2016 年版，第 857 页。

〔3〕《礼记·乡饮酒义第四十五》，见杨天宇：《礼记译注》（下），上海古籍出版社 2016 年版，第 1009—1011 页。

且与礼相联系，如“治天下”“治民”“治国”“治人情”等是关于礼治的典型描述。

上治祖祢，尊尊也；下治子孙，亲亲也；旁治昆弟；合族以食，序以昭缪。别之以礼义，人道竭矣。

圣人南面而听天下，所且先者五，民不与焉。一曰治亲，二曰报功，三曰举贤，四曰使能，五曰存爱。五者一得于天下，民无不足，无不赡者。五者一物纰缪，民莫得其死。圣人南面而治天下，必自人道始矣。立权、度、量，考文章，改正朔，易服色，殊徽号，异器械，别衣服，此其所得与民变革者也。〔1〕

先王之所以治天下者五：贵有德，贵贵，贵老，敬长，慈幼。此五者，先王之所以定天下也。贵有德何为也？为其近于道也；贵贵，为其近于君也；贵老，为其近于亲也；敬长，为其近于兄也；慈幼，为其近于子也。是故至孝近乎王，至弟近乎霸。至孝近乎王，虽天子必有父。至弟近乎霸，虽诸侯必有兄。先王之教，因而弗改，所以领天下国家也。

…………

天下之礼，致反始也，致鬼神也，致和用也，致义也，致让也。致反始，以厚其本也；致鬼神，以尊上也；致物用，以立民纪也。致义，则上下不悖逆矣；致让，以去争也。合此五者，以治天下之礼也，虽有奇邪而不治者，则微矣。〔2〕

---

〔1〕《礼记·大传第十六》，见杨天宇：《礼记译注》（下），上海古籍出版社 2016 年版，第 531—532 页。

〔2〕《礼记·祭义第二十四》，见杨天宇：《礼记译注》（下），上海古籍出版社 2016 年版，第 759—762 页。

《诗》云："淑人君子，其仪不忒。其仪不忒，正是四国。"此之谓也。

发号出令而民说谓之和，上下相亲谓之仁，民不求所欲而得之谓之信，除去天地之害谓之义。义与信，和与仁，霸王之器也。有治民之意而无其器，则不成。[1]

子曰："礼者何也？即事之治也。君子有其事，必有其治。治国而无礼，譬犹瞽之无相与，伥伥其何之？譬如终夜有求于幽室之中，非烛何见？若无礼，则手足无所错，耳目无所加，进退揖让无所制。[2]

（4）礼乐之治。乐与礼关系密切，乐不仅是礼教的手段——乐教，而且乐与礼并列，作为礼治文化中相辅相成的治理方式而存在。《礼记》不仅阐述了礼乐同治的关系，而且总结了礼与乐的本质区别，以及在礼治过程中的不同作用。

礼，交动乎上；乐，交应乎下：和之至也。

礼也者，反其所自生。乐也者，乐其所自成。是故先王之制礼也以节事，修乐以道志。故观其礼乐，而治乱可知也。[3]

乐由中出，礼自外作。乐由中出故静，礼自外作故文。大乐必易，大礼必简。乐至则无怨，礼至则不争。揖让而治天下者，礼乐之谓也。暴民不作，诸侯宾服，

---

〔1〕《礼记·经解第二十六》，见杨天宇：《礼记译注》（下），上海古籍出版社 2016 年版，第 801—802 页。

〔2〕《礼记·仲尼燕居第二十八》，见杨天宇：《礼记译注》（下），上海古籍出版社 2016 年版，第 816 页。

〔3〕《礼记·礼器第十》，见杨天宇：《礼记译注》（上），上海古籍出版社 2016 年版，第 372—373 页。

兵革不试，五刑不用，百姓无患，天子不怒，如此则乐达矣。

大乐与天地同和，大礼与天地同节。和故百物不失，节故祀天祭地，明则有礼乐，幽则有鬼神，如此则四海之内合敬同爱矣。礼者殊事合敬者也。乐者异文，合爱者也。〔1〕

故曰：致礼乐之道，而天下塞焉，举而错之无难矣。乐也者，动于内者也；礼也者，动于外者也。故礼主其减，乐主其盈。礼减而进，以进为文；乐盈而反，以反为文。礼减而不进则销，乐盈而不反则放，故礼有报而乐有反。礼得其报则乐，乐得其反则安。礼之报，乐之反，其义一也。〔2〕

言而履之，礼也；行而乐之，乐也。君子力此二者，以南面而立，夫是以天下太平也。〔3〕

（5）礼制。孔子曰："制度在礼。"制度的功用在于立规矩、用度量、为权衡，"礼制"是包含于"礼治"的基本概念。

故天子有田以处其子孙，诸侯有国以处其子孙，大夫有采以处其子孙，是谓制度。〔4〕

---

〔1〕《礼记·乐记第十九》，见杨天宇：《礼记译注》（下），上海古籍出版社 2016 年版，第 590—591 页。

〔2〕《礼记·祭义》，见〔清〕阮元校刻：《十三经注疏·礼记注疏（四）》，方向东点校，中华书局 2021 年版，2278—2279 页。

〔3〕《礼记·仲尼燕居第二十八》，见〔清〕阮元校刻：《十三经注疏·礼记注疏（四）》，方向东点校，中华书局 2021 年版，第 2374 页。

〔4〕《礼记·礼运第九》，见〔清〕阮元校刻：《十三经注疏·礼记注疏（三）》，方向东点校，中华书局 2021 年版，第 1192 页。

乐者，天地之和也；礼者，天地之序也。和，故百物皆化；序，故群物皆别。乐由天作，礼以地制。过制则乱，过作则暴。明于天地，然后能兴礼乐也。

王者功成作乐，治定制礼。其功大者其乐备，其治辩者其礼具。干戚之舞，非备乐也。孰亨而祀，非达礼也。五帝殊时，不相沿乐；三王异世，不相袭礼。乐极则忧，礼粗则偏矣。及夫敦乐而无忧，礼备而不偏者，其唯大圣乎！

天高地下，万物散殊，而礼制行矣；流而不息，合同而化，而乐兴焉。〔1〕

古者深衣，盖有制度，以应规、矩、绳、权、衡。袂圜，以应规；曲袷如矩，以应方；负绳及踝，以应直；下齐如权衡，以应平。故规者，行举手以为容。负绳、抱方者，以直其政、方其义也。〔2〕

子曰："制度在礼，文为在礼，行之，其在人乎！"〔3〕

（6）礼俗。礼俗是礼概念中的重要内容，礼乐刑法政俗，是为有道之国。君子行礼，不易其俗，风俗习惯其本身构成了礼治文化。

君子行礼，不求变俗。祭祀之礼，居丧之服，哭泣之位，皆如其国之故，谨修其法而审行之。〔4〕

---

〔1〕《礼记·乐记第十九》，见〔清〕阮元校刻：《十三经注疏·礼记注疏（三）》，方向东点校，中华书局2021年版，第1871—1876页。

〔2〕《礼记·深衣第三十九》，见〔清〕阮元校刻：《十三经注疏·礼记注疏（四）》，方向东点校，中华书局2021年版，第2653—2655页。

〔3〕《礼记·深衣第三十九》，见〔清〕阮元校刻：《十三经注疏·礼记注疏（四）》，方向东点校，中华书局2021年版，第2653—2655页。

〔4〕《礼记·曲礼下第二》，见〔清〕阮元校刻：《十三经注疏·礼记注疏（一）》，方向东点校，中华书局2021年版，第193页。

> 修其教，不易其俗；齐其政，不易其宜。[1]

（7）礼教。《礼记》不仅记述了“六礼”“七教”“八政”等礼教内容，而且指出“念终始典于学”，君子要干大事必须坚持始终，而坚持始终是从学习开始的。教学为先，教学相长，化民成俗，礼教是礼治文化系统中重要的教化手段。

> 天子命之教，然后为学。小学在公宫南之左，大学在郊。[2]

> 司徒修六礼以节民性，明七教以兴民德，齐八政以防淫，一道德以同俗，养耆老以致孝，恤孤独以逮不足，上贤以崇德，简不肖以绌恶。……乐正崇四术，立四教。顺先王诗、书、礼、乐以造士。春秋教以礼、乐，冬夏教以诗、书。[3]

> 六礼：冠、昏、丧、祭、乡、相见。七教：父子、兄弟、夫妇、君臣、长幼、朋友、宾客。八政：饮食、衣服、事为、异别、度、量、数、制。[4]

> 古之君子，举大事，必慎其终始，而众安得不喻焉？兑命曰：“念终始典于学。”[5]

---

〔1〕《礼记·王制》，见〔清〕阮元校刻：《十三经注疏·礼记注疏（一）》，方向东点校，中华书局2021年版，第700页。

〔2〕《礼记·王制》，见〔清〕阮元校刻：《十三经注疏·礼记注疏（一）》，方向东点校，中华书局2021年版，第651页。

〔3〕《礼记·王制》，见〔清〕阮元校刻：《十三经注疏·礼记注疏（二）》，方向东点校，中华书局2021年版，第707—708页。

〔4〕《礼记·王制》，见〔清〕阮元校刻：《十三经注疏·礼记注疏（二）》，方向东点校，中华书局2021年版，第763页。

〔5〕《礼记·文王世子第八》，见〔清〕阮元校刻：《十三经注疏·礼记注疏（二）》，方向东点校，中华书局2021年版，第1146页

发虑宪，求善良，足以谀闻，不足以动众。就贤体远，足以动众，未足以化民。君子如欲化民成俗，其必由学乎！

玉不琢，不成器；人不学，不知道。是故古之王者建国君民，教学为先。兑命曰："念终始典于学。"其此之谓乎！

虽有嘉肴，弗食，不知其旨也。虽有至道，弗学，不知其善也。是故学然后知不足，教然后知困。知不足，然后能自反也；知困，然后能自强也。故曰"教学相长也"。兑命曰："学学半。"其此之谓乎！〔1〕

乐也者，圣人之所乐也，而可以善民心，其感人深，其移风易俗，故先王著其教焉。〔2〕

夫祭之为物大矣，其兴物备矣，顺以备者也，其教之本与！是故君子之教也，外则教之以尊其君长，内则教之以孝于其亲。是故明君在上，则诸臣服从；崇事宗庙社稷，则子孙顺孝。尽其道，端其义，而教生焉！是故君子之事君也，必身行之：所不安于上，则不以使下；所恶于下，则不以事上。非诸人，行诸己，非教之道也。是故君子之教也，必由其本，顺之至也，祭其是与！故曰：祭者，教之本也已。〔3〕

孔子曰："入其国，其教可知也。其为人也，温柔敦厚，《诗》教也；疏通知远，《书》教也；广博易良，《乐》教也；絜静精微，《易》教也；恭俭庄敬，《礼》教也；属

---

〔1〕《礼记·学记第十八》，见〔清〕阮元校刻：《十三经注疏·礼记注疏（三）》，方向东点校，中华书局 2021 年版，第 1807—1808 页。

〔2〕《礼记·乐记》，见〔清〕阮元校刻：《十三经注疏·礼记注疏（三）》，方向东点校，中华书局 2021 年版，第 1891 页。

〔3〕《礼记·祭统二十五》，见〔清〕阮元校刻：《十三经注疏·礼记注疏（四）》，方向东点校，中华书局 2021 年版，第 2315—2316 页。

辞比事，《春秋》教也。故《诗》之失愚，《书》之失诬，《乐》之失奢，《易》之失贼，《礼》之失烦，《春秋》之失乱。其为人也，温柔敦厚而不愚，则深于《诗》者也；疏通知远而不诬，则深于《书》者也；广博易良而不奢，则深于《乐》者也；絜静精微而不贼，则深于《易》者也；恭俭庄敬而不烦，则深于《礼》者也；属辞比事而不乱，则深于《春秋》者也。”……

礼之教化也微，其止邪也于未形，使人日徙善远罪而不自知也，是以先王隆之也。〔1〕

故曰：天子听男教，后听女顺；天子理阳道，后治阴德；天子听外治，后听内职。教顺成俗，外内和顺，国家理治，此之谓盛德。〔2〕

（8）至善。《大学》提出了三条纲领——明明德、亲民、止于至善，八个条目——格物、致知、诚意、正心、修身、齐家、治国、平天下，寄托了古人内圣外王的理想，论述了内圣外王的实现途径。治国是为了明明德、亲民，达至至善。

大学之道，在明明德，在亲民，在止于至善。……古之欲明明德于天下者，先治其国。欲治其国者，先齐其家。欲齐其家者，先修其身。欲修其身者，先正其心。欲正其心者，先诚其意。欲诚其意者，先致其知。致知在格物。物格而后知至，知至而后意诚，意诚而后心正，心正而后身修，身修而后家齐，家齐而后国治，国治而后天

---

〔1〕《礼记·经解第二十六》，见〔清〕阮元校刻：《十三经注疏·礼记注疏（四）》，方向东点校，中华书局 2021 年版，第 2339—2347 页。

〔2〕《礼记·昏义第四十四》，见〔清〕阮元校刻：《十三经注疏·礼记注疏（四）》，方向东点校，中华书局 2021 年版，第 2761 页。

下平。

所谓治国必先齐其家者，其家不可教而能教人者，无之。……

《诗》云："桃之夭夭，其叶蓁蓁。之子于归，宜其家人。"宜其家人，而后可以教国人。《诗》云："宜兄宜弟。"宜兄宜弟，而后可以教国人。《诗》云："其仪不忒，正是四国。"其为父子兄弟足法，而后民法之也。此谓治国在齐其家。

所谓平天下在治其国者：上老老而民兴孝，上长长而民兴弟，上恤孤而民不倍，是以君子有絜矩之道也。[1]

《礼记》多处论述君子、圣人与德、位的关系。

凡语于郊者，必取贤敛才焉：或以德进，或以事举，或以言扬。

…………

君子曰德，德成而教尊，教尊而官正，官正而国治，君之谓也。[2]

昔者舜作五弦之琴以歌南风，夔始制乐以赏诸侯。

故天子之为乐也，以赏诸侯之有德者也。德盛而教尊，五谷时熟，然后赏之以乐。故其治民劳者，其舞行缀远；其治民逸者，其舞行缀短。

---

〔1〕《礼记·大学第四十二》，见〔清〕阮元校刻：《十三经注疏·礼记注疏（四）》，方向东点校，中华书局2021年版，第2707—2721页。

〔2〕《礼记·文王世子第八》，见〔清〕阮元校刻：《十三经注疏·礼记注疏（二）》，方向东点校，中华书局2021年版，第1110—1116页。

故观其舞，知其德；闻其谥，知其行也。[1]

子曰："《诗》曰：'嘉乐君子，宪宪令德。宜民宜人，受禄于天，保佑命之，自天申之。'故大德者必受命。"[2]

子曰："《甫刑》曰：'德威惟威，德明惟明。'非虞帝其孰能如此乎？"[3]

仁义接，宾主有事，俎豆有数，曰圣；圣立而将之以敬曰礼；礼以体长幼曰德。德也者，得于身也。故曰：古之学术道者，将以得身也，是故圣人务焉。[4]

故明乎其节之志，以不失其事，则功成而德行立；德行立，则无暴乱之祸矣。功成则国安，故曰：射者，所以观盛德也。[5]

天道至教，圣人至德。[6]

---

〔1〕《礼记·乐记》，见〔清〕阮元校刻：《十三经注疏·礼记注疏（三）》，方向东点校，中华书局2021年版，第1885—1887页。

〔2〕《礼记·中庸第三十一》，见〔清〕阮元校刻：《十三经注疏·礼记注疏（四）》，方向东点校，中华书局2021年版，第2449页。

〔3〕《礼记·表记第三十二》，见〔清〕阮元校刻：《十三经注疏·礼记注疏（四）》，方向东点校，中华书局2021年版，第2532页。

〔4〕《礼记·乡饮酒义第四十五》，见〔清〕阮元校刻：《十三经注疏·礼记注疏（四）》，方向东点校，中华书局2021年版，第2770—2771页。

〔5〕《礼记·射义第四十六》，见〔清〕阮元校刻：《十三经注疏·礼记注疏（四）》，方向东点校，中华书局2021年版，第2789页。

〔6〕《礼记·礼器》，见〔清〕阮元校刻：《十三经注疏·礼记注疏（二）》，方向东点校，中华书局2021年版，第1320页。

6. 礼 义

礼有“礼仪”“礼制”“礼义”的三重含义，有形式与内容的区分。“成人”不仅要能够行“礼仪”，还要自觉以“礼义”约束自身。我国古代社会的基本伦理关系是父子、兄弟、君臣、夫妇、朋友。一个长大成年的人，应当懂得“人义”，即做人的基本要求。何谓人义？《礼记·礼运》说：“父慈子孝，兄良弟悌，夫义妇听，长惠幼顺，君仁臣忠。十者谓之人义。”人年满二十，行过“冠礼”之后，便应认同这些人伦，实践这些“人义”。

（1）仁。“仁”是会意字，左边是“人”，右边是“二”，表示人与人之间的关系，应以他人为上，是为“仁者爱人”。成仁很难，只有君子可以做到，而对民众则用礼法规制。尽管仁的境界很难达到，但是作为礼的精神追求，“仁”仍是君子与普通人追求的目标。

> 子言之：“仁者，天下之表也。义者，天下之制也。报者，天下之利也。”……子曰：“以德报怨，则宽身之仁也；以怨报德，则刑戮之民也。”子曰：“无欲而好仁者，无畏而恶不仁者，天下一人而已矣。是故君子议道自己，而置法以民。”子曰：“仁有三，与仁同功而异情。与仁同功，其仁未可知也。与仁同过，然后其仁可知也。仁者安仁，知者利仁，畏罪者强仁。仁者右也，道者左也。仁者人也，道者义也。厚于仁者薄于义，亲而不尊；厚于义者薄于仁，尊而不亲。道有至，义有考。至道以王，义道以霸，考道以为无失。”
>
> 子言之：“仁有数，义有长短小大。中心憯怛，爱人之仁也。率法而强之，资仁者也。”
>
> 子曰：“仁之难成久矣！人人失其所好，故仁者之过易

辞也。”子曰：“仁之难成久矣，惟君子能之。”[1]

温良者，仁之本也。敬慎者，仁之地也。宽裕者，仁之作也。孙接者，仁之能也。礼节者，仁之貌也。言谈者，仁之文也。歌乐者，仁之和也。分散者，仁之施也。儒皆兼此而有之，犹且不敢言仁也。其尊让有如此者。[2]

《礼记·儒行》论述了仁的具体内容。温良者，仁之本也。温和善良的性情，是仁的根本；恭敬谨慎，是仁生发的土壤。对他人宽容以待，是仁的具体表现。在这里，“宽”和“裕”二字的意义是相同的。宽，即宽宏。裕，贾谊《新书·道术》中说：“包众容物谓之裕。”谦逊地与人交往，是仁的能量。有礼貌、有节制，是仁的外在表现。与人对话交流，是仁的文饰。唱歌和奏乐，是仁团结他人的方法。把财物分散给大家，这是仁的布施。佛经的六度之中也有布施。把自己的东西乃至生命给予他人，这对于每个人来说都是很困难的，是最难做到的事情。

（2）让。“让”字，从言从襄，以语言相互扣合。意为不争，有忍让、让步、让位、谦让等意思。《左传·襄公十三年》载：“让者，礼之主也。”《礼记》多处倡导君子、百姓、诸侯之间相互敬让，则社会秩序稳定，互不侵扰。

子云：“夫礼者，所以章疑别微，以为民坊者也。故贵贱有等，衣服有别，朝廷有位，则民有所让。”

子云：“《诗》云：‘民之无良，相怨一方。受爵不让，至于己斯亡。’”

---

〔1〕《礼记·表记第三十二》，见〔清〕阮元校刻：《十三经注疏·礼记注疏（四）》，方向东点校，中华书局 2021 年版，第 2507—2515 页。

〔2〕《礼记·儒行第四十一》，见〔清〕阮元校刻：《十三经注疏·礼记注疏（四）》，方向东点校，中华书局 2021 年版，第 2702 页。

子云："君子贵人而贱己，先人而后己，则民作让。故称人之君曰君，自称其君寡君。"

…………

故君子信让以莅百姓，则民之报礼重。

子云："善则称人，过则称己，则民不争。善则称人，过则称己，则怨益亡。《诗》云：'尔卜尔筮，履无咎言。'"〔1〕

三让而后传命，三让而后入庙门，三揖而后至阶，三让而后升，所以致尊让也。

…………

敬让也者，君子之所以相接也。故诸侯相接以敬让，则不相侵陵。〔2〕

先礼而后财，则民作敬让而不争矣。〔3〕

（3）孝、敬。百德孝为先，孝是礼的核心思想，孝常与敬连用为"孝敬"，有孝才能敬，有敬才有孝，二者互为表里。

凡养老：有虞氏以燕礼，夏后氏以飨礼，殷人以食礼，周人修而兼用之。五十养于乡，六十养于国，七十养于学，达于诸侯。

…………

八十者，一子不从政；九十者，其家不从政；废疾非人

---

〔1〕《礼记·坊记第三十》，见〔清〕阮元校刻：《十三经注疏·礼记注疏（四）》，方向东点校，中华书局2021年版，第2395—2401页。

〔2〕《礼记·聘义第四十八》，见〔清〕阮元校刻：《十三经注疏·礼记注疏（四）》，方向东点校，中华书局2021年版，第2822—2825页。

〔3〕《礼记·乡饮酒义第四十五》，见〔清〕阮元校刻：《十三经注疏·礼记注疏（四）》，方向东点校，中华书局2021年版，第2772页。

不养者，一人不从政。父母之丧，三年不从政。齐衰、大功之丧，三月不从政。将徙于诸侯，三月不从政；自诸侯来徙家，期不从政。

…………

父之齿随行，兄之齿雁行，朋友不相逾。轻任并，重任分，班白者不提挈。君子耆老不徒行，庶人耆老不徒食。[1]

子、妇孝者敬者，父母、舅姑之命勿逆勿怠。……子妇未孝未敬，勿庸疾怨，姑教之；若不可教，而后怒之；不可怒，子放妇出，而不表礼焉。

父母有过，下气怡色，柔声以谏，谏若不入，起敬起孝，说则复谏。不说，与其得罪于乡党州闾，宁孰谏。父母怒，不说，而挞之流血，不敢疾怨，起敬起孝。[2]

众之本教曰孝，其行曰养。养可能也，敬为难。[3]

子曰："恭近礼，俭近仁，信近情。敬让以行，此虽有过，其不甚矣。夫恭寡过，情可信，俭易容也。以此失之者，不亦鲜乎！《诗》曰：'温温恭人，惟德之基。'"[4]

（4）义。何谓"义"？父慈、子孝、兄良、弟悌、夫义、妇听、

[1]《礼记·王制》，见〔清〕阮元校刻：《十三经注疏·礼记注疏（二）》，方向东点校，中华书局2021年版，第736—754页。

[2]《礼记·内则第十二》，见〔清〕阮元校刻：《十三经注疏·礼记注疏（三）》，方向东点校，中华书局2021年版，第1454—1456页。

[3]《礼记·祭义》，见〔清〕阮元校刻：《十三经注疏·礼记注疏（四）》，方向东点校，中华书局2021年版，第2280页。

[4]《礼记·表记第三十二》，见〔清〕阮元校刻：《十三经注疏·礼记注疏（四）》，方向东点校，中华书局2021年版，第2515页。

长惠、幼顺、君仁、臣忠十者，谓之人义。治人情，修十义，不能没有礼。“礼之所尊，尊其义也。”义与礼连用，为礼义；义与仁连用，为仁义；义与情连用，则为情义。

> 何谓人情？喜、怒、哀、惧、爱、恶、欲，七者弗学而能。何谓人义？父慈、子孝、兄良、弟弟、夫义、妇听、长惠、幼顺、君仁、臣忠，十者谓之人义。讲信修睦，谓之人利。争夺相杀，谓之人患。故圣人所以治人七情，修十义，讲信修睦，尚辞让，去争夺，舍礼何以治之？
>
> …………
>
> 故礼义也者，人之大端也。所以讲信修睦，而固人之肌肤之会、筋骸之束也，所以养生、送死、事鬼神之大端也，所以达天道、顺人情之大窦也。[1]

> 故礼也者，义之实也。……仁者，义之本也，顺之体也，得之者尊。[2]

> 礼之所尊，尊其义也。失其义，陈其数，祝史之事也。故其数可陈也，其义难知也，知其义而敬守之，天子之所以治天下也。
>
> 男子亲迎，男先于女，刚柔之义也。天先乎地，君先乎臣，其义一也。执挚以相见，敬章别也。男女有别，然后父子亲；父子亲，然后义生；义生，然后礼作；礼作，然后万物安。无别无义，禽兽之道也。[3]

---

〔1〕《礼记·礼运第九》，见〔清〕阮元校刻：《十三经注疏·礼记注疏（二）》，方向东点校，中华书局2021年版，第1239页。

〔2〕《礼记·礼运第九》，见〔清〕阮元校刻：《十三经注疏·礼记注疏（二）》，方向东点校，中华书局2021年版，第1241—1242页。

〔3〕《礼记·效特牲》，见〔清〕阮元校刻：《十三经注疏·礼记注疏（二）》，方向东点校，中华书局2021年版，第1414—1419页。

春作夏长，仁也；秋敛冬藏，义也。仁近于乐，义近于礼。乐者敦和，率神而从天；礼者别宜，居鬼而从地。[1]

儒有忠信以为甲胄，礼义以为干橹，戴仁而行，抱义而处；虽有暴政，不更其所。其自立有如此者。[2]

凡人之所以为人者，礼义也。礼义之始，在于正容体，齐颜色，顺辞令。容体正，颜色齐，辞令顺，而后礼义备，以正君臣，亲父子，和长幼。君臣正，父子亲，长幼和，而后礼义立。[3]

《礼记》多处论及义与利的关系，以利释义，为理解“义”提供了另一个维度。

临事而屡断，勇也。见利而让，义也。有勇有义，非歌孰能保此？[4]

先财而后礼则民利。无辞而行情则民争。

子云：“君子不尽利以遗民。……《诗》云：‘彼有遗秉，此有不敛穧，伊寡妇之利。’……《诗》云：‘采葑采菲，无以下体。德音莫违，及尔同死。’以此坊民，民犹忘

---

〔1〕《礼记·乐记第十九》，见〔清〕阮元校刻：《十三经注疏·礼记注疏（三）》，方向东点校，中华书局2021年版，第1876页。

〔2〕《礼记·儒行第四十一》，见〔清〕阮元校刻：《十三经注疏·礼记注疏（四）》，方向东点校，中华书局2021年版，第2691页。

〔3〕《礼记·冠义第四十三》，见〔清〕阮元校刻：《十三经注疏·礼记注疏（四）》，方向东点校，中华书局2021年版，第2746页。

〔4〕《礼记·乐记》，见〔清〕阮元校刻：《十三经注疏·礼记注疏（三）》，方向东点校，中华书局2021年版，第1966页。

义而争利，以亡其身。”[1]

孟献子曰：“畜马乘，不察于鸡豚；伐冰之家，不畜牛羊；百乘之家，不畜聚敛之臣。与其有聚敛之臣，宁有盗臣。”此谓国不以利为利，以义为利也。长国家而务财用者，必自小人矣。彼为善之，小人之使为国家，灾害并至；虽有善者，亦无如之何矣！此谓国不以利为利，以义为利也。[2]

（5）忠信。

儒有忠信以为甲胄，礼义以为干橹。[3]

是故君子有大道，必忠信以得之，骄泰以失之。[4]

7. 法

（1）法。《礼记》中的“法”有多种含义，一是指“秩序”“道法”。

地载万物，天垂象，取财于地，取法于天，是以尊天而亲地也，故教民美报焉。[5]

是故君子动而世为天下道，行而世为天下法，言而世

---

〔1〕《礼记·坊记第三十》，见〔清〕阮元校刻：《十三经注疏·礼记注疏（三）》，方向东点校，中华书局2021年版，第2415—2418页。

〔2〕《礼记·大学第四十二》，见〔清〕阮元校刻：《十三经注疏·礼记注疏（四）》，方向东点校，中华书局2021年版，第2725—2726页。

〔3〕《礼记·儒行第四十一》，见〔清〕阮元校刻：《十三经注疏·礼记注疏（四）》，方向东点校，中华书局2021年版，第2691页。

〔4〕《礼记·大学第四十二》，见〔清〕阮元校刻：《十三经注疏·礼记注疏（四）》，方向东点校，中华书局2021年版，第2724页。

〔5〕《礼记·效特牲第十一》，见〔清〕阮元校刻：《十三经注疏·礼记注疏（二）》，方向东点校，中华书局2021年版，第1376页。

为天下则。远之则有望，近之则不厌。[1]

上取象于天，下取法于地，中取则于人，人之所以群居和壹之理尽矣。[2]

二是指以法之名的礼。

是月也，命妇官染采，黼黻文章，必以法故，无或差贷。[3]

士依于德，游于艺。工依于法，游于说。[4]

大学之法，禁于未发之谓豫，当其可之谓时，不陵节而施之谓孙，相观而善之谓摩。此四者，教之所由兴也。[5]

祭法：有虞氏禘黄帝而郊喾，祖颛顼而宗尧。

…………

夫圣王之制祭祀也，法施于民则祀之，以死勤事则祀之，以劳定国则祀之，能御大灾则祀之，能捍大患则

〔1〕《礼记·中庸》，见〔清〕阮元校刻：《十三经注疏·礼记注疏（四）》，方向东点校，中华书局2021年版，第2485页。

〔2〕《礼记·三年问第三十八》，见〔清〕阮元校刻：《十三经注疏·礼记注疏（四）》，方向东点校，中华书局2021年版，第2650页。

〔3〕《礼记·月令》，见〔清〕阮元校刻：《十三经注疏·礼记注疏（二）》，方向东点校，中华书局2021年版，第900页。

〔4〕《礼记·少仪第十七》，见〔清〕阮元校刻：《十三经注疏·礼记注疏（三）》，方向东点校，中华书局2021年版，第1765页。

〔5〕《礼记·学记第十八》，见〔清〕阮元校刻：《十三经注疏·礼记注疏（三）》，方向东点校，中华书局2021年版，第1824页。

祀之。[1]

君子行礼，不求变俗。祭祀之礼，居丧之服，哭泣之位，皆如其国之故，谨修其法而审行之。

…………

去国三世，爵禄无列于朝，出入无诏于国，唯兴之日，从新国之法。[2]

仲尼曰："昔者周公摄政，践阼而治，抗世子法于伯禽，所以善成王也。"[3]

三是指具有现代规范意义的"法律"，有"税法""刑法""军法"等。

合诸侯制，百县为来岁受朔日，与诸侯所税于民轻重之法、贡职之数，以远近土地所宜为度，以给郊庙之事，无有所私。[4]

帝喾能序星辰以著众，尧能赏均刑法以义终。[5]

若有甲兵之事，则授之以车甲，合其卒伍，置其有司，

---

〔1〕《礼记·祭法第二十三》，见〔清〕阮元校刻：《十三经注疏·礼记注疏（四）》，方向东点校，中华书局2021年版，第2211、2235—2236页。

〔2〕《礼记·曲礼下第二》，见〔清〕阮元校刻：《十三经注疏·礼记注疏（一）》，方向东点校，中华书局2021年版，第193、第196页。

〔3〕《礼记·文王世子第八》，见〔清〕阮元校刻：《十三经注疏·礼记注疏（二）》，方向东点校，中华书局2021年版，第1117页。

〔4〕《礼记·月令》，见〔清〕阮元校刻：《十三经注疏·礼记注疏（二）》，方向东点校，中华书局2021年版，第945页。

〔5〕《礼记·祭法第二十三》，见〔清〕阮元校刻：《十三经注疏·礼记注疏（四）》，方向东点校，中华书局2021年版，第2236页。

以军法治之，司马弗正。[1]

此外，“法”字也有效法、效仿的意思。

其为父子兄弟足法，而后民法之也。此谓治国在齐其家。[2]

（2）刑。刑常与罪一起出现，是犯罪与刑罚的专有名称。

凡作刑罚，轻无赦。刑者，侀也。侀者，成也，一成而不可变，故君子尽心焉。[3]

子曰：“政之不行也，教之不成也，爵禄不足劝也，刑罚不足耻也，故上不可以亵刑而轻爵。《康诰》曰：‘敬明乃罚。’《甫刑》曰：‘播刑之不迪。’”[4]

《传》曰：“罪多而刑五，丧多而服五。上附下附，列也。”[5]

（3）律。“律”出自音律，并由此引申出规律、规则、律法等含义。

律小大之称，比终始之序，以象事行，使亲疏、贵贱、

---

〔1〕《礼记·燕义第四十七》，见〔清〕阮元校刻：《十三经注疏·礼记注疏（四）》，方向东点校，中华书局2021年版，第2813页。

〔2〕《礼记·大学第四十二》，见〔清〕阮元校刻：《十三经注疏·礼记注疏（四）》，方向东点校，中华书局2021年版，第2720页。

〔3〕《礼记·王制》，见〔清〕阮元校刻：《十三经注疏·礼记注疏（二）》，方向东点校，中华书局2021年版，第723页。

〔4〕《礼记·缁衣第三十三》，见〔清〕阮元校刻：《十三经注疏·礼记注疏（四）》，方向东点校，中华书局2021年版，第2567—2568页。

〔5〕《礼记·服问第三十六》，见〔清〕阮元校刻：《十三经注疏·礼记注疏（四）》，方向东点校，中华书局2021年版，第2622页。

> 长幼、男女之理皆形见于乐，故曰："乐观其深矣。"[1]

> 仲尼祖述尧、舜，宪章文、武，上律天时，下袭水土。[2]

> 析言破律，乱名改作，执左道以乱政，杀。[3]

律，也有等级的含义，如《礼记·王制第五》载："有功德于民者，加地进律。"[4]

（4）宪。"宪"，一种含义为效法、效仿，如"五帝宪"，即效仿五帝。另一种含义为通"显"，即明显。"宪宪令德"，是指明显有德行的人。

> 凡养老，五帝宪，三王有乞言。五帝宪，养气体而不乞言，有善则记之为惇史。三王亦宪，既养老而后乞言，亦微其礼，皆有惇史。[5]

> 子曰："《诗》曰：'嘉乐君子，宪宪令德。宜民宜人，受禄于天，保佑命之，自天申之。'故大德者必受命。"[6]

---

〔1〕《礼记·乐记》，见〔清〕阮元校刻：《十三经注疏·礼记注疏（三）》，方向东点校，中华书局2021年版，第1896页。

〔2〕《礼记·中庸》，见〔清〕阮元校刻：《十三经注疏·礼记注疏（四）》，方向东点校，中华书局2021年版，第2488页。

〔3〕《礼记·王制》，见〔清〕阮元校刻：《十三经注疏·礼记注疏（二）》，方向东点校，中华书局2021年版，第723页。

〔4〕《礼记·王制第五》，见〔清〕阮元校刻：《十三经注疏·礼记注疏（二）》，方向东点校，中华书局2021年版，第638页。

〔5〕《礼记·内则》，见〔清〕阮元校刻：《十三经注疏·礼记注疏（三）》，方向东点校，中华书局2021年版，第1482页。

〔6〕《礼记·中庸第三十一》，见〔清〕阮元校刻：《十三经注疏·礼记注疏（四）》，方向东点校，中华书局2021年版，第2449页。

8. 法、礼、刑的关系

（1）法与礼。法与礼的概念范畴可以比较清楚地界分，《礼记》中可见的法主要是刑法、税法、军法，如《甫刑》曰：“苗民匪用命，制以刑，惟作五虐之刑，曰法。”[1]礼是礼治体系的核心和基础，统摄法的制定和执行。

然则先王之为乐也，以法治也，善则行象德矣。

……是故先王有大事，必有礼以哀之；有大福，必有礼以乐之。哀乐之分，皆以礼终。[2]

班朝治军，莅官行法，非礼威严不行。[3]

《礼记·礼运》从正反两个方面，说明礼对法的作用。

故天子适诸侯，必舍其祖朝，而不以礼籍入，是谓天子坏法乱纪。

是故礼者，君之大柄也，所以别嫌明微，傧鬼神，考制度，别仁义，所以治政安君。故政不正则君位危，君位危则大臣倍，小臣窃。刑肃而俗敝则法无常，法无常而礼无列，礼无列则士不事也。刑肃而俗敝，则民弗归也。是谓疵国。[4]

---

〔1〕《礼记·缁衣第三十三》，见〔清〕阮元校刻：《十三经注疏·礼记注疏（四）》，方向东点校，中华书局2021年版，第2556页。

〔2〕《礼记·乐记》，见〔清〕阮元校刻：《十三经注疏·礼记注疏（三）》，方向东点校，中华书局2021年版，第1890、1891页。

〔3〕《礼记·曲礼上第一》，见〔清〕阮元校刻：《十三经注疏·礼记注疏（一）》，方向东点校，中华书局2021年版，第35页。

〔4〕《礼记·礼运第九》，见〔清〕阮元校刻：《十三经注疏·礼记注疏（二）》，方向东点校，中华书局2021年版，第1192、1194页。

（2）礼与刑。

第一，礼不下庶人，刑不上大夫。

国君抚式，大夫下之；大夫抚式，士下之。礼不下庶人，刑不上大夫。刑人不在君侧。[1]

第二，刑罚适用的情形和条件要考虑礼的内容。

司寇正刑明辟，以听狱讼，必三刺。有旨无简不听。附从轻，赦从重。凡制五刑，必即天论，邮罚丽于事。凡听五刑之讼，必原父子之亲，立君臣之义以权之；意论轻重之序，慎测浅深之量以别之；悉其聪明，致其忠爱以尽之。疑狱，泛与众共之，众疑，赦之。必察小大之比以成之。成狱辞，史以狱成告于正，正听之。正以狱成告于大司寇，大司寇听之棘木之下。大司寇以狱之成告于王，王命三公参听之。三公以狱之成告于王，王三又，然后制刑。[2]

公族之罪，虽亲，不以犯有司，正术也，所以体百姓也。刑于隐者，不与国人虑兄弟也。弗吊，弗为服，哭于异姓之庙，为忝祖，远之也。素服居外，不听乐，私丧之也，骨肉之亲无绝也。公族无宫刑，不翦其类也。[3]

（3）其他法与礼关系的表述。

第一，礼乐、刑法、政俗。礼治是综合系统，包含礼乐、刑法、

---

〔1〕《礼记·曲礼上》，见〔清〕阮元校刻：《十三经注疏·礼记注疏（一）》，方向东点校，中华书局2021年版，第142页。

〔2〕《礼记·王制》，见〔清〕阮元校刻：《十三经注疏·礼记注疏（一）》，方向东点校，中华书局2021年版，第721—723页。

〔3〕《礼记·文王世子第八》，见〔清〕阮元校刻：《十三经注疏·礼记注疏（二）》，方向东点校，中华书局2021年版，第1136页。

政俗，是有道之国的治理方式。实行礼治和仁政，刑罚适用中刑，人民生活就会安定富足，任何志业都可成功，礼、俗、刑综合运用而后乐。

自仁率亲，等而上之至于祖；自义率祖，顺而下之至于祢。是故人道亲亲也。亲亲故尊祖，尊祖故敬宗，敬宗故收族，收族故宗庙严，宗庙严故重社稷，重社稷故爱百姓，爱百姓故刑罚中，刑罚中故庶民安，庶民安故财用足，财用足故百志成，百志成故礼俗刑，礼俗刑然后乐。〔1〕

凡四代之服、器、官，鲁兼用之。是故鲁，王礼也，天下传之久矣。君臣未尝相弑也，礼乐、刑法、政俗未尝相变也，天下以为有道之国，是故天下资礼乐焉。〔2〕

第二，礼、乐、政、刑。礼、乐、政、刑虽然各有功用，但地位作用不同，通过礼乐之治，达到“五刑不用”，是最好的治理效果。

故礼以道其志，乐以和其声，政以一其行，刑以防其奸。礼、乐、刑、政，其极一也。所以同民心而出治道也。

…………

礼节民心，乐和民声，政以行之，刑以防之。礼、乐、刑、政，四达而不悖，则王道备矣。

礼义立，则贵贱等矣。乐文同，则上下和矣。好恶著，

〔1〕《礼记·大传第十六》，见〔清〕阮元校刻：《十三经注疏·礼记注疏（三）》，方向东点校，中华书局2021年版，第1737—1738页。

〔2〕《礼记·明堂位第十四》，见〔清〕阮元校刻：《十三经注疏·礼记注疏（三）》，方向东点校，中华书局2021年版，第1638页。

> 则贤不肖别矣。刑禁暴，爵举贤，则政均矣。仁以爱之，义以正之，如此则民治行矣。
>
> 乐由中出，礼自外作。乐由中出，故静；礼自外作，故文。大乐必易，大礼必简。乐至则无怨，礼至则不争。揖让而治天下者，礼乐之谓也。暴民不作，诸侯宾服，兵革不试，五刑不用，百姓无患，天子不怒，如此则乐达矣。[1]

第三，德礼政刑。君子行礼是为了提高其德行修养，礼治的目标是提升从圣人、君子到臣民全社会的道德水平，德礼政刑，乃综合之治。

> 凡官民材，必先论之。论辨然后使之，任事然后爵之，位定然后禄之。[2]

> 天子无事与诸侯相见曰朝，考礼、正刑、一德，以尊于天子。[3]

> 故君子礼以坊德，刑以坊淫，命以坊欲。[4]

在德礼与政刑的关系上，德礼居于首要和终极的地位，是手段更是目的。治理民众，严刑峻法是最差的手段。

> 《诗》曰："不显惟德，百辟其刑之。"是故君子笃恭而天下平。《诗》曰："予怀明德，不大声以色。"子曰："声

---

〔1〕《礼记·乐记第十九》，见〔清〕阮元校刻：《十三经注疏·礼记注疏（二）》，方向东点校，中华书局2021年版，第1847—1848、第1862、第1863、第1865页。

〔2〕《礼记·王制第五》，见〔清〕阮元校刻：《十三经注疏·礼记注疏（一）》，方向东点校，中华书局2021年版，第630页。

〔3〕《礼记·王制》，见〔清〕阮元校刻：《十三经注疏·礼记注疏（一）》，方向东点校，中华书局2021年版，第649页。

〔4〕《礼记·坊记第三十》，见〔清〕阮元校刻：《十三经注疏·礼记注疏（四）》，方向东点校，中华书局2021年版，第2389页。

> 色之于以化民，末也。”《诗》曰：“德輶如毛”，毛犹有伦；“上天之载，无声无臭”，至矣！〔1〕

《礼记·缁衣》表达了同样的观点，用礼规范君臣关系，民间兴起诚实风气，就不用刑罚了。

> 子言之曰：“为上易事也，为下易知也，则刑不烦矣。”
>
> 子曰：“好贤如《缁衣》，恶恶如《巷伯》，则爵不渎而民作愿，刑不试而民咸服。《大雅》曰：‘仪刑文王，万国作孚。’”
>
> 子曰：“夫民，教之以德，齐之以礼，则民有格心；教之以政，齐之以刑，则民有遁心。故君民者，子以爱之，则民亲之；信以结之，则民不倍；恭以莅之，则民有孙心。《甫刑》曰：‘苗民匪用命，制以刑，惟作五虐之刑，曰法。’是以民有恶德，而遂绝其世也。”〔2〕

孔子认为，用道德来教育民众，用礼义来整顿民众，民众就有归附之心；用政令来教育民众，用刑罚来整顿民众，民众就有逃遁之心。所以，君王如果像爱自己的儿子一样爱人民，人民就会亲附他；用诚信团结人民，人民就不会背叛；用谦恭的态度对待民众，民众就会有顺服之心。而苗民制定五种酷刑称之为法，其民众的德行很坏，后世就灭绝了。

---

〔1〕《礼记·中庸》，见〔清〕阮元校刻：《十三经注疏·礼记注疏（四）》，方向东点校，中华书局2021年版，第2491—2499页。

〔2〕《礼记·缁衣第三十三》，见〔清〕阮元校刻：《十三经注疏·礼记注疏（四）》，方向东点校，中华书局2021年版，第2553—2556页。

三、先秦儒家论述中的法与礼

先秦儒家礼论发端于孔子，经孟子、荀子的传承、发扬形成了内涵丰富、博大精深的礼学体系，对中国传统文化的形成与发展产生了重大而深远的影响。

春秋末年“礼坏乐崩”，天下失序，礼乐制度遭遇严重的危机。孔子以重建礼乐秩序为人生理想，追求礼的道德意义和内在精神，重塑和培育人们对于礼的情感和信仰。孔子以仁释礼，强调礼不仅要有外在形式，而且必须以内在德性为基础，从而为礼赋予道德内核。仁是礼的立足点，礼是仁的实践形式。由孔子创立的儒家学说，在孟荀那里呈现出两条不同的阐释路向。孟子主要继承并发展了孔子的“仁学”，并且强化了仁的本质，就人性论而言，其主张人性善论，倡导“仁政王道”，突出“内圣”的路向；而荀子则着重继承孔子的礼，并且强化了礼的特征，主张人性恶论，强调礼义教化对于人性的改造作用，突出“外王”的路向。孔孟荀思想完成了儒家礼学系统化的、体系化的任务。

关于礼治，孔子提出“克己复礼”，维护礼的统治秩序；主张“为国以礼”，即以礼治国的礼治思想。“道之以政，齐之以刑，民免而无耻；道之以德，齐之以礼，有耻且格”，表现出孔子对“礼治”内容的维护，也表达了孔子关于法与礼关系的基本看法。依照德礼来治理国家，人民就会有羞耻之心，人心就会归顺服从；用政治权术治理人民，用刑罚约束人民，人民就没有羞耻心，只求免于刑罚。

荀子“礼学”以性恶论为逻辑起点，提倡“化性起伪”，主张通过礼的教化作用，实现礼治社会理想。荀子所提出的“礼治”，与孔孟所说的“礼治”具有较大的差异。孔孟礼治排斥法律的适用，认为只要有贤人存在，国家就可以安定。荀子的“礼治”并不反对“法治”，其本意在于重视人在立法、司法过程中的主导作用，通过人的道德修养来弥补法律的不足和漏洞，进而从根本上实现国家治理的目标。

在礼法关系上，首先，荀子首次将“礼法”作为一个概念范畴加以论述，“学也者，礼法也”。“是百王之所同也，而礼法之大分也。”“是百王之所同也，而礼法之枢要也”。其次，荀子提出礼法并用，隆礼重法，是法与礼的一般关系。一方面，其继承孔子关于礼的主张，认为礼是根本、是原则；另一方面，承认法的重要作用。最后，荀子主张礼法融合，提出“隆礼义至法则国有常”的观点。法与礼都是社会规范，荀子注意到礼法各自的优点和局限性，以礼制法，引法入礼，礼法融合，是荀子对孔孟礼学的重要理论推进。荀子在批判法家思想的同时，大量吸收融合了法家思想，奠定了儒法合流的理论基础，对后世影响深远。

（一）《论语》

1. 礼的含义

孔子认为，礼包含“理”“体”“履”三种含义。这是孔子关于礼的基本观点，也是被学者引用最多的论述。

> 礼也者，理也。[1]
>
> 礼也者，犹体也。[2]

---

〔1〕《礼记·仲尼燕居》，见〔清〕阮元校刻：《十三经注疏·礼记注疏（四）》，方向东点校，中华书局2021年版，第2368页。

〔2〕《礼记·礼器第十》，见〔清〕阮元校刻：《十三经注疏·礼记注疏（二）》，方向东点校，中华书局2021年版，第1293页。

言而履之，礼也。[1]

礼者，履此者也。[2]

有些论述并非直接关于礼的定义，而是通过“履”“践履”而体现礼的意义，如：

子曰：“夏礼吾能言之，杞不足征也。殷礼吾能言之，宋不足征也。文献不足故也，足，则吾能征之矣。”[3]

2. 礼的本质

林放问礼之本。子曰：“大哉问！礼，与其奢也，宁俭。丧，与其易也，宁戚。”[4]

孔子对林放“什么是礼之本”的问题，没有直接说明其含义。

孟懿子问孝。子曰：“无违。”樊迟御，子告之曰：“孟孙问孝于我，我对曰‘无违’。”樊迟曰：“何谓也？”子曰：“生，事之以礼；死，葬之以礼，祭之以礼。”[5]

祭如在，祭神如神在。子曰：“吾不与祭，如

〔1〕《礼记·仲尼燕居》，见〔清〕阮元校刻：《十三经注疏·礼记注疏（四）》，方向东点校，中华书局2021年版，第2374页。

〔2〕《礼记·祭义》，见〔清〕阮元校刻：《十三经注疏·礼记注疏（四）》，方向东点校，中华书局2021年版，第2280页。

〔3〕《论语·八佾第三》，见〔清〕阮元校刻：《十三经注疏·论语注疏》，方向东点校，中华书局2021年版，第76页。

〔4〕《论语·八佾第三》，见〔清〕阮元校刻：《十三经注疏·论语注疏》，方向东点校，中华书局2021年版，第71页。

〔5〕《论语·为政第二》，见〔清〕阮元校刻：《十三经注疏·论语注疏》，方向东点校，中华书局2021年版，第47页。

不祭。”[1]

祭祀应以真诚为本，表达孝敬之心。

子曰：“礼云礼云，玉帛云乎哉？乐云乐云，钟鼓云乎哉？”[2]

玉帛、钟鼓只是践行礼的器物，礼之本在于礼的精神，不在器物。

3. 仁、义、礼的关系

《论语》中“仁”出现106次，“义”出现22次，“礼”出现75次，仁、义、礼三者关系是孔子礼学的重要内容。三者关系众说纷纭，莫衷一是。一说礼为仁之用，仁为礼之原、礼之体。[3]

（1）仁。孔子谓仁，也有视人如己之意。孔子没有说仁是什么，而是强调在实践中体会仁的意义——“践仁”。

夫仁者，己欲立而立人，己欲达而达人。能近取譬，可谓仁之方也已。[4]

（2）礼为仁之用，仁为礼之体。礼以仁为基础，礼是成仁的标准。治理国家如不能坚守仁德，则人民就不会尊敬和服从。

子曰：“人而不仁，如礼何？人而不仁，如

[1]《论语·八佾第三》，见〔清〕阮元校刻：《十三经注疏·论语注疏》，方向东点校，中华书局2021年版，第79页。

[2]《论语·阳货第十七》，见〔清〕阮元校刻：《十三经注疏·论语注疏》，方向东点校，中华书局2021年版，第425页。

[3] 参见陈飞龙：《孔孟荀礼学研究》，文史哲出版社2009年版，第39页。

[4]《论语·雍也》，见〔清〕阮元校刻：《十三经注疏·论语注疏》，方向东点校，中华书局2021年版，第160页。

乐何？”[1]

颜渊问仁。子曰：“克己复礼为仁。一日克己复礼，天下归仁焉。为仁由己，而由人乎哉！”颜渊曰：“请问其目。”子曰：“非礼勿视，非礼勿听，非礼勿言，非礼勿动。”[2]

子曰：“知及之，仁不能守之，虽得之，必失之。知及之，仁能守之，不庄以莅之，则民不敬。知及之，仁能守之，庄以莅之，动之不以礼，未善也。”[3]

（3）仁与义：杀身成仁，舍生取义。能行义者必成仁，义为分辨是非的标准；好人与恶人，就是以是否见利忘义为分辨标准。

子曰：“唯仁者能好人，能恶人。”子曰：“苟志于仁矣，无恶也。”[4]

志士仁人，无求生以害人，有杀身以成仁。[5]

（4）礼、义关系。义，宜也。《礼记·礼运》论述人的十义，所谓修十义，尚辞让，去争夺，需按照礼来实践。按照礼来实践义，

---

〔1〕《论语·八佾》，见〔清〕阮元校刻：《十三经注疏·论语注疏》，方向东点校，中华书局2021年版，第71页。

〔2〕《论语·颜渊》，见〔清〕阮元校刻：《十三经注疏·论语注疏》，方向东点校，中华书局2021年版，第287页。

〔3〕《论语·卫灵公》，见〔清〕阮元校刻：《十三经注疏·论语注疏》，方向东点校，中华书局2021年版，第390页。

〔4〕《论语·里仁》，见〔清〕阮元校刻：《十三经注疏·论语注疏》，方向东点校，中华书局2021年版，第101页。

〔5〕《论语·卫灵公》，见〔清〕阮元校刻：《十三经注疏·论语注疏》，方向东点校，中华书局2021年版，第378页。

人和人才能形成最适宜的关系。

> 上好礼则民莫敢不敬，上好义则民莫敢不服，上好信则民莫敢不用情。[1]

> 子曰："君子义以为质，礼以行之，孙以出之，信以成之，君子哉！"[2]

孔子认为，治国为政必须依照礼来进行。此处的礼有"义"的内涵，君主与臣民之间的关系以礼来规范，守礼也是守义。[3]

> 子曰："恭而无礼则劳，慎而无礼则葸，勇而无礼则乱，直而无礼则绞。"[4]

> 子路曰："君子尚勇乎？"子曰："君子义为上，君子有勇而无义为乱，小人有勇而无义为盗。"[5]

4. 敬、让、恭、俭、和

礼是规范社会关系的准则，关于施行礼的标准，孔子主张人与人的关系应该敬、让、恭、俭、和。其中，和谐是最可贵的。

（1）敬。施礼、行礼、践礼，要以虔敬之心而为之。

> 子曰："道千乘之国，敬事而信，节用而爱人，使民

---

〔1〕《论语·子路第十三》，见〔清〕阮元校刻：《十三经注疏·论语注疏》，方向东点校，中华书局 2021 年版，第 313 页。

〔2〕《论语·卫灵公第十五》，见〔清〕阮元校刻：《十三经注疏·论语注疏》，方向东点校，中华书局 2021 年版，第 384 页。

〔3〕 参见陈飞龙：《孔孟荀礼学研究》，文史哲出版社 2009 年版，第 47 页。

〔4〕《论语·泰伯第八》，见〔清〕阮元校刻：《十三经注疏·论语注疏》，方向东点校，中华书局 2021 年版，第 192 页。

〔5〕《论语·阳货第十七》，见〔清〕阮元校刻：《十三经注疏·论语注疏》，方向东点校，中华书局 2021 年版，第 436 页。

以时。”[1]

子曰：“居上不宽，为礼不敬，临丧不哀，吾何以观之哉！”

子入太庙，每事问。或曰：“孰谓鄹人之子知礼乎？入太庙，每事问。”子闻之曰：“是礼也。”[2]

司马牛忧曰：“人皆有兄弟，我独亡。”子夏曰：“商闻之矣：死生有命，富贵在天。君子敬而无失，与人恭而有礼，四海之内，皆兄弟也。君子何患乎无兄弟也？”[3]

（2）让。无论是尧舜禅让的“为国礼让”，还是射礼的“三揖三让”，孔子论礼都主张知礼而谦卑，相互敬让，则没有纷争，社会和谐、国家安乐。

子曰：“君子无所争。必也射乎！揖让而升，下而饮。其争也君子。”[4]

子曰：“能以礼让为国乎？何有？不能以礼让为国，如礼何？”[5]

（3）恭、敬。恭，敬也。恭与礼非常近，可使人远离耻辱，谦

---

〔1〕《论语·学而第一》，见〔清〕阮元校刻：《十三经注疏·论语注疏》，方向东点校，中华书局2021年版，第27页。

〔2〕《论语·八佾第三》，见〔清〕阮元校刻：《十三经注疏·论语注疏》，方向东点校，中华书局2021年版，第97页。

〔3〕《论语·颜渊第十二》，见〔清〕阮元校刻：《十三经注疏·论语注疏》，方向东点校，中华书局2021年版，第290页。

〔4〕《论语·八佾第三》，见〔清〕阮元校刻：《十三经注疏·论语注疏》，方向东点校，中华书局2021年版，第73页。

〔5〕《论语·里仁第四》，见〔清〕阮元校刻：《十三经注疏·论语注疏》，方向东点校，中华书局2021年版，第106页。

恭待人也是礼的主要精神。

有子曰："信近于义，言可复也。恭近于礼，远耻辱也。因不失其亲，亦可宗也。"[1]

子路问君子。子曰："修己以敬。"[2]

（4）俭。俭，节俭，约也。与其奢侈排场不如节俭，这也是践行礼的精神。

林放问礼之本，子曰："大哉问！礼，与其奢也，宁俭。丧，与其易也，宁戚。"[3]

（5）和。和，本义指声音相应和，引申为和谐、平和。施行礼或践礼，最为可贵的就是追求和谐。

有子曰："礼之用，和为贵。先王之道，斯为美。小大由之，有所不行。知和而和，不以礼节之，亦不可行也。"[4]

5. 礼的作用

（1）规范行为。博学经典，用礼约束行为，就不会离经叛道。

子曰："君子博学于文，约之以礼，亦可以弗畔

〔1〕《论语·学而第一》，见〔清〕阮元校刻：《十三经注疏·论语注疏》，方向东点校，中华书局2021年版，第37页。

〔2〕《论语·宪问第十四》，见〔清〕阮元校刻：《十三经注疏·论语注疏》，方向东点校，中华书局2021年版，第367页。

〔3〕《论语·八佾第三》，见〔清〕阮元校刻：《十三经注疏·论语注疏》，方向东点校，中华书局2021年版，第71页。

〔4〕《论语·学而第一》，见〔清〕阮元校刻：《十三经注疏·论语注疏》，方向东点校，中华书局2021年版，第36页。

矣夫！”[1]

颜渊喟然叹曰：“仰之弥高，钻之弥坚。瞻之在前，忽焉在后。夫子循循然善诱人。博我以文，约我以礼，欲罢不能。既竭吾才，如有所立卓尔，虽欲从之，末由也已。”[2]

（2）界定等级名分。古代舞蹈奏乐，八人一行谓之一佾，八佾就是八行。八佾之乐为天子之乐，诸侯为六佾，大夫为四佾，不能僭越。礼具有确立尊卑等级名分的作用，僭越违礼行为破坏尊卑等级名分，即名不正，言不顺，事不成，而致礼乐不能彰显，刑罚适用不当，人民因畏惧刑罚而不知所措。

孔子谓季氏，“八佾舞于庭，是可忍也，孰不可忍也？”

“三家者以雍彻。子曰：‘相维辟公，天子穆穆。’奚取于三家之堂？”[3]

子路曰：“卫君待子而为政，子将奚先？”子曰：“必也正名乎！”子路曰：“有是哉，子之迂也！奚其正？”子曰：“野哉，由也！君子于其所不知，盖阙如也。名不正则言不顺，言不顺则事不成，事不成则礼乐不兴，礼乐不兴则刑罚不中，刑罚不中则民无所错手足。故君子名之必可言也，言之必可行也。君子于其言，无所苟而

〔1〕《论语·雍也第六》，见〔清〕阮元校刻：《十三经注疏·论语注疏》，方向东点校，中华书局2021年版，第158页。

〔2〕《论语·子罕第九》，见〔清〕阮元校刻：《十三经注疏·论语注疏》，方向东点校，中华书局2021年版，第218页。

〔3〕《论语·八佾第三》，见〔清〕阮元校刻：《十三经注疏·论语注疏》，方向东点校，中华书局2021年版，第68—69页。

已矣。”[1]

（3）修身立世。人要提高自身修养，依礼行事，处理社会关系。谦恭敬让，贫不卑微，富不骄傲，社会就会平安和谐。

子贡曰：“贫而无谄，富而无骄，如何？”子曰：“可也。未若贫而乐，富而好礼者也。”[2]

子曰：“兴于诗，立于礼，成于乐。”[3]

陈亢问于伯鱼曰：“子亦有异闻乎？”对曰：“未也。尝独立，鲤趋而过庭。曰：‘学《诗》乎？’对曰：‘未也。’‘不学《诗》，无以言。’鲤退而学《诗》。他日，又独立，鲤趋而过庭。曰：‘学礼乎？’对曰：‘未也。’‘不学礼，无以立。’鲤退而学礼。闻斯二者。”陈亢退而喜曰：“问一得三，闻《诗》，闻《礼》，又闻君子之远其子也。”[4]

孔子曰：“不知命，无以为君子也。不知礼，无以立也。不知言，无以知人也。”[5]

（4）以礼治国。治理国家，必须依照礼法，这样民众才能服从；

---

〔1〕《论语·子路第十三》，见〔清〕阮元校刻：《十三经注疏·论语注疏》，方向东点校，中华书局2021年版，第310—311页。

〔2〕《论语·学而第一》，见〔清〕阮元校刻：《十三经注疏·论语注疏》，方向东点校，中华书局2021年版，第39页。

〔3〕《论语·泰伯第八》，见〔清〕阮元校刻：《十三经注疏·论语注疏》，方向东点校，中华书局2021年版，第197页。

〔4〕《论语·季氏第十六》，见〔清〕阮元校刻：《十三经注疏·论语注疏》，方向东点校，中华书局2021年版，第412页。

〔5〕《论语·尧曰二十》，见〔清〕阮元校刻：《十三经注疏·论语注疏》，方向东点校，中华书局2021年版，第484页。

治国也应礼让，如果上下礼让，则治国有何难?

> 子曰："能以礼让为国乎？何有？不能以礼让为国，如礼何？"[1]

> 子曰："事君尽礼，人以为谄也。"
>
> 定公问："君使臣，臣事君，如之何？"孔子对曰："君使臣以礼，臣事君以忠。"[2]

> 曰："为国以礼，其言不让，是故哂之。"[3]

> 子曰："上好礼，则民易使也。"[4]

6. 礼法关系

依照德礼来治理国家，人民就会有羞耻之心，人心就会归顺服从；用政治权术治理人民，用刑罚约束人民，人民就没有羞耻心，只求免于刑罚。这是孔子关于法与礼关系的基本看法，其强调以礼治国的基本思想。"道"，即导、指导。"政"，指政治法令。"齐"，指调整规范使其整齐划一。"格"，有来、至、正、恪、敬等意。

> 子曰："为政以德，譬如北辰，居其所而众星共之。"
>
> …………

---

〔1〕《论语·里仁第四》，见〔清〕阮元校刻：《十三经注疏·论语注疏》，方向东点校，中华书局2021年版，第106页。

〔2〕《论语·八佾第三》，见〔清〕阮元校刻：《十三经注疏·论语注疏》，方向东点校，中华书局2021年版，第88—89页。

〔3〕《论语·先进第十一》，见〔清〕阮元校刻：《十三经注疏·论语注疏》，方向东点校，中华书局2021年版，第280页。

〔4〕《论语·宪问第十四》，见〔清〕阮元校刻：《十三经注疏·论语注疏》，方向东点校，中华书局2021年版，第367页。

子曰："道之以政，齐之以刑，民免而无耻。道之以德，齐之以礼，有耻且格。"[1]

子曰："夫民，教之以德，齐之以礼，则民有格心；教之以政，齐之以刑，则民有遁心。"[2]

（二）《孟子》

《孟子》中"礼"字出现67次，孟子思想与孔子思想一脉相承。

1. 性善论

《孟子》中关于人性本质的论说，回答了孔子学说的"仁""义"问题，从而推动儒家理论的发展。

（1）人性善。善是人的本性，就如同水向下流一样平常。

孟子曰："水信无分于东西，无分于上下乎？人性之善也，犹水之就下也。人无有不善，水无有不下。"[3]

孟子不仅把"心"限定在善良和道德范围内，而且认为这个"心"是人人固有的。

恻隐之心，人皆有之；羞恶之心，人皆有之；恭敬之心，人皆有之；是非之心，人皆有之。恻隐之心，仁也；羞恶之心，义也；恭敬之心，礼也；是非之心，智也。仁义礼

---

〔1〕《论语·为政第二》，见〔清〕阮元校刻：《十三经注疏·论语注疏》，方向东点校，中华书局2021年版，第43、第45页。

〔2〕《礼记·缁衣三十三》，见〔清〕阮元校刻：《十三经注疏·礼记注疏（四）》，方向东点校，中华书局2021年版，第2556页。

〔3〕《孟子·告子上》，见〔清〕阮元校刻：《十三经注疏·孟子注疏》，方向东点校，中华书局2021年版，第506页。

智，非由外铄我也，我固有之也，弗思耳矣。故曰求则得之，舍则失之。[1]

（2）性善是人和动物的根本区别。人与禽兽相异的地方很少，庶民把这些相异的地方丢掉了，只有君子保存住了。这里保存的，便是“性善”。

孟子曰：“人之所以异于禽兽者几希，庶民去之，君子存之。”[2]

孟子认为，性善是人的本质属性，性善的内容就是人生而具有仁义礼智“四心”。

人之有道也，饱食、暖衣、逸居而无教，则近于禽兽。[3]

君子所性，仁、义、礼、智根于心，其生色也睟然，见于面，盎于背，施于四体，四体不言而喻。[4]

（3）人善性体现为恻隐、羞恶、辞让和是非“四心”。“四心”即仁、义、礼、智这“四端”，孟子又称之为“不忍人之心”。孟子认为，“四心”或仁义礼智“四端”犹如人的身体，是人本来就有的。

恻隐之心，人之端也；羞恶之心，义之端也；辞让之

---

〔1〕《孟子·告子上》，见〔清〕阮元校刻：《十三经注疏·孟子注疏》，方向东点校，中华书局2021年版，第515页。

〔2〕《孟子·离娄下》，见〔清〕阮元校刻：《十三经注疏·孟子注疏》，方向东点校，中华书局2021年版，第389页。

〔3〕《孟子·滕文公上》，见〔清〕阮元校刻：《十三经注疏》，方向东点校，中华书局2021年版，第256页。

〔4〕《孟子·尽心上》，见〔清〕阮元校刻：《十三经注疏》，方向东点校，中华书局2021年版，第621—622页。

心，礼之端也；是非之心，智之端也。人之有是四端也，犹其有四体也。[1]

2. 礼的实质

孟子认为礼的实质，是“节”和“文”。

仁之实，事亲是也。义之实，从兄是也。智之实，知斯二者弗去是也。礼之实，节文斯二者是也。[2]

礼的主要含义是适当的“节制”。所谓“适当”，是既不过分，也非不足。恪守“节”“文”，言谈举止符合“礼”的要求。

3. 礼的功能

（1）界分等级。

万章曰：“士之不托诸侯，何也？”孟子曰：“不敢也。诸侯失国而后托于诸侯，礼也。士之托于诸侯，非礼也。”

万章曰：“敢问不见诸侯，何义也？”孟子曰：“在国曰市井之臣，在野曰草莽之臣，皆谓庶人。庶人不传质为臣，不敢见于诸侯，礼也。”[3]

〔1〕《孟子·公孙丑上》，见〔清〕阮元校刻：《十三经注疏》，方向东点校，中华书局2021年版，第172页。

〔2〕《孟子·离娄上》，见〔清〕阮元校刻：《十三经注疏·孟子注疏》，方向东点校，中华书局2021年版，第366页。

〔3〕《孟子·万章下》，见〔清〕阮元校刻：《十三经注疏·孟子注疏》，方向东点校，中华书局2021年版，第488、492页。

（2）规范行为。

孔子进以礼，退以义。〔1〕

孔子为官之进退，皆以礼义为衡量标准。

陈子曰：“古之君子何如则仕？”孟子曰：“所就三，所去三。迎之致敬以有礼，言将行其言也，则就之；礼貌未衰，言弗行也，则去之。其次，虽未行其言也，迎之致敬以有礼，则就之；礼貌衰，则去之。”〔2〕

关于生与死的选择，以礼义为标准，舍生取义是为礼。

孟子曰：“鱼，我所欲也，熊掌亦我所欲也；二者不可得兼，舍鱼而取熊掌者也。生亦我所欲也，义亦我所欲也；二者不可得兼，舍生而取义者也。生亦我所欲，所欲有甚于生者，故不为苟得也；死亦我所恶，所恶有甚于死者，故患有所不辟也。也使人之所欲莫甚于生，则凡可以得生者，何不用也？使人之所恶莫甚于死者，则凡可以辟患者，何不为也？”……由是则生而有不用也，由是则可以辟患而有不为也，是故所欲有甚于生者，所恶有甚于死者。非独贤者有是心也，人皆有之，贤者能勿丧耳。一箪食，一豆羹，得之则生，弗得则死。嘑尔而与之，行道之人弗受；蹴尔而与之，乞人不屑也。万钟则不辨礼义而受之，万钟于我何加焉？为宫室之美、妻妾之奉、所识穷乏

〔1〕《孟子·万章上》，见〔清〕阮元校刻：《十三经注疏·孟子注疏》，方向东点校，中华书局2021年版，第453页。

〔2〕《孟子·告子下》，见〔清〕阮元校刻：《十三经注疏·孟子注疏》，方向东点校，中华书局2021年版，第590—591页。

者得我与？[1]

饮食、男女之欲，是人之常情，应作出合礼的选择。

任人有问屋庐子曰："礼与食孰重？"曰："礼重。""色与礼孰重？"曰："礼重。"曰："以礼食则饥而死，不以礼食则得食，必以礼乎？亲迎则不得妻，不亲迎则得妻，必亲迎乎！"……孟子曰："……不揣其本，而齐其末，方寸之木，可使高于岑楼；金重于羽者，岂谓一钩金与一舆羽之谓哉？取食之重者与礼之轻者而比之，奚翅食重？取色之重者与礼之轻者而比之，奚翅色重？"往应之曰："紾兄之臂而夺之食则得食，不紾则不得食，则将紾之乎？逾东家墙而搂其处子则得妻，不搂则不得妻，则将搂之乎？"[2]

淳于髡曰："男女授受不亲，礼与？"孟子曰："礼也。"曰："嫂溺，则援之以手乎？"曰："嫂溺不援，是豺狼也。男女授受不亲，礼也。嫂溺援之以手者，权也。"[3]

（3）以礼治国。

故曰：城郭不完，兵甲不多，非国之灾也；田野不辟，货财不聚，非国之害也；上无礼，下无学，贼民兴，丧无

〔1〕《孟子·告子上》，见〔清〕阮元校刻：《十三经注疏·孟子注疏》，方向东点校，中华书局2021年版，第528—529页。

〔2〕《孟子·告子下》，见〔清〕阮元校刻：《十三经注疏·孟子注疏》，方向东点校，中华书局2021年版，第548页。

〔3〕《孟子·离娄上》，见〔清〕阮元校刻：《十三经注疏·孟子注疏》，方向东点校，中华书局2021年版，第355页。

日矣。[1]

孟子曰："人有恒言，皆曰'天下国家'。天下之本在国，国之本在家，家之本在身。"[2]

孟子曰："规矩，方圆之至也。圣人，人伦之至也。欲为君，尽君道，欲为臣，尽臣道。二者皆法尧、舜而已矣。不以舜之所以事尧事君，不敬其君者也。不以尧之所以治民治民，贼其民者也。孔子曰：'道二，仁与不仁而已矣。'暴其民甚，则身弑国亡；不甚，则身危国削，名之曰'幽'、'厉'，虽孝子慈孙，百世不能改也。《诗》云'殷鉴不远，在夏后之世'，此之谓也。"[3]

孟子曰："三代之得天下也以仁，其失天下也以不仁，国之所以废兴存亡者亦然。天子不仁，不保四海；诸侯不仁，不保社稷；卿、大夫不仁，不保宗庙；士、庶人不仁，不保四体。今恶死亡而乐不仁，是由恶醉而强酒。"[4]

孟子曰："为政不难，不得罪于巨室。巨室之所慕，一国慕之；一国之所慕，天下慕之；故沛然德教溢乎四海。"[5]

---

〔1〕《孟子·离娄上》，见〔清〕阮元校刻：《十三经注疏·孟子注疏》，方向东点校，中华书局2021年版，第324页。

〔2〕《孟子·离娄上》，见〔清〕阮元校刻：《十三经注疏·孟子注疏》，方向东点校，中华书局2021年版，第335页。

〔3〕《孟子·离娄上》，见〔清〕阮元校刻：《十三经注疏·孟子注疏》，方向东点校，中华书局2021年版，第330—331页。

〔4〕《孟子·离娄上》，见〔清〕阮元校刻：《十三经注疏·孟子注疏》，方向东点校，中华书局2021年版，第333页。

〔5〕《孟子·离娄上》，见〔清〕阮元校刻：《十三经注疏·孟子注疏》，方向东点校，中华书局2021年版，第336页。

孟子曰："天下有道，小德役大德，小贤役大贤。天下无道，小役大，弱役强。斯二者，天也。顺天者存，逆天者亡。"[1]

孟子曰："不仁者可与言哉？安其危而利其菑，乐其所以亡者。不仁而可与言，则何亡国败家之有？"[2]

孟子曰："人不足与适也，政不足与间也。惟大人为能格君心之非。君仁莫不仁，君义莫不义，君正莫不正。一正君而国定矣。"[3]

孟子民贵君轻的思想对后世影响深远，对辛亥革命影响巨大。[4]

孟子曰："民为贵，社稷次之，君为轻。是故得乎丘民而为天子，得乎天子为诸侯，得乎诸侯为大夫。"[5]

如若君不具备圣人的道德条件，人民在道德上就有革命的权利。

曰："臣弑其君，可乎？"曰："贼仁者谓之贼，贼义者谓之残，残贼之人，谓之一夫。闻诛一夫纣矣，未闻弑

---

〔1〕《孟子·离娄上》，见〔清〕阮元校刻：《十三经注疏·孟子注疏》，方向东点校，中华书局2021年版，第337—338页。

〔2〕《孟子·离娄上》，见〔清〕阮元校刻：《十三经注疏·孟子注疏》，方向东点校，中华书局2021年版，第341页。

〔3〕《孟子·离娄上》，见〔清〕阮元校刻：《十三经注疏·孟子注疏》，方向东点校，中华书局2021年版，第360页。

〔4〕冯友兰：《中国哲学简史》，涂又光译，北京大学出版社2013年版，第74页。

〔5〕《孟子·尽心下》，见〔清〕阮元校刻：《十三经注疏·孟子注疏》，方向东点校，中华书局2021年版，第668页。

君也。”[1]

4. 礼与仁、义的关系

《孟子》言“仁”157次，言“义”108次。“孔子成仁，孟子取义。”

(1) 礼与仁。

孟子曰：“爱人不亲，反其仁；治人不治，反其智；礼人不答，反其敬。行有不得者，皆反求诸己，其身正而天下归之。”[2]

孟子曰：“君子所以异于人者，以其存心也。君子以仁存心，以礼存心。仁者爱人，有礼者敬人。爱人者，人常爱之。敬人者，人常敬之。有人于此，其待我以横逆，则君子必自反也：‘我必不仁也，必无礼也，此物奚宜至哉？’其自反而仁矣，自反而有礼矣，其横逆由是也，君子必自反也：‘我必不忠。’自反而忠矣，其横逆由是也，君子曰：‘此亦妄人也已矣。如此，则与禽兽奚择哉？于禽兽又何难焉？’……非仁无为也，非礼无行也。如有一朝之患，则君子不患矣。”[3]

孟子曰：“自暴者，不可与有言也；自弃者，不可与有为也。言非礼义，谓之自暴也；吾身不能居仁由义，谓之

---

〔1〕《孟子·梁惠王下》，见〔清〕阮元校刻：《十三经注疏·孟子注疏》，方向东点校，中华书局2021年版，第106页。

〔2〕《孟子·离娄上》，见〔清〕阮元校刻：《十三经注疏·孟子注疏》，方向东点校，中华书局2021年版，第334页。

〔3〕《孟子·离娄下》，见〔清〕阮元校刻：《十三经注疏·孟子注疏》，方向东点校，中华书局2021年版，第405—406页。

自弃也。仁，人之安宅也；义，人之正路也。旷安宅而弗居，舍正路而不由，哀哉！”〔1〕

孟子曰：“仁之实，事亲是也。义之实，从兄是也。智之实，知斯二者弗去是也。礼之实，节文斯二者是也。”〔2〕

（2）礼与义。《孟子》一书，礼义并举多处。

孟子曰：不仁不智，无礼无义，人役也。〔3〕

事君无义，进退无礼，言则非先王之道者，犹沓沓也。〔4〕

非礼之礼，非义之义，大人弗为。〔5〕

孟子认为，孔子做官，得不得官位，是命中注定。其目的在于践礼行道的抱负和理想。

孟子曰：“孔子进以礼，退以义，得知不得曰‘有命。’”〔6〕

---

〔1〕《孟子·离娄上》，见〔清〕阮元校刻：《十三经注疏·孟子注疏》，方向东点校，中华书局2021年版，第347页。

〔2〕《孟子·离娄上》，见〔清〕阮元校刻：《十三经注疏·孟子注疏》，方向东点校，中华书局2021年版，第366页。

〔3〕《孟子·公孙丑上》，见〔清〕阮元校刻：《十三经注疏·孟子注疏》，方向东点校，中华书局2021年版，第175页。

〔4〕《孟子·离娄上》，见〔清〕阮元校刻：《十三经注疏·孟子注疏》，方向东点校，中华书局2021年版，第324页。

〔5〕《孟子·离娄下》，见〔清〕阮元校刻：《十三经注疏·孟子注疏》，方向东点校，中华书局2021年版，第379页。

〔6〕《孟子·万章上》，见〔清〕阮元校刻：《十三经注疏·孟子注疏》，方向东点校，中华书局2021年版，第453页。

> 夫义，路也；礼，门也。惟君子能由是路，出入是门也。[1]

礼义二者关系密切，义为路，礼为门，合乎礼义的行为，是与人交往的门路。礼义连用，关系密切，可视为一体。

> 是故明君制民之产，必使仰足以事父母，俯足以畜妻子，乐岁终身饱，凶年免于死亡。……此惟救死而恐不赡，奚暇治礼义哉？[2]

> 孟子曰："自暴者，不可与有言也；自弃者，不可与有为也。言非礼义，谓之自暴也；吾身不能居仁由义，谓之自弃也。仁，人之安宅也。义，人之正路也。旷安宅而弗居，舍正路而不由，哀哉！"[3]

> 仁，人心也；义，人路也。舍其路而弗由，放其心而不知求，哀哉！[4]

> 不信仁贤，则国空虚；无礼义，则上下乱；无政事，则财用不足。[5]

---

〔1〕《孟子·万章下》，见〔清〕阮元校刻：《十三经注疏·孟子注疏》，方向东点校，中华书局2021年版，第494页。

〔2〕《孟子·梁惠王上》，见〔清〕阮元校刻：《十三经注疏·孟子注疏》，方向东点校，中华书局2021年版，第54—55页。

〔3〕《孟子·离娄上》，见〔清〕阮元校刻：《十三经注疏·孟子注疏》，方向东点校，中华书局2021年版，第347页。

〔4〕《孟子·告子上》，见〔清〕阮元校刻：《十三经注疏·孟子注疏》，方向东点校，中华书局2021年版，第532页。

〔5〕《孟子·尽心下》，见〔清〕阮元校刻：《十三经注疏·孟子注疏》，方向东点校，中华书局2021年版，第667页。

5. 法与礼的关系

孟子曰："离娄之明，公输子之巧，不以规矩，不能成方圆。师旷之聪，不以六律，不能正五音。尧、舜之道，不以仁政，不能平治天下。今有仁心仁闻而民不被其泽、不可法于后世者，不行先王之道也。故曰，徒善不足以为政，徒法不能以自行。诗云：'不愆不忘，率由旧章。'遵先王之法而过者，未之有也。"圣人既竭目力焉，继之以规矩准绳，以为方圆平直，不可胜用也；既竭耳力焉，继之以六律正五音，不可胜用也；既竭心思焉，继之以不忍人之政，而仁覆天下矣。故曰：为高必因丘陵，为下必因川泽，为政不因先王之道，可谓智乎？是以惟仁者宜在高位。不仁而在高位，是播其恶于众也。上无道揆也，下无法守也，朝不信道，工不信度，君子犯义，小人犯刑，国之所存者幸也。故曰：城郭不完，兵甲不多，非国之灾也；田野不辟，货财不聚，非国之害也。上无礼，下无学，贼民兴，丧无日矣。[1]

孟子曰："求也为季氏宰，无能改于其德，而赋粟倍他日。孔子曰：'求非我徒也，小子鸣鼓而攻之可也。'由此观之，君不行仁政而富之，皆弃于孔子者也，况于为之强战？争地以战，杀人盈野；争城以战，杀人盈城，此所谓率土地而食人肉，罪不容于死。故善战者服上刑，连诸侯者次之，辟草莱、任土地者次之。"[2]

---

〔1〕《孟子·离娄上》，见〔清〕阮元校刻：《十三经注疏·孟子注疏》，方向东点校，中华书局2021年版，第322—324页。

〔2〕《孟子·离娄上》，见〔清〕阮元校刻：《十三经注疏·孟子注疏》，方向东点校，中华书局2021年版，第352页。

（三）《荀子》

1. 性恶论

（1）“性”是人的本能。

人之性恶；其善者伪也。

…………

凡性者，天之就也，不可学，不可事。……不可学，不可事而在人者，谓之性；可学而能、可事而成之在人者，谓之伪。[1]

故曰：性者，本始材朴也。伪者，文理隆盛也。[2]

性之和所生，精合感应，不事而自然谓之性。[3]

（2）无论君子小人，人性之恶都是一样的。

今人之性，生而有好利焉，顺是，故争夺生而辞让亡焉；生而有疾恶焉，顺是，故残贼生而忠信亡焉；生而有耳目之欲有好声色焉，顺是，故淫乱生而礼义文理亡焉。然则从人之性，顺人之情，必出于争夺，合于犯分乱理而归于暴。故必将有师法之化，礼义之道，然后出于辞让，合于文理，而归于治。用此观之，然则人之性恶明矣，其善者伪也。

…………

今人之性，生而离其朴，离其资，必失而丧之。

今人之性，饥而欲饱，寒而欲暖，劳而欲休，此人之

〔1〕《荀子·性恶》，见梁启雄：《荀子简释》，中华书局1983年版，第327、328页。

〔2〕《荀子·礼论》，见梁启雄：《荀子简释》，中华书局1983年版，第266页。

〔3〕《荀子·正名》，见梁启雄：《荀子简释》，中华书局1983年版，第309—310页。

情性也。

凡人之性者，尧舜之与桀跖，其性一也；君子之与小人，其性一也。[1]

（3）人性之恶可转为善，是礼法规范和约束人性恶的基础。

故涂之人可以为禹，则然；涂之人能为禹，未必然也。虽不能为禹，无害可以为禹。足可以遍行天下，然而未尝有能遍行天下者也。夫工匠农贾，未尝不可以相为事也，然而未尝能相为事也。用此观之，然则可以为，未必能也；虽不能，无害可以为。然则能不能之与可不可，其不同远矣，其不可以相为明矣。[2]

2. 礼的起源

礼起源于对人的欲望的节制。《荀子》多篇论及人的各种欲望，认为欲望是人的本性，人之情也。

礼起于何也？曰：人生而有欲，欲而不得，则不能无求，求而无度量分界，则不能不争。争则乱，乱则穷。先王恶其乱也，故制礼义以分之，以养人之欲，给人之求。使欲必不穷乎物，物必不屈于欲，两者相持而长，是礼之所起也。[3]

饥而欲饱，寒而欲暖，劳而欲休。

…………

若夫目好色，耳好声，口好味，心好利，骨体肤理好

---

〔1〕《荀子·性恶》，见梁启雄：《荀子简释》，中华书局1983年版，第327、329、333页。

〔2〕《荀子·性恶》，见梁启雄：《荀子简释》，中华书局1983年版，第335页。

〔3〕《荀子·礼论》，见梁启雄：《荀子简释》，中华书局1983年版，第253页。

愉佚，是皆生于人之情性者也；感而自然，不待事而后生之者也。[1]

凡语治而待去欲者，无以道欲而困于有欲者也。凡语治而待寡欲者，无以节欲而困于多欲者也。有欲无欲，异类也，生死也，非治乱也。欲之多寡，异类也，情之数也，非治乱也。

性者，天之就也；情者，性之质也；欲者，情之应也。以所欲为可得而求之；情之所必不免也。以为可而道之，知所必出也。故虽为守门，欲不可去；性之具也，虽为天子，欲不可尽。欲虽不可尽，可以近尽也；欲虽不可去，求可节也。所欲虽不可尽，求者犹近尽；虽欲不可取，所求不得，虑者欲节求也。[2]

3. 以礼制欲的途径

（1）节。礼是节的标准，即使有仁义，也需以礼加以节制。

故先王圣人安为之立中制节，一使足以成文理，则舍之矣。[3]

足国之道，节用裕民，而善藏其余。节用以礼，裕民以政。[4]

仁，爱也，故亲；义，理也，故行；礼，节也，故成。[5]

---

〔1〕《荀子·性恶》，见梁启雄：《荀子简释》，中华书局1983年版，第329页。

〔2〕《荀子·正名》，见梁启雄：《荀子简释》，中华书局1983年版，第321—323页。

〔3〕《荀子·礼论》，见梁启雄：《荀子简释》，中华书局1983年版，第272页。

〔4〕《荀子·富国》，见梁启雄：《荀子简释》，中华书局1983年版，第119页。

〔5〕《荀子·大略》，见梁启雄：《荀子简释》，中华书局1983年版，第367页。

程者，物之准也；礼者，节之准也。程以立数，礼以定伦；德以叙位，能以授官。[1]

夫义者，内节于人而外节于万物者也；上安于主而下调于民者也；内外上下节者，义之情也。[2]

（2）中。

先王之道，仁之隆也，比中而行之。曷谓中？曰：礼义是也。[3]

（3）养。

先王恶其乱也，故制礼义以分之，以养人之欲，给人之求。使欲必不穷于物，物必不屈于欲。两者相持而长，是礼之所起也。

故礼者养也，刍豢稻粱，五味调香，所以养口也；椒兰芬苾，所以养鼻也；雕琢刻镂黼黻文章，所以养目也；钟鼓管磬琴瑟竽笙，所以养耳也；疏房檖貌越席床笫几筵，所以养体也。故礼者养也。

……故天子大路越席，所以养体也；侧载睪芷，所以养鼻也；前有错衡，所以养目也；和鸾之声，步中武象，趋中韶护，所以养耳也；龙旗九斿，所以养信也；寝兕，持虎，蛟䩮、丝末、弥龙，所以养威也；故大路之马必信至教顺然后乘之，所以养安也。[4]

---

〔1〕《荀子·致士》，见梁启雄：《荀子简释》，中华书局1983年版，第186页。
〔2〕《荀子·疆国》，见梁启雄：《荀子简释》，中华书局1983年版，第219页。
〔3〕《荀子·儒效》，见梁启雄：《荀子简释》，中华书局1983年版，第82页。
〔4〕《荀子·礼论》，见梁启雄：《荀子简释》，中华书局1983年版，第253—255页。

4. 礼的功能

（1）辨与分。“辨”不仅用于区分、贵贱、长幼、贫富，而且是治国之策。

故人之所以为人者，非特以其二足而无毛也，以其有辨也。……夫禽兽有父子而无父子之亲，有牝牡而无男女之别——故人道莫不有辨。

辨莫大于分，分莫大于礼，礼莫大于圣王。圣王有百，吾孰法焉？曰：文久而息，节族久而绝，守法数之有司极礼而褫。〔1〕

况夫先王之道，仁义之统，诗书礼乐之分乎！

夫贵为天子，富有天下，是人情之所同欲也；然则从人之欲，则埶不能容，物不能赡也。故先王案为之制礼义以分之，使有贵贱之等，长幼之差，知愚能不能之分，皆使人载其事而各得其宜。然后使慤禄多少厚薄之称，是夫群居和一之道也。〔2〕

礼者，治辨之极也，强固之本也，威行之道也，功名之总也，王公由之所以得天下也，不由所以陨社稷也。〔3〕

故上者下之本也，上宣明则下治辨矣，上端诚则下愿悫矣，上公正则下易直矣。〔4〕

出若入若，天下莫不平均，莫不治辨。是百王之所同

〔1〕《荀子·非相》，见梁启雄：《荀子简释》，中华书局 1983 年版，第 51—52 页。
〔2〕《荀子·荣辱》，见梁启雄：《荀子简释》，中华书局 1983 年版，第 44—45 页。
〔3〕《荀子·议兵》，见梁启雄：《荀子简释》，中华书局 1983 年版，第 202 页。
〔4〕《荀子·正论》，见梁启雄：《荀子简释》，中华书局 1983 年版，第 233 页。

也，而礼法之大分也。[1]

分均则不偏，埶齐则不壹，众齐则不使。有天有地而上下有差，明王始立而处国有制。夫两贵之不能相事，两贱之不能相使，是天数也。埶位齐，而欲恶同，物不能澹则必争。争则必乱，乱则穷矣。先王恶其乱也，故制礼义以分之，使有贫、富、贵、贱之等，足以相兼临者，是养天下之本也。《书》曰："维齐非齐。"此之谓也。[2]

（2）节饰人情。礼的功能在于持中，既不过分也无不及。

礼者，以财物为用，以贵贱为文，以多少为异，以隆杀为要。文理繁，情用省，是礼之隆也。文理省，情用繁，是礼之杀也。文理情用相为内外表里，并行而杂，是礼之中流也。故君子上致其隆，下尽其杀，而中处其中。

两情者，人生固有端焉。若夫断之继之，博之浅之，益之损之，类之尽之，盛之美之，使本末终始莫不顺比纯备，足以为万世则，则是礼也。[3]

凡礼，事生，饰欢也；送死，饰哀也；祭祀，饰敬也；师旅，饰威也。

三年之丧，何也？曰：称情而立文，因以饰群，别亲疏贵贱之节，而不可益损也。故曰：无适不易之术也。创巨者其日久，痛甚者其愈迟；三年之丧，称情而立文，所以为至痛极也。

礼之大凡，事生饰欢也，送死饰哀也，军旅施

---

〔1〕《荀子·王霸》，见梁启雄：《荀子简释》，中华书局1983年版，第147页。

〔2〕《荀子·王制》，见梁启雄：《荀子简释》，中华书局1983年版，第101—102页。

〔3〕《荀子·礼论》，见梁启雄：《荀子简释》，中华书局1983年版，第261、266、269、271页。

威也。[1]

（3）和谐统一。

夫贵为天子，富有天下，是人情之所同欲也；然则从人之欲，则執不能容，物不能赡也。故先王案为之制礼义以分之，使有贵贱之等，长幼之差，知愚能不能之分，皆使人載其事，而各得其宜。然后使悫禄多少厚薄之称，是夫群居和一之道也。

故仁人在上，则农以力尽田，贾以察尽财，百工以巧尽械器，士大夫以上至于公侯莫不以仁厚知能尽官职，夫是之谓至平。故或禄天下而不自以为多，或监门御旅，抱关击柝，而不自以为寡。故曰："斩而齐，枉而顺，不同而一。"夫是之谓人伦。[2]

离居不相待则穷，群而无分则争。穷者患也，争者祸也。救患除祸，则莫若明分使群矣。强胁弱也，知惧愚也，民下违上，少陵长，不以德为政；如是，则老弱有失养之忧，而壮者有分争之祸矣。事业所恶也，功利所好也，职业无分；如是，则人有树事之患，而有争功之祸矣。男女之合，夫妇之分，婚姻娉内送逆无礼；如是，则人有失合之忧，而有争色之祸矣。故知者为之分也。

人之生，不能无群；群而无分则争；争则乱，乱则穷矣。故无分者，人之大害也；有分者，天下之本利也；而人君者，所以管分之枢要也。故美之者，是美天下之本也；安之者，是安天下之本也；贵之者，是贵天下之本也。[3]

---

〔1〕《荀子·大略》，见梁启雄：《荀子简释》，中华书局 1983 年版，第 367 页。
〔2〕《荀子·荣辱》，见梁启雄：《荀子简释》，中华书局 1983 年版，第 44—45 页。
〔3〕《荀子·富国》，见梁启雄：《荀子简释》，中华书局 1983 年版，第 119、第 122 页。

5. 礼　教

（1）性与伪。“化性起伪”，荀子强调了礼义教化的重要性。

> 故圣人化性而起伪，伪起而生礼义，礼义生而制法度；然则礼义法度者，是圣人之所生也。[1]

> 故曰：性者，本始材朴也；伪者，文理隆盛也。无性则伪之无所加；无伪则性不能自美；性伪合，然后成圣人之名，一天下之功于是就也。[2]

（2）终于礼。荀子《劝学篇》集中讨论了礼教作为提升个人修养、成人成仁基本途径的重要价值。其中，学习“始乎诵经，终乎读礼”。“礼者，法之大分，类之纲纪也。故学至乎礼而止矣。夫是之谓道德之极。”《礼经》是道德修养的大纲要领，所以学习到《礼经》才算结束，才可以说达到道德修养的最高境界。

> 君子曰：学不可以已。青，取之于蓝，而青于蓝；冰，水为之，而寒于水。木直中绳，𫐓以为轮，其曲中规，虽有槁暴，不复挺者，𫐓使之然也。故木受绳则直，金就砺则利，君子博学而日参省乎己，则知明而行无过矣。
>
> 故不登高山，不知天之高也；不临深溪，不知地之厚也；不闻先王之遗言，不知学问之大也。
>
> 学恶乎始？恶乎终？曰：其数则始乎诵经，终乎读礼；其义则始乎为士，终乎为圣人。真积力久则入，学至乎没而后止也。故学数有终，若其义则不可须臾舍也。为之人也；舍之禽兽也。故书者，政事之纪也；诗者，中声之所止也；礼者，法之大分类之纲纪也。故学至乎礼而止矣。夫

---

〔1〕《荀子·性恶》，见梁启雄：《荀子简释》，中华书局1983年版，第330页。

〔2〕《荀子·礼论》，见梁启雄：《荀子简释》，中华书局1983年版，第266页。

是之谓道德之极。礼之敬文也，乐之中和也，诗书之博也，春秋之微也，在天地之间者毕矣。

学莫便乎近其人。礼乐法而不说，诗书故而不切，春秋约而不速。方其人之习君子之说，则尊以遍矣，周于世矣。故曰：学莫便乎近其人。〔1〕

（3）天德。荀子将仁义作为道德修养的核心内容，与孔子的追求是一致的。礼教的内容就是仁义的修养。

君子养心莫善于诚；致诚则无它事矣。惟仁之为守，惟义之为行。诚心守仁则形，形则神，神则能化矣。诚心行义则理，理则明，明则能变矣。变化代兴，谓之天德。〔2〕

6. 礼　治

荀子与孔子主张的礼治是一致的，君子之治就是礼义之治。

君子治治，非治乱也。曷谓邪？曰：礼义之谓治，非礼义之谓乱也。故君子者，治礼义者也，非治非礼义者也。然则国乱将弗治与？曰：国乱而治之者，非案乱而治之之谓也，去乱而被之以治。人污而修之者，非案污而修之之谓也，去污而易之以修。故去乱而非治乱也，去污而非修污也。治之为名，犹曰君子为治而不为乱，为修而不为污也。

…………

君子审后王之道，而论于百王之前，若端拜而议。推

〔1〕《荀子·劝学》，见梁启雄：《荀子简释》，中华书局1983年版，第1、第6页。
〔2〕《荀子·不苟》，见梁启雄：《荀子简释》，中华书局1983年版，第28页。

礼义之统，分是非之分，总天下之要，治海内之众，若使一人。[1]

国无礼则不正。礼之所以正国也，譬之犹衡之于轻重也，犹绳墨之于曲直也，犹规矩之于方圆也，既错之而人莫之能诬也。《诗》云："如霜雪之将将，如日月之光明；为之则存，不为则亡。"此之谓也。

无国而不有治法，无国而不有乱法；无国而不有贤士，无国而不有罢士；无国而不有愿民，无国而不有悍民；无国而不有美俗，无国而不有恶俗。两者并行而国在，上偏而国安，在下偏而国危；上一而王，下一而亡。故其法治，其佐贤，其民愿，其俗美，而四者齐，夫是之谓上一。……故百王之法不同，若是，所归者一也。[2]

百王之法，都是以礼为标准加以制定，这是礼法的关键所在。

上莫不致爱其下而制之以礼，上之于下如保赤子，政令制度，所以接下之人百姓有不理者如豪末，则虽孤独鳏寡必不加焉；故下之亲上欢如父母，可杀而不可使不顺，君臣上下，贵贱长幼，至于庶人，莫不以是为隆正；然后皆内自省以谨于分，是百王之所同也，而礼法之枢要也。[3]

在法治与人治之间，荀子认为"法者、治之端也；君子者、法之原也"，仍然强调人治优于法治，主张贤人政治。

---

〔1〕《荀子·不苟》，见梁启雄：《荀子简释》，中华书局1983年版，第28页。

〔2〕《荀子·王霸》，见梁启雄：《荀子简释》，中华书局1983年版，第148页。

〔3〕《荀子·王霸》，见梁启雄：《荀子简释》，中华书局1983年版，第144、第151—152页。

有乱君，无乱国；有治人，无治法，羿之法非亡也，而羿不世中；禹之法犹存，而夏不世王。故法不能独立，类不能自行；得其人则存，失其人则亡。法者，治之端也；君子者，法之原也。故有君子，则法虽省，足以遍矣；无君子，则法虽具，失先后之施，不能应事之变，足以乱矣。不知法之义而正法之数者，虽博临事必乱。〔1〕

7. 法与礼

（1）法与礼的一般关系。隆礼重法，是法与礼的一般关系。礼是根本、原则，法是措施和手段，应以礼制法。

国无礼则不正。礼之所以正国，譬之犹衡之于轻重也，犹绳墨之于曲直也，犹规矩之于方圆也，既错之而人莫之能诬也。〔2〕

故人无礼则不生，事无礼则不成，国家无礼则不宁。〔3〕

故非礼，是无法也。〔4〕

礼者，法之大分类之纲纪也。〔5〕

荀子也重视法的作用。

法者，治之端也。〔6〕

---

〔1〕《荀子·君道》，见梁启雄：《荀子简释》，中华书局 1983 年版，第 158 页。
〔2〕《荀子·王霸》，见梁启雄：《荀子简释》，中华书局 1983 年版，第 144 页。
〔3〕《荀子·修身》，见梁启雄：《荀子简释》，中华书局 1983 年版，第 15 页。
〔4〕《荀子·修身》，见梁启雄：《荀子简释》，中华书局 1983 年版，第 20 页。
〔5〕《荀子·劝学》，见梁启雄：《荀子简释》，中华书局 1983 年版，第 6 页。
〔6〕《荀子·君道》，见梁启雄：《荀子简释》，中华书局 1983 年版，第 158 页。

刑称罪则治，不称罪则乱。故治则刑重，乱则刑轻。[1]

好法而行，士也……人无法则伥伥然。有法而无志其义则渠渠然。依乎法而又深其类然后温温然。[2]

有法者以法行，无法者以类举，听之尽也。偏党而无经，听之辟也。故有良法而乱者，有之矣；有君子而乱者，自古及今，未尝闻也。《传》曰："治生乎君子，乱生乎小人。"此之谓也。[3]

怒不过夺，喜不过予，是法胜私也。[4]

则人固莫触罪，非独不用肉刑，亦不用象刑矣。以为人或触罪矣，而直轻其刑，然则是杀人者不死，伤人者不刑也；罪至重而刑至轻，庸人不知恶矣，乱莫大焉。凡刑人之本，禁暴恶恶，且征其未也。杀人者不死，而伤人者不刑，是谓惠暴而宽贼也，非恶恶也。[5]

礼是比法更为根本的原则，荀子主张王道，王道之法比霸道之法更高级，礼高于法。

君贤者其国治，君不能者其国乱；隆礼贵义者其国治，简礼贱义者其国乱……隆礼效功，上也；重禄贵节，次也；上功贱节，下也；是强强之凡也。[6]

---

〔1〕《荀子·正论》，见梁启雄：《荀子简释》，中华书局1983年版，第239页。
〔2〕《荀子·修身》，见梁启雄：《荀子简释》，中华书局1983年版，第21页。
〔3〕《荀子·王制》，见梁启雄：《荀子简释》，中华书局1983年版，第101页。
〔4〕《荀子·修身》，见梁启雄：《荀子简释》，中华书局1983年版，第23页。
〔5〕《荀子·正论》，见梁启雄：《荀子简释》，中华书局1983年版，第238页。
〔6〕《荀子·议兵》，见梁启雄：《荀子简释》，中华书局1983年版，第192—193页。

君人者，隆礼尊贤而王，重法爱民而霸，好利多诈而危。〔1〕

（2）法与礼的差异。法与礼都是社会规范，但实质上两者存在诸多差异，礼法的作用方式和成效也有所不同。礼的内容混合了道德、礼俗，讲究提升内在修养，侧重“防患于未然”。

与百姓均事业，齐功劳。若是则不威，不威则罚不行。赏不行，则贤者不可得而进也。罚不行则不肖者不可得而退也。贤者不可得而进也，不肖者不可得而退也，则能不能不可得而官也。

严刑罚，以戒其心；使天下生民之属，皆知己之所愿欲之举在是于也，故其赏行；皆知己之所畏恐之举在是也，故其罚威。赏行罚威，则贤者可得而进也，不肖者可得而退也，能不能可得而官也。〔2〕

礼者，所以正身也；师者，所以正礼也。无礼何以正身，无师吾安知礼之为是也。礼然而然，则是情安礼也；师云而云，则是知若师也。情安礼，知若师，则是圣人也。〔3〕

故绳墨诚陈矣，则不可欺以曲直；衡诚县矣，则不可欺以轻重，规矩诚设矣，则不可欺以方圆；君子审于礼，则不可欺以诈伪。故绳者，直之至；衡者，平之至；规矩者，方圆之至；礼者，人道之极也。然而不法礼，不足礼，谓之无方之民；法礼，足礼，谓之有方之士。〔4〕

---

〔1〕《荀子·大略》，见梁启雄：《荀子简释》，中华书局1983年版，第364页。
〔2〕《荀子·富国》，见梁启雄：《荀子简释》，中华书局1983年版，第126、127页。
〔3〕《荀子·修身》，见梁启雄：《荀子简释》，中华书局1983年版，第21页。
〔4〕《荀子·礼论》，见梁启雄：《荀子简释》，中华书局1983年版，第260—261页。

法重制裁，必须明确规定，侧重事后的惩罚。

> 君上之所恶也，刑法之所大禁也，然且为之，是忘其君也。忧忘其身，内忘其亲，上忘其君，是刑法之所不舍也，圣王之所不畜也。[1]

> 如是而不服者，则可谓妖怪狡猾之人矣；虽则子弟之中，刑及之而宜。《诗》云："匪上帝不时，殷不用旧；虽无老成人，尚有典刑；曾是莫听，大命以倾。"此之谓也。[2]

法与礼的作用范围不同，荀子主张对不同对象运用不同的统治策略。如果要让人从善远罪，化民成俗，则需倡导礼治；如果禁人为恶，则需法令刑罚。

> 由士以上，则必以礼乐节之；众庶百姓，则必以法数制之。[3]

> 故不教而诛，则刑繁而邪不胜；教而不诛，则奸民不惩；诛而不赏，则勤厉之民不劝；诛赏而不类，则下疑俗俭而百姓不一。故先王明礼义以壹之；致忠信以爱之；尚贤使能以次之；爵服庆赏以申重之；时其事，轻其任，以调齐之；潢然兼覆之，养长之，如保赤子。若是故奸邪不作，盗贼不起，而化善者劝勉矣。[4]

（3）法与礼的融合。礼法并提，礼法并用，进而隆礼至法、礼

---

〔1〕《荀子·荣辱》，见梁启雄：《荀子简释》，中华书局 1983 年版，第 36 页。

〔2〕《荀子·非十二子》，见梁启雄：《荀子简释》，中华书局 1983 年版，第 66 页。

〔3〕《荀子·富国》，见梁启雄：《荀子简释》，中华书局 1983 年版，第 364 页。

〔4〕《荀子·富国》，见梁启雄：《荀子简释》，中华书局 1983 年版，第 130—131 页。

法融合，是荀子对孔孟礼学的重要理论发展。

故学也者，礼法也。[1]

出若入若，天下莫不平均，莫不治辨，是百王之所同也，而礼法之大分也。[2]

然后皆内自省以谨于分，是百王之所同也，而礼法之枢要也。[3]

今不然：人之性恶；故古者圣人以人之性恶，以为偏险而不正，悖乱而不治，故为之立君上之势以临之，明礼义以化之，起法正以治之，重刑罚以禁之，使天下皆出于治，合于善也。[4]

今亦以天下之显诸侯诚义乎志意，加义乎法则度量，著之以政事，案申重之以贵贱杀生，使袭然终始犹一也……是所谓义立而王也。[5]

---

〔1〕《荀子·修身》，见梁启雄：《荀子简释》，中华书局 1983 年版，第 21 页。

〔2〕《荀子·王霸》，见梁启雄：《荀子简释》，中华书局 1983 年版，第 147 页。

〔3〕《荀子·王霸》，见梁启雄：《荀子简释》，中华书局 1983 年版，第 151—152 页。

〔4〕《荀子·性恶》，见梁启雄：《荀子简释》，中华书局 1983 年版，第 331—332 页。

〔5〕《荀子·王霸》，见梁启雄：《荀子简释》，中华书局 1983 年版，第 138—139 页。

第二章 古代律典中的礼

引礼入法是将儒家思想和礼规范纳入法律条文，是礼法融合的体现。西汉董仲舒提出罢黜百家、独尊儒术，并在司法实践中运用“春秋决狱”，以儒家的礼原则和礼规范校正、补充法家的《汉律》，为引礼入法奠定了基础。魏晋南北朝时期，也出现纳礼入律、礼法合一的思想，杜预参与制定的《秦始律》明确指出：要以礼教名分为准则来解释法律，将礼引入法律中。之后，《魏律》中的“八议”制度，《北魏律》中的“官当制”，《北齐律》中的“重罪十条”，都反映了儒家观念和思想。法与礼融合，至唐律终得以完成。《唐律疏议》“一准乎礼”，礼以法律规范的形式表述，法以礼为制定的依据，是我国古代文献之中法与礼关系表现最为充分、完整的法典。唐以后，宋元明清皆以《唐律疏议》为蓝本，礼贯穿法典始终，形成了中华法系的基本特征。

一、汉律中的礼

“罢黜百家、独尊儒术”，汉代儒生群体全面参与法典制定，通过引经决狱、以经注律、引礼入律的方式，使礼法合一体现在立法、司法过程中。汉代是中国法律儒家化的开端，礼法共治成为中华法系的独特之处。

（一）立法以礼为依据

1. 治国以礼

孔子曰：“安上治民莫善于礼。”礼乐政刑的关系即礼乐为本，政施行礼乐，刑防止违反礼乐。

> 《六经》之道同归，而《礼》、《乐》之用为急。治身者斯须忘礼，则暴嫚入之矣；为国者一朝失礼，则荒乱及之矣。人函天、地、阴、阳之气，有喜、怒、哀、乐之情。

天禀其性而不能节也，圣人能为之节而不能绝也，故象天、地而制礼、乐，所以通神明，立人伦，正情性，节万事者也。[1]

故孔子曰："安上治民，莫善于礼；移风易俗，莫善于乐。"礼节民心，乐和民声，政以行之，刑以防之。礼、乐、政、刑四达而不悖，则王道备矣。[2]

至宣帝时，琅邪王吉为谏大夫，又上疏言："欲治之主不世出，公卿幸得遭遇其时，未有建万世之长策，举明主于三代之隆者也。其务在于簿书、断狱、听讼而已，此非太平之基也。今俗吏所以牧民者，非有礼义科指可世世通行者也，以意穿凿，各取一切。是以诈伪萌生，刑罚无极，质朴日消，恩爱浸薄。孔子曰'安上治民，莫善于礼'，非空言也。"[3]

2. 法与礼的关系

至成帝时，犍为郡于水滨得古磬十六枚，议者以为善祥。刘向因是说上："宜兴辟雍，设庠序，陈礼乐，隆雅、颂之声，盛揖攘之容，以风化天下。如此而不治者，未之有也。或曰，不能具礼。礼以养人为本，如有过差，是过而养人也。刑罚之过，或至死伤。今之刑，非皋陶之法也，

---

〔1〕《汉书·礼乐志第二》，见王继如主编：《汉书今注》，凤凰出版社2013年版，第563页。

〔2〕《汉书·礼乐志第二》，见王继如主编：《汉书今注》，凤凰出版社2013年版，第563页。

〔3〕《汉书·礼乐志第二》，见王继如主编：《汉书今注》，凤凰出版社2013年版，第566页。

而有司请定法，削则削，笔则笔，救时务也。至于礼乐，则曰不敢，是敢于杀人不敢于养人也。为其俎豆、管弦之间小不备，因是绝而不为，是去小不备而就大不备，或莫甚焉。夫教化之比于刑法，刑法轻，是舍所重而急所轻也。且教化，所恃以为治也，刑法所以助治也。今废所恃而独立其所助，非所以致太平也。[1]

（1）礼律同录。

刘向因是说："……初，叔孙通将制定礼仪，见非于齐、鲁之士，然卒为汉儒宗，业垂后嗣，斯成法也。"[2]

今叔孙通所撰礼仪，与律令同录，臧于理官，法家又复不传。[3]

三纲五常，即以礼作为区分社会等级的尊卑制度和行为标准。汉宣帝地节四年（前66年）颁布"亲亲得相首匿"诏。

诏曰："父子之亲，夫妇之道，天性也。虽有祸患，犹蒙死而存之。诚爱结于心，仁厚之至也，岂能违之哉！自今子首匿父母，妻匿夫，孙匿大父母，皆勿坐。其父母匿子，夫匿妻，大父母匿孙，罪殊死，皆上请廷尉以闻。"[4]

---

〔1〕《汉书·礼乐志第二》，见王继如主编：《汉书今注》，凤凰出版社2013年版，第567页。

〔2〕《汉书·礼乐志第二》，见王继如主编：《汉书今注》，凤凰出版社2013年版，第567页。

〔3〕《汉书·礼乐志第二》，见王继如主编：《汉书今注》，凤凰出版社2013年版，第568页。

〔4〕《汉书·宣帝纪第八》，见王继如主编：《汉书今注》，凤凰出版社2013年版，第147页。

（2）德主刑辅，任德不任刑，务德教而省刑罚。

至武帝即位，进用英隽，议立明堂，制礼服，以兴太平。会窦太后好黄老言，不说儒术，其事又废。后董仲舒对策言："王者欲有所为，宜求其端于天。天道大者，在于阴阳。阳为德，阴为刑。天使阳常居大夏，而以生育长养为事；阴常居大冬，而积于空虚不用之处，以此见天之任德不任刑也。阳出布施于上而主岁功，阴入伏藏于下而时出佐阳。阳不得阴之助，亦不能独成岁功。王者承天意以从事，故务德教而省刑罚。刑罚不可任以治世，犹阴之不可任以成岁也。今废先王之德教，独用执法之吏治民，而欲德化被四海，故难成也。是故古之王者，莫不以教化为大务，立大学以教于国，设庠序以化于邑。教化以明，习俗以成，天下尝无一人之狱矣。至周末世，大为无道，以失天下。秦继其后，又益甚之。自古以来，未尝以乱济乱，大败天下如秦者也。习俗薄恶，民人抵冒。今汉继秦之后，虽欲治之，无可奈何。法出而奸生，令下而诈起，一岁之狱以万千数，如以汤止沸，沸俞甚而无益。辟之琴瑟不调，甚者必解而更张之，乃可鼓也。为政而不行，甚者必变而更化之，乃可理也。故汉得天下以来，常欲善治，而至今不能胜残去杀者，失之当更化而不能更化也。古人有言：'临渊羡鱼，不如归而结网。'今临政而愿治七十余岁矣，不如退而更化。更化则可善治，而灾害日去，福禄日来矣。"〔1〕

〔1〕《汉书·礼乐志第二》，见王继如主编：《汉书今注》，凤凰出版社2013年版，第566—567页。

（3）恤刑思想与儒家的仁政思想相契合。

汉兴，高祖初入关，约法三章曰："杀人者死，伤人及盗抵罪。"蠲削烦苛，兆民大说。[1]

（二）引礼入律、引经注律

汉代立法过程中的儒家化主要表现为引礼入律、引经注律，将儒教礼义规范引入律典，用儒家经义解释律典，使律典中的条文合乎儒家经义，促进礼与律的相互认同，推动法与礼的融合，礼义本身也具有了规范效力。

人是万物之灵，其之所以为贵，在于用仁智而不恃强力。君王之道，就是在社会中推行博爱敬让，人民就会跟从信服。德礼需要威严才能长久存在，所以"制礼以崇敬，作刑以明威也"。"制礼作教，立法设刑"，即用经义说明立法的依据、刑法设立的目的，以及法与礼的关系。

夫人宵天地之貌，怀五常之性，聪明精粹，有生之最灵者也。爪牙不足以供耆欲，趋走不足以避利害，无毛羽以御寒暑，必将役物以为养，用仁智而不恃力，此其所以为贵也。故不仁爱则不能群，不能群则不胜物，不胜物则养不足。群而不足，争心将作，上圣卓然先行敬让博爱之德者，众心说而从之。从之成群，是为君矣；归而往之，是为王矣。《洪范》曰："天子作民父母，为天下王。"圣人取类以正名，而谓君为父母，明仁、爱、德、让，王道之本也。爱待敬而不败，德须威而久立，故制礼以崇敬，作

［1］《汉书·刑法志第三》，见王继如主编：《汉书今注》，凤凰出版社2013年版，第598页。

刑以明威也。圣人既躬明哲之性，必通天地之心，制礼作教，立法设刑，动缘民情，而则天象地。故曰："先王立礼，则天之明，因地之性也。刑罚威狱，以类天之震曜杀戮也；温慈惠和，以效天之生殖长育也。"《书》云："天秩有礼，天讨有罪。故圣人因天秩而制五礼，因天讨而作五刑。"〔1〕

治国理政，德为本，刑为末。

至于秦始皇，兼吞战国，遂毁先王之法，灭礼谊之官，专任刑罚，躬操文墨，昼断狱，夜理书，自程决事，日县石之一，而奸邪并生，赭衣塞路，囹圄成市，天下愁怨，溃而叛之。〔2〕

汉兴，高祖躬神武之材，行宽仁之厚，总揽英雄，以诛秦、项。任萧、曹之文，用良、平之谋，骋陆、郦之辩，明叔孙通之仪，文武相配，大略举焉。〔3〕

鞭扑不可弛于家，刑罚不可废于国，征伐不可偃于天下。用之有本末，行之有逆顺耳。孔子曰："工欲善其事，必先利其器。"文德者，帝王之利器；威武者，文德之辅助也。夫文之所加者深，则武之所服者大；德之所施者博，则威之所制者广。三代之盛，至于刑错兵寝者，其本末有

〔1〕《汉书·刑法志第三》，见王继如主编：《汉书今注》，凤凰出版社2013年版，第589页。

〔2〕《汉书·刑法志第三》，见王继如主编：《汉书今注》，凤凰出版社2013年版，第597页。

〔3〕《汉书·刑法志第三》，见王继如主编：《汉书今注》，凤凰出版社2013年版，第594页。

序，帝王之极功也。[1]

缇萦上书救父，天子下令废除肉刑，并引用经典说明以礼教为重、刑罚为轻。

> 即位十三年，齐太仓令淳于公有罪当刑，诏狱逮系长安。淳于公无男，有五女，当行会逮，骂其女曰："生子不生男，缓急非有益！"其少女缇萦，自伤悲泣，乃随其父至长安，上书曰："妾父为吏，齐中皆称其廉平，今坐法当刑。妾伤夫死者不可复生，刑者不可复属，虽后欲改过自新，其道亡繇也。妾愿没入为官婢，以赎父刑罪，使得自新。"书奏天子，天子怜悲其意，遂下令曰："制诏御史：盖闻有虞氏之时，画衣冠、异章服以为戮，而民弗犯，何治之至也！今法有肉刑三，而奸不止，其咎安在？非乃朕德之薄而教不明与？吾甚自愧。故夫训道不纯而愚民陷焉。《诗》曰：'恺弟君子，民之父母。'今人有过，教未施而刑已加焉，或欲改行为善，而道亡繇至，朕甚怜之。夫刑至断支体，刻肌肤，终身不息，何其刑之痛而不德也！岂称为民父母之意哉！其除肉刑，有以易之；及令罪人各以轻重不亡逃，有年而免。具为令。"[2]

二、晋律中的礼

晋律于魏咸熙元年（264年）开始修订，晋武帝泰始三年（267年）完成，次年颁行天下，即《泰始律》。晋律儒家化是将儒家的

[1]《汉书·刑法志第三》，见王继如主编：《汉书今注》，凤凰出版社2013年版，第595页。

[2]《汉书·刑法志第三》，见王继如主编：《汉书今注》，凤凰出版社2013年版，第598—599页。

礼治精神贯穿到法律条文中，主要指制定晋律遵循和吸收儒家经典中礼的精神和典范，以礼入法、纳礼入律。陈寅恪先生说："古代礼律关系密切，而司马氏以东汉末年之儒学大族创建晋室，统制中国，其所制定之刑律尤为儒家化，既为南朝历代所因袭，北魏改律，复采用之，辗转嬗蜕，经由齐、隋，以至于唐，实为华夏刑律不祧之正统。"〔1〕

（一）礼律并重、礼律并提

士庶有好学笃道，孝悌忠信，清白异行者，举而进之；有不孝敬于父母，不长悌于族党，悖礼弃常，不率法令者，纠而罪之。〔2〕

异姓相养，礼律所不许。〔3〕

先王以道德之不行，故以仁义化之，行仁义之不笃，故以礼律检之。〔4〕

夫岂无僻主，赖道德典刑以维持之也。〔5〕

凡断正臧否，宜先稽之礼、律。纯不求供养，其于礼、律未有违也。〔6〕

---

〔1〕陈寅恪：《隋唐制度渊源略论稿》，上海古籍出版社1982年版，第66页。

〔2〕《晋书·帝纪第三》，见《晋书》，中华书局1974年版，第57页。

〔3〕《晋书·殷仲堪传》，见《晋书》，中华书局1974年版，第2195页。

〔4〕《晋书·李充传》，见《晋书》，中华书局1974年版，第2389页。

〔5〕《晋书·孝愍帝传》，见《晋书》，中华书局1974年版，第135页。

〔6〕《晋书·庾纯传》，见《晋书》，中华书局1974年版，第1398—1399页。

（二）晋律儒家化的主要内容

法律儒家化在汉代已经开始，当时主要限于司法实践中的“春秋决狱”，而曹魏以后则开始了立法层面上的法律儒家化。

1. 八　议

中国传统法律儒家化在立法上最早的表现即为曹魏律中的“八议”。“八议”即为儒家的“八辟”，是贵族官僚等级特权在法律上的体现。根据动机和具体情形而进行赦、议，主张在“明德慎罚”“明德慎赏”的前提下实行“八议”，论心定罪。晋律中的“八议”是礼法之治思想的体现。

> 以预尚主，在八议，以侯赎论。〔1〕

2. 出嫁女不从坐

“出嫁女不从坐”是司马师在曹魏末年确定的，晋律自然因袭之。“犯大逆者诛及已出之女”〔2〕，按魏律规定，夷三族刑，丈夫家族夷三族，女子作为妻子也受株连。“减枭斩族诛从坐之条，除谋反适养母出女嫁皆不复还坐父母弃市。”〔3〕晋律这一条规定修正了魏律出嫁女从坐的规定。

> 大魏承秦汉之弊，未及革制，所以追戮已出之女，诚欲殄丑类之族也。然则法贵得中，刑慎过制。臣以为女人有三从之义，无自专之道，出适他族，还丧父母，降其服纪，所以明外成之节，异在室之恩。而父母有罪，追刑已出之女；夫党见诛，又有随姓之戮。一人之身，内外受辟。

〔1〕《晋书·杜预传》，见《晋书》，中华书局1974年版，第1027页。
〔2〕《晋书·刑法志》，见《晋书》，中华书局1974年版，第926页。
〔3〕《晋书·刑法志》，见《晋书》，中华书局1974年版，第927页。

> 今女既嫁，则为异姓之妻；如或产育，则为他族之母，此为元恶之所忽。戮无辜之所重，于防则不足惩奸乱之源，于情则伤孝子之心。
>
> 男不得罪于他族，而女独婴戮于二门，非所以哀矜女弱，蠲明法制之本分也。[1]

以上三段，从服制、人伦亲情、仁三方面，论述了儒家礼治思想。

3. 准五服以制罪

所谓“五服”共分为五等，即斩衰、齐衰、大功、小功、缌麻，根据血缘的亲疏规定丧服的服制，以此表示亲属间的远近关系与尊卑。“准五服以制罪”是指对于有服亲属相互侵害的犯罪行为，要根据远近亲疏关系来定罪量刑：以尊犯卑，二人服制越近关系越亲，则处刑越轻，二人服制越远关系越疏，处刑便越重；反之，以卑犯尊，服制越近处刑越重，服制越远处刑越轻。这一原则实际上是同罪异罚在宗法家族内部的体现，以维护儒家所强调的上下、尊卑、贵贱、亲疏的等级秩序。

> 竣礼教之防，准五服以制罪也。[2]

4. 罪刑法定原则及其适用

> ……使主者守文，死生以之，不敢错思于成制之外，以差轻重，则法恒全。事无证据，名例不及，大臣论当，以释不滞，则事无阂。至如非常之断，出法赏罚，若汉祖戳楚臣之私己，封赵氏之无功，唯人主专之，非奉职之臣

---

〔1〕《晋书·刑法志》，见《晋书》，中华书局 1974 年版，第 926 页。

〔2〕《晋书·刑法志》，见《晋书》，中华书局 1974 年版，第 927 页。

所得拟议。[1]

又律法断罪，皆当以法律令正文，若无正文，依附名例断之，其正文名例所不及，皆勿论。[2]

礼乐崇于上，故降其刑；刑法闲于下，故全其法。是故尊卑叙，仁义明，九族亲，王道平也。[3]

（三）《晋书·刑法志》体现的法律儒家化

1. 晋时立法以礼为指导思想

传曰："齐之以礼，有耻且格。"刑之不可犯，不若礼之不可逾，则昊岁比于牺年，宜有降矣。[4]

2. 仿周人乃置三刺、三宥、三赦之法

周人以三典刑邦国，以五听察民情，左嘉右肺，事均熔造，而五刑之属犹有二千五百焉。乃置三刺、三宥、三赦之法：一刺曰讯群臣，再刺曰讯群吏，三刺曰讯万民；一宥曰不识，再宥曰过失，三宥曰遗忘；一赦曰幼弱，再赦曰老旄，三赦曰蠢愚。《司马法》：或起甲兵以征不义，废贡职则讨，不朝会则诛，乱嫡庶则絷，变礼刑则放。[5]

---

〔1〕《晋书·刑法志》，见《晋书》，中华书局1974年版，第936页。
〔2〕《晋书·刑法志》，见《晋书》，中华书局1974年版，第938页。
〔3〕《晋书·刑法志》，见《晋书》，中华书局1974年版，第929页。
〔4〕《晋书·刑法志》，见《晋书》，中华书局1974年版，第915页。
〔5〕《晋书·刑法志》，见《晋书》，中华书局1974年版，第917页。

3. 刑罚不以惩罚为目的，应以中道为宜

臣愚以为刑罚不苟务轻，务其中也。君人之道，仁义为主，仁者爱人，义者理务。……故孔子称“仁者必有勇”，又曰“理财正辞，禁人为非曰义”。高帝受命，制约令，定法律，传之后世，可常施行。

事下三公、廷尉议，以为隆刑峻法，非明王急务，不可开许。

至章帝时，尚书陈宠上疏曰：“先王之政，赏不僭，刑不滥，与其不得已，宁僭不滥。故唐尧著典曰‘流宥五刑，眚灾肆赦’。帝舜命皋陶以‘五宅三居，惟明克允’。文王重《易》六爻，而列丛棘之听；周公作《立政》，戒成王勿误乎庶狱。陛下即位，率由此义，而有司执事，未悉奉承。断狱者急于榜格酷烈之痛，执宪者繁于诈欺放滥之文，违本离实，棰楚为奸，或因公行私，以逞威福。夫为政也，犹张琴瑟，大弦急者小弦绝，故子贡非臧孙之猛法，而美郑侨之仁政。方今圣德充塞，假于上下，宜因此时，隆先圣之务，荡涤烦苛，轻薄棰楚，以济群生，广至德也。”帝纳宠言，决罪行刑，务于宽厚。其后遂诏有司，禁绝钻赞诸酷痛旧制，解袄恶之禁，除文致之请，谳五十余事，定著于令。是后狱法和平。[1]

4. 删减酷刑，与礼相应

永元六年，宠又代郭躬为廷尉，复校律令，刑法溢于《甫刑》者，奏除之，曰：“臣闻礼经三百，威仪三千，

〔1〕《晋书·刑法志》，见《晋书》，中华书局1974年版，第918—919页。

故《甫刑》大辟二百,五刑之属三千。礼之所去，刑之所取，失礼即入刑，相为表里者也。今律令，犯罪应死刑者六百一十，耐罪千六百九十八，赎罪以下二千六百八十一，溢于《甫刑》千九百八十九，其四百一十大辟，千五百耐罪，七十九赎罪。《春秋保乾图》曰：'王者三百年一蠲法。'汉兴以来，三百二年，宪令稍增，科条无限。又律有三家，说各驳异。刑法繁多，宜令三公、廷尉集平律令，应经合义可施行者，大辟二百，耐罪、赎罪二千八百，合为三千，与礼相应。其余千九百八十九事，悉可详除。使百姓改易视听，以成大化，致刑措之美，传之无穷。"〔1〕

5. 违令有罪则入律，礼乐刑令为一体

蠲其苛秽，存其清约，事从中典，归于益时。其余未宜除者，若军事、田农、酤酒，未得皆从人心，权设其法，太平当除，故不入律，悉以为令。施行制度，以此设教，违令有罪则入律。其常事品式章程，各还其府，为故事。减枭斩族诛从坐之条，除谋反适养母出女嫁皆不复还坐父母弃市，省禁固相告之条，去捕亡、亡没为官奴婢之制。轻过误老少女人当罚金杖罚者，皆令半之。重奸伯叔母之令，弃市。淫寡女，三岁刑。崇嫁娶之要，一以下娉为正，不理私约。峻礼教之防，准五服以制罪也。……武帝亲自临讲，使裴楷执读。四年正月，大赦天下，乃班新律。

其后，明法掾张裴又注律，表上之，其要曰：

律始于《刑名》者，所以定罪制也；终于《诸侯》者，

〔1〕《晋书·刑法志》，见《晋书》，中华书局1974年版，第920页。

所以毕其政也。王政布于上，诸侯奉于下，礼乐抚于中，故有三才之义焉，其相须而成，若一体焉。[1]

6. 礼乐崇于上，刑法闲于下，王道平也

五刑不简，正于五罚，五罚不服，正于五过，意善功恶，以金赎之。故律制，生罪不过十四等，死刑不过三，徒加不过六，囚加不过五，累作不过十一岁，累笞不过千二百，刑等不过一岁，金等不过四两。月赎不计日，日作不拘月，岁数不疑闰。不以加至死，并死不复加。不可累者，故有并数；不可并数，乃累其加。以加论者，但得其加；与加同者，连得其本。不在次者，不以通论。以人得罪与人同，以法得罪与法同。侵生害死，不可齐其防；亲疏公私，不可常其教。礼乐崇于上，故降其刑；刑法闲于下，故全其法。是故尊卑叙，仁义明，九族亲，王道平也。[2]

7. 情、理、法的关系

夫刑者，司理之官；理者，求情之机，情者，心神之使。心感则情动于中，而形于言？畅于四支，发于事业。是故奸人心愧而面赤，内怖而色夺。论罪者务本其心，审其情，精其事，近取诸身，远取诸物，然后乃可以正刑。

夫理者，精玄之妙，不可以一方行也；律者，幽理之奥，不可以一体守也。

---

〔1〕《晋书·刑法志》，见《晋书》，中华书局1974年版，第927—928页。

〔2〕《晋书·刑法志》，见《晋书》，中华书局1974年版，第929页。

王者立此五刑，所以宝君子而逼小人，故为敕慎之经，皆拟《周易》有变通之体焉。欲令提纲而大道清，举略而王法齐，其旨远，其辞文，其言曲而中，其事肆而隐。通天下之志唯忠也，断天下之疑唯文也，切天下之情唯远也，弥天下之务唯大也，变无常体唯理也，非天下之贤圣，孰能与于斯！

夫刑而上者谓之道，刑而下者谓之器，化而裁之谓之格。刑杀者是冬震曜之象，髡罪者似秋雕落之变，赎失者是春阳悔吝之疵之。五刑成章，辄相依准，法律之义焉。[1]

8. 礼入律令，依法典执行

臣窃伏惟陛下为政，每尽善，故事求曲当，则例不得直；尽善，故法不得全。何则？夫法者，固以尽理为法，而上求尽善，则诸下牵文就意，以赴主之所许，是以法不得全。刑书征文，征文必有乖于情听之断，而上安于曲当，故执平者因文可引，则生二端。是法多门，令不一，则吏不知所守，下不知所避。奸伪者因法之多门，以售其情，所欲浅深，苟断不一，则居上者难以检下，于是事同议异，狱犴不平，有伤于法。

古人有言："善为政者，看人设教。"看人设教，制法之谓也。又曰："随时之宜"，当务之谓也。然则看人随时，在大量也，而制其法。法轨既定则行之，行之信如四时，执之坚如金石，群吏岂得在成制之内，复称随时之宜，傍引看人设教，以乱政典哉！何则？始制之初，固已看人

[1]《晋书·刑法志》，见《晋书》，中华书局1974年版，第930—931页。

而随时矣。今若设法未尽当，则宜改之。若谓已善，不得尽以为制，而使奉用之司公得出入以差轻重也。夫人君所与天下共者，法也。已令四海，不可以不信以为教，方求天下之不慢，不可绳以不信之法。且先识有言，人至遇而不可欺也。不谓平时背法意断，不胜百姓愿也。[1]

三、唐律中的礼

《唐律疏议》是我国现流传于世的、体系最完整的古代成文法典。唐律由律令格式组成。“凡律以正刑定罪，令以设范立制，格以禁违正邪，式以轨物程事。”（《唐六典》卷六）而唐律的律令格式皆以礼为制定依据，所谓“一准乎礼”，将礼以法律规范的形式加以表述，是我国古代文献之中法与礼关系完整体现的典型，是礼法融合的史料证据。唐以后，宋元明清皆以《唐律疏议》为蓝本，礼贯穿法典的始终，形成了中华法系的基本特征。

唐律的“一准乎礼”主要体现在三个方面：

第一，在立法依据上，以礼义作为立法的依据，以儒家经典说明立法理由。《唐律疏议》引用了大量儒家经典，《尚书》《诗经》《礼记》《孝经》《国语》《春秋》《左传》《公羊传》《周礼》《论语》《史记》《汉书》《说文》《尔雅》等儒家重要经典，几乎无一遗漏。特别是在《名例》篇中，涉及“五刑”“十恶”“八议”等刑法基本制度和原则时，引证更加频繁，以儒家经典作为其立法的理论依据。

第二，在内容上，将儒家道德规范上升为法律规范，将礼的原则精神和规范直接融入法律条文之中。以“君为臣纲”为原则，规定了“谋反”“谋大逆”“谋叛”“大不敬”等罪，以“父为子纲”规

---

〔1〕《晋书·刑法志》，见《晋书》，中华书局 1974 年版，第 935—936 页。

定了“不孝”罪，以“夫为妻纲”规定了“恶逆”“不睦”“不义”等罪。又如，唐律中规定离婚的“七出”和“三不去”，其理论基础便是《礼记》的《本命篇》。

第三，在对律文的注疏上，引经注律，以儒家经典加以解释。如在解释“十恶”中的“不睦”罪时，疏文说：“《礼》云：‘讲信修睦’。《孝经》云：‘民用和睦’。睦者，亲也。此条之内，皆是亲族相犯，为九族不相叶睦，故曰‘不睦’。”又如，“一曰谋反（谓谋危社稷）”。疏议曰：“案《公羊传》云：‘君亲无将，将而必诛。’谓将有逆心，而害于君父者，则必诛之。《左传》云：‘天反时为灾，人反德为乱。’然王者居宸极之至尊，奉上天之宝命，同二仪之覆载，作兆庶之父母。为子为臣，惟忠惟孝。乃敢包藏凶慝，将起逆心，规反天常，悖逆人理，故曰‘谋反’。”（《唐律疏议·名例》“十恶”条）《唐律疏议》既是儒家伦理法思想的全面法律化实践，又是儒家法思想的结晶。

《唐律疏议》集前代立法之大成，“一准乎礼，而得古今之平”，以经立法。儒家经义的精神，皆以礼的名义渗入条文之中。诸如“八议”“十恶”“官当”“存留养亲”“亲属相隐”“服制定罪”等最能体现儒家礼义精神的制度，无一遗漏地明载于律。律、疏合一的法典体例，其主旨在于让儒家精神嵌入律条之中，在司法裁量时以经决狱。《唐律疏议》不仅是以经立法的结晶，而且是法律儒家化过程中以经决狱、以经注律的集中体现。

（一）法与礼的基本关系：“一准乎礼”

《唐律疏议》完成了以礼入法，礼法结合，结束了自西汉以来的“引经决狱”、“以经释法”、礼法并举的形式。《唐律疏议》既是儒家伦理法思想的全面法律化实践，又是儒家法思想的结晶。法与礼的关系为“一准乎礼”。

德礼为政教之本，刑罚为政教之用，犹昏晓阳秋相须而成者也。[1]

道之以政，齐之以刑，民免而无耻。道之以德，齐之以礼，有耻且格。[2]

德礼是为政教化之根本，刑罚是为政教化所必需的手段，德礼与刑罚相辅相成，犹如早晚相须而成昼夜，如阳春阴秋而成年岁一样。唐代统治者将儒家传统的“德主刑辅”主张，总结发展为“德礼为政教之本，刑罚为政教之用”，并且明确将其写入法典，作为立法根本原则。“德礼为本”就是以宗法伦理作为治国治民的大经大法，“刑罚为本”就是以刑罚作为治国治民的工具和手段。

疏议曰：夫三才肇位，万象斯分，禀气含灵，人为称首，莫不凭黎元而树司宰，因政教而施刑法。其有情恣庸愚，识沉愆戾，大则乱其区宇，小则睽其品式，不立制度，则未之前闻。故曰：以刑止刑，以杀止杀。刑罚不可弛于国，笞捶不得废于家，时遇浇淳，用有众寡。于是结绳启路，盈坎疏源，轻刑明威，大礼崇敬。《易》曰：“天垂象，圣人则之。”观雷电而制威刑，睹秋霜而有肃杀，惩其已犯而防其未然，平其徽纆而存乎博爱，盖圣王不获已而用之。[3]

---

〔1〕〔唐〕长孙无忌等：《唐律疏议》，丘纯之点校，上海古籍出版社2013年版，第3页。

〔2〕《论语·为政》，见〔清〕阮元校刻，方向东点校：《十三经注疏·论语注疏》，中华书局2021年版，第45页。

〔3〕《唐律疏议·名例》，见〔唐〕长孙无忌等：《唐律疏议》，丘纯之点校，上海古籍出版社2013年版，第1页。

（二）罪名与刑罚

1. 重罪十条

“十恶”重罪，见于律条始于《北齐律》，称“墨罪十条”，《唐律疏议》对“十恶”认识更加深化，将亏损名教的行为视为重罪，并加以惩处。

疏议曰：五刑之中，十恶尤切，亏损名教，毁裂冠冕，特标篇首，以为明诫。其数甚恶者，事类有十，故称“十恶”。

一曰谋反（谓谋危社稷）。

疏议曰：案《公羊传》云：“君亲无将，将而必诛。”谓将有逆心而害于君父者，则必诛之。《左传》云：“天反时为灾”，“人反德为乱”。然王者居宸极之至尊，奉上天之宝命，同二仪之覆载，作兆庶之父母，为子为臣，惟忠惟孝，乃敢包藏凶慝，将起逆心，规反天常，悖逆人理，故曰“谋反”。

疏议曰：《周礼》云，“左祖、右社”，人君所尊也。

二曰谋大逆（谓谋毁宗庙、山陵及宫阙）。

疏议曰：此条之人，干纪犯顺，违道悖德，逆莫大焉，故曰“大逆”。

疏议曰：有人获罪于天，不知纪极，潜思释憾，将图不逞，遂起恶心，谋毁宗庙、山陵及宫阙。宗者，尊也；庙者，貌也。刻木为主，敬象尊容，置之宫室，以时祭享，故曰宗庙。山陵者，古先帝王因山而葬，黄帝葬桥山即其事也。或云帝王之葬，如山如陵，故曰山陵。宫者，天有紫微宫，人君则之，所居之处故曰宫。其阙者，《尔雅》释官云："观谓之阙。"郭璞云："宫门双阙也。"《周礼·秋官》：正月之吉日，"悬刑象之法于象魏"，使人观之。故谓之观。

四曰恶逆（谓殴及谋杀祖父母、父母，杀伯叔父母、姑、兄姊、外祖父母、夫、夫之祖父母、父母）。

疏议曰：父母之恩，昊天罔极；嗣续妣祖，承奉不轻。枭镜其心，爱敬同尽，五服至亲，自相屠戮，穷恶尽逆，绝弃人理，故曰"恶逆"。

…………

六曰大不敬（谓盗大祀神御之物、乘舆服御物；盗及伪造御宝；合和御药误不如本方及封题误；若造御膳误犯食禁；御幸舟船误不牢固；指斥乘舆情理切害及对捍制使而无人臣之礼）。

疏议曰：礼者，敬之本；敬者，礼之舆。故《礼运》云："礼者，君之柄，所以别嫌明微，考制度，别仁义。"责其所犯既大，皆无肃敬之心，故曰"大不敬"。

七曰不孝（谓告言、诅詈祖父母、父母，及祖父母父母在，别籍、异财若供养有阙；居父母丧，身自嫁娶若作乐、释服从吉；闻祖父母、父母丧，匿不举哀；诈称祖父母、父母死）。

疏议曰：善事父母曰孝。既有违犯，是名"不孝"。

疏议曰：《礼》云：孝子养亲也，乐其心，不违其志，以其饮食而敬养之。其有堪而阙者，祖父母、父母告乃坐。

八曰不睦（谓谋杀及卖缌麻以上亲，殴、告夫及大功以上尊长、小功尊属）。

疏议曰：《礼》云："讲信修睦。"《孝经》云："人用和睦。”睦者，亲也。此条之内皆是亲族相犯，为九族不相叶睦，故曰“不睦”。

九曰不义（谓杀本属府主、刺史、县令、见受业师，吏卒杀本部五品以上官长，及闻夫丧，匿不举哀，若作乐、释服从吉及改嫁）。

疏议曰：礼之所尊，尊其义也。此条元非血属，本止以义相从，背义乖仁，故曰“不义”。

十曰内乱（谓奸小功以上亲、父祖妾及與和者）

疏议曰：《左传》云：女有家，男有室，无相渎，易此则乱。若有禽兽其行，朋淫于家，紊乱礼经，故曰“内乱”。[1]

“谋反”是“十恶”之首。《唐律疏议》引《公羊传》的“君亲无将，将而必诛”，说明臣子“将有逆心，而害于君父者，则必诛之”。用“将”字点出“谋反”的“谋即成立”。然后又引《左传》的“天反时为灾，人反德为乱”，以论证谋反上违天意、下悖人理，自然罪不容诛。

2. 五　刑

《名例》中规定的刑罚，包括笞、杖、徒、流、死，合称“五刑”。五刑的刑种、刑罚等级的确定都与儒家经义有关。《名例》引用《孝经·援神契》“圣人制五刑，以法五行”，以说明五刑的来源。关于刑种的分类及定名，同样引用经典加以说明。“扑作教刑”，故有笞刑；《书经》云：“鞭作官刑。”其后以杖易鞭，就是今天的杖刑，《唐律疏议》先引《说文》的“杖者，持也”，以正其名。《孔子家语》中“舜之事父，小杖则受，大杖则走”，说明杖刑的合理

[1]《唐律疏议·名例》，见〔唐〕长孙无忌等：《唐律疏议》，丘纯之点校，上海古籍出版社 2013 年版，第 6—16 页。

性。最后，《唐律疏议》更引用《国语》《尚书》以论证杖刑是古已有之的“优良传统”。《周礼》云：“其奴男子入于罪隶”，徒刑盖始于周；《书经》云：“流宥五刑”，故有流刑，因《书经》又有“五流有宅，五宅三居”，故流分三等，皆从其义。《礼记》云：“公族有死罪，罄之于甸人。”故死刑为古之大辟。此外，从刑种、刑期看，唐律贯彻了简明、轻刑原则，刑罚宽缓。

（1）笞刑五。

笞一十（赎铜一斤），笞二十（赎铜二斤），笞三十（赎铜三斤），笞四十（赎铜四斤），笞五十（赎铜五斤）。

疏议曰：笞者，击也，又训为耻。言人有小愆，法须惩诫，故加捶挞以耻之。汉时笞则用竹，今时则用楚。故《书》云，“扑作教刑”，即其义也。汉文帝十三年，太仓令淳于意女缇萦上书，愿没入为官婢，以赎父刑。帝悲其意，遂改肉刑：当黥者，髡、钳为城奴令春；当劓者，笞三百。此即笞、杖之目，未有区分。笞击之刑，刑之薄者也。随时沿革，轻重不同，俱期无刑，义唯必措。《孝经援神契》云：“圣人制五刑，以法五行。”《礼》云：“刑者，侀也，成也。一成而不可变，故君子尽心焉。”《孝经钩命决》云：“刑者，侀也，质罪示终。”然杀人者死，伤人者刑，百王之所同，其所由来尚矣。从笞十至五十，其数有五，故曰“笞刑五”。徒、杖之数，亦准此。[1]

（2）杖刑五。

杖六十（赎铜六斤），杖七十（赎铜七斤），杖

---

〔1〕《唐律疏议·名例》，见〔唐〕长孙无忌等：《唐律疏议》，丘纯之点校，上海古籍出版社2013年版，第4页。

八十（赎铜八斤），杖九十（赎铜九斤），杖一百（赎铜十斤）。

疏议曰：《说文》云：“杖者，持也”，而可以击人者欤！《家语》云：“舜之事父，小杖则受，大杖则走。”《国语》云：“薄刑用鞭、扑。”《书》云：“鞭作官刑。”犹今之杖刑者也。又蚩尤作五虐之刑，亦用鞭扑。源其滥觞，所从来远矣。汉景帝以笞者已死而笞未毕，改三百曰二百，二百曰一百。奕代沿流，曾微增损。爰洎随室，以杖易鞭。今《律》云：“累决笞、杖者，不得过二百”，盖循汉制也。[1]

（3）徒刑五。

一年（赎铜二十斤），一年半（赎铜三十斤），二年（赎铜四十斤），二年半（赎铜五十斤），三年（赎铜六十斤）。

疏议曰：徒者，奴也，盖奴辱之。《周礼》云：“其奴男子入于罪隶”，又“任之以事”，置以圜土而收教之，“上罪三年而舍，中罪二年而舍，下罪一年而舍”，此并徒刑也，盖始于周。[2]

（4）流刑三。

二千里（赎铜八十斤），二千五百里（赎铜九十斤），三千里（赎铜一百斤）。

疏议曰：《书》云：“流宥五刑”，谓不忍刑杀，宥之

〔1〕《唐律疏议·名例》，见〔唐〕长孙无忌等：《唐律疏议》，丘纯之点校，上海古籍出版社 2013 年版，第 5 页。

〔2〕《唐律疏议·名例》，见〔唐〕长孙无忌等：《唐律疏议》，丘纯之点校，上海古籍出版社 2013 年版，第 5 页。

于远也。又曰："五流有宅，五宅三居。"大罪投之四裔，或流之于海外，次九州之外，次中国之外。盖始于唐虞，今之三流即其义也。[1]

(5)死刑二。

绞、斩(赎铜一百二十斤)。

疏议曰：古先哲王，则天垂法，辅政助化，禁暴防奸，本欲生之，义期止杀。绞、斩之坐，刑之极也。死者魂气归于天，形魄归于地，与万化冥然，故郑注《礼》云："死者，澌也。消尽为澌。"《春秋元命包》云："黄帝斩蚩尤于涿鹿之野。"《礼》云："公族有死罪，罄之于甸人。"故知斩自轩辕，绞兴周代。二者法阴数也，阴主杀罚，因而则之，即古"大辟"之刑是也。

问曰：笞以上、死以下，皆有赎法，未知赎刑起自何代？

答曰：《书》云："金作赎刑。"注云："误而入罪，出金以赎之。"甫侯训夏赎刑云："墨辟疑赦，其罚百锾；劓辟疑赦，其罚唯倍；剕辟疑赦，其罚倍差；宫辟疑赦，其罚六百锾；大辟疑赦，其罚千锾。"注云："六两曰锾。锾，黄铁也。"晋律："应八议以上，皆留官收赎，勿髡、钳、笞也。"今古赎刑，轻重异制，品目区别，备有章程，不假胜条，无烦缕说。[2]

---

[1]《唐律疏议·名例》，见〔唐〕长孙无忌等：《唐律疏议》，丘纯之点校，上海古籍出版社2013年版，第5—6页。

[2]《唐律疏议·名例》，见〔唐〕长孙无忌等：《唐律疏议》，丘纯之点校，上海古籍出版社2013年版，第6页。

3. 八　议

《名例》“议”条的疏议说：“周礼云：八辟丽邦法。今之八议，周之八辟也。”说明律中的“八议”来自《周礼》的“八辟”之制。依《周礼·秋官·小司寇》之“八辟”，以八辟丽邦法，附刑罚：一曰议亲之辟，二曰议故之辟，三曰议贤之辟，四曰议能之辟，五曰议功之辟，六曰议贵之辟，七曰议勤之辟，八曰议宾之辟。

（1）“八议”之内容。

疏议曰：《周礼》云：“八辟丽邦法。”今之“八议”，周之“八辟”也。《礼》云：“刑不上大夫。”犯法则在八议，轻重不在刑书也。其应议之人，或分液天潢，或宿侍旒扆，或多才多艺，或立事立功，简在帝心，勋书王府。若犯死罪，议定奏裁，皆须取决宸衷，曹司不敢与夺。此谓重亲贤，敦故旧，尊宾贵，尚功能也。以此八议之人，犯死罪皆先奏请，议其所犯，故曰“八议”。

一曰议亲（谓皇帝袒免以上亲，及太皇太后、皇太后缌麻以上亲，皇后小功以上亲）。

疏议曰：义取内睦九族，外协万邦，布雨露之恩，笃亲亲之理，故曰“议亲”。袒免者，据礼有五：高祖兄弟、曾祖从父兄弟、祖再从兄弟、父三从兄弟、身之四从兄弟是也。

二曰议故（谓故旧）。

疏议曰：谓宿得侍见，特蒙接遇历久者。

三曰议贤（谓有大德行）。

疏议曰：谓贤人君子，言行可为法则者。

四曰议能（谓有大才艺）。

疏议曰：谓能整军旅，莅政事，盐梅帝道，师范人伦者。

五曰议功（谓有大功勋）。

疏议曰：谓能斩将搴旗，摧锋万里，或率众归化，宁济一时，匡救艰难，铭功太常者。

六曰议贵（谓职事官三品以上，散官二品以上及爵一品者）。

疏议曰：依令，有执掌者为职事官，无执掌者为散官。爵，谓国公以上。

七曰议勤（谓有大勤劳）。

疏议曰：谓大将吏恪居官次，夙夜在公，若远使绝域，经涉险难者。

八曰议宾（谓承先代之后为国宾者）。

疏议曰：《书》云："虞宾在位，群后德让。"《诗》曰："有客有客，亦白其马。"《礼》云："天子存二代之后，犹尊贤也。"昔武王克商，封夏后氏之后于杞，封殷氏之后于宋，若今周后介公、隋后酅公并为国宾者。〔1〕

（2）"八议者"。

诸八议者犯死罪，皆条所坐及应议之状，先奏请议，议定奏裁；议者，原情议罪，称定刑之律而不正决之。

疏议曰：此名"议章"。八议人犯死罪者，皆条录所犯应死之坐，及录亲、故、贤、能、功、勤、宾、贵等应议之状，先奏请议。依令，都堂集议，议定奏裁。

注：议者，原情议罪，称定刑之律而不正决之。

疏议曰：议者，原情议罪者，谓原其本情，议其犯罪。称定刑之律而不正决之者，谓奏状之内，唯云准犯依律合

〔1〕《唐律疏议·名例》，见〔唐〕长孙无忌等：《唐律疏议》，丘纯之点校，上海古籍出版社2013年版，第16—18页。

死，不敢正言绞、斩，故云“不正决之”。[1]

（三）唐律中的祭礼

“凡治人之道，莫及于礼；礼有五经，莫重于祭。”唐代开始礼仪的专门化、法典化。《大唐开元礼》共一百五十卷，序例三卷，吉礼七十五卷，宾礼两卷，嘉礼四十卷，军礼十卷，凶礼二十卷。序例规定行礼的一些通例，其中卷一主要是祭祀之礼，将祭祀分为大祀、中祀、小祀三类，规定了不同祭祀活动中神位排列的方式。出于礼，则入于律。礼典以积极的规范从正面对祭祀制度与礼仪进行全面、系统的规定；律典则以消极的规范设定了对较为严重的违反祭礼行为的惩罚。《唐律疏议》对有关祭礼的犯罪规定得明确、具体、细致，《名例律》《卫禁律》《职制律》《厩库律》《贼盗律》《杂律》等都涉及祭礼，共十四条律文。

1. 违反祭礼的行为

（1）大祀日前未申报。相关人员应当于大祀举行之前在规定的日期内预先向有司申报，否则杖六十；若未按时申报使大祀不能进行，徒二年。

诸大祀，不预申期及不颁所司者，杖六十；以故废事者，徒二年。

疏议曰：依令：大祀，谓天、地、宗庙、神州等为大祀。或车驾自行，或三公行事。斋官皆散斋之日平明，集省受誓诫。二十日以前，所司预申祠部，祠部颁告诸司。其不预申期及不颁下所司者，杖六十。即虽申及颁下，事

[1]《唐律疏议·名例》，见〔唐〕长孙无忌等：《唐律疏议》，丘纯之点校，上海古籍出版社2013年版，第19页。

不周悉，所坐亦同。以故废祠祀事者，所由官司徒二年，应连坐者，各依公坐法节级得罪。[1]

为祭祀准备的牲牢、玉帛如果“不如法”，按照危害结果的不同，分三等对相关人员进行处罚。

牲、牢、玉、帛之属不如法，杖七十；阙数者，杖一百；全阙者，徒一年。(全阙谓一坐。)

疏议曰：牲，谓牛、羊、豕。牢者，牲之体。玉，谓苍璧祀天，璜琮祭地，五方上帝，各依方色。帛，谓币帛。称之属者，谓黍、稷以下。不依礼、令之法，一事有违，合杖七十；一事阙少，合杖一百；一坐全阙，合徒一年。其本是中、小祀，虽从大祀受祭，若有少阙，各依中、小祀递减之法。阙坐更多，罪不过此。余祀阙坐皆准此。[2]

参加祭祀的官员被称为“斋官”，在祭祀前应先行斋戒。若斋官夜晚散斋未宿于自家正寝，或致斋未宿于其本司，则按日进行处罚。

即入散斋，不宿正寝者，一宿笞五十；致斋，不宿本司者，一宿杖九十。一宿各加一等。中、小祀递减二等。

疏议曰：依令：大祀，散斋四日，致斋三日；中祀，散斋三日，致斋二日；小祀，散斋二日，致斋一日。散斋之日，斋官书理事如故，夜宿于家正寝，不宿正寝者，一宿

〔1〕《唐律疏议·职制》，见〔唐〕长孙无忌等：《唐律疏议》，丘纯之点校，上海古籍出版社2013年版，第153页。

〔2〕《唐律疏议·职制》，见〔唐〕长孙无忌等：《唐律疏议》，丘纯之点校，上海古籍出版社2013年版，第153页。

笞五十，一宿加一等。其无正寝者，于当家之内余斋房内宿者，亦无罪，皆不得习秽恶之事。故《礼》云，三日斋，一日用之，犹恐不敬。致斋者，两宿宿本司，一宿宿祀所。无本司及本司在皇城外者，皆于郊社、太庙宿斋。若不宿者，一宿杖九十，一宿加一等。通上散斋，故云各加一等。中、小祀者，谓社稷、日月、星辰、岳镇、海渎、帝社等为中祀，司中、司命、风师、雨师、诸星、山林、川泽之属为小祀。从大祀以下犯者，中祀减大祀二等，小祀减中祀二等，故云各递减二等。〔1〕

（2）大祀日前从事禁止之事。在举行大祀前四日，不得吊丧、问疾，这些都是对礼的大不敬，要受到严厉的惩罚。

诸大祀，在散斋而吊丧、问疾、判署刑杀文书及决罚者，笞五十；奏闻者，杖六十。致斋者，各加一等。

疏议曰：大祀，散斋四日，并不得吊丧，亦不得问疾。刑谓定罪，杀谓杀戮罪人，此等文书不得判署，及不得决罚杖、笞，违者笞五十。若以此刑杀、决罚事奏闻者，杖六十。若在致斋内犯者，各加一等。中、小祀犯者，各递减二等。〔2〕

（3）未遵守祭祀园陵的礼仪。参加祭祀的官员如果在有关人员已通知的情况下未在祭祀前按时集合，笞五十。祭祀的过程中，官员不按照祭祀的礼仪规则及程式行事，笞四十。

诸祭祀及有事于园陵，若朝会、侍卫，行事失错及

〔1〕《唐律疏议·职制》，见〔唐〕长孙无忌等：《唐律疏议》，丘纯之点校，上海古籍出版社2013年版，第154页。

〔2〕《唐律疏议·职制》，见〔唐〕长孙无忌等：《唐律疏议》，丘纯之点校，上海古籍出版社2013年版，第155页。

违失仪式者，笞四十。（谓言辞喧嚣，坐立怠慢乖众者，乃坐。）

疏议曰：称祭祀者，享亦同，及有事于园陵，谓谒陵等事，若朝会，谓百官朝参、集会，及侍卫祭祀之事，行事失错及违失仪式者，笞四十。注云，谓言辞喧嚣、坐立怠慢，谓声高喧闹，坐立不正，不依仪式，与众乖者，乃坐。[1]

（4）穿丧服者参加祭祀活动。

诸庙享，知有缌麻以上丧，遣充执事者，笞五十；陪从者，笞三十。主司不知，勿论。有丧不自言者，罪亦如之。其祭天地、社稷则不禁。

但这仅限于庙享，由于祭天地社稷"为越绋而行事"，"不避有惨"，所以不在此限。

疏议曰：庙享为吉事，《左传》曰，"吉禘于庄公"。其有缌麻以上惨，不得预其事。若知有缌麻以上丧，遣充执事者，主司笞五十。虽不执事，遣陪从者，主司笞三十。若主司不知前人有丧者，勿论。即有丧不自言，而冒充执事及陪从者，亦如之。其祭天地、社稷不禁者，《礼》云，"唯祭天地、社稷，为越绋而行事"，不避有惨，故云则不禁。[2]

---

〔1〕《唐律疏议·职制》，见〔唐〕长孙无忌等：《唐律疏议》，丘纯之点校，上海古籍出版社2013年版，第155页。

〔2〕《唐律疏议·职制》，见〔唐〕长孙无忌等：《唐律疏议》，丘纯之点校，上海古籍出版社2013年版，第155—156页。

2. 侵入、破坏损毁祭祀场所

（1）阑入太庙门及山陵兆域门。

诸阑入太庙及山陵兆域门者，徒二年（阑，谓不应入而入者）。

疏议曰：太者，大也。庙者，貌也。言皇祖神主在于中，故名太庙。山陵者，《三秦记》云："秦谓天子坟云山，汉云陵，亦通言山陵，言高大如山如陵。"兆域门者，《孝经》云："卜其宅兆。"既得吉兆，周兆以为茔域，皆置宿卫防守。应入出者，悉有名籍，不应入而入为阑入，各得二年徒坐。其入太庙室，即条无罪名，依下文庙减宫一等之例，减御在所一等，流三千里，若无故登山陵，亦同太庙室之坐。

越垣者，徒三年。太社，各减一等，守卫不觉，减二等（守卫，谓持时专当者）。

疏议曰：不从门为越。垣者，墙也。越太庙、山陵垣者，各徒三年。越太社垣及阑入门，皆减太庙一等。守卫，谓军人于太庙、山陵、太社防守宿卫者，若不觉越垣及阑入，各减罪人罪二等。守卫，谓防守卫士，昼夜分时专当者。非持时者，不坐。

主帅，又减一等（主帅，谓阑监当者）。

疏议曰：主帅，谓领兵宿卫太庙、山陵、太社三所者。但当检校即坐，不限官之高下。又减守卫人罪一等，唯坐亲监当者。

故纵者，各与同罪（余条守卫及监门，各准此）。

疏议曰：故纵者，谓知其不合入而听入，或知越垣而不禁，并与犯法者同罪。余条守卫宫、殿及诸防禁之处，皆有监门及守卫，故纵、不觉，得罪各准此。[1]

(2) 阑入禁人之地伤人。

诸本条无犯庙、社及禁苑罪名者，庙减宫一等，社减庙一等，禁苑与社同。

疏议曰：阑入庙、社及禁苑，本条各有罪名，其不立罪名之处，谓阑入至阈未逾、因入辄宿之类，各随轻重，庙减宫一等，社减庙一等，禁苑与社同。

即向庙、社、禁苑射及放弹、投瓦石杀伤人者，各以斗杀伤论，至死者加役流。

疏议曰：庙、社及禁苑，非人射及放弹、投瓦石之所，若有辄向射及放弹、投瓦石杀伤人者，各依斗杀伤人罪法，若箭伤徒二年，瞎一目徒三年之类。至死者，唯处加役流。

即箭至队、仗若辟仗内者，绞。

疏议曰：驾行皆有队、仗，或辟仗而行。忽有人射箭至队、仗所及至辟仗内者，各得绞罪。[2]

(3) 损坏祭祀场所的景物设施。

诸盗园陵内草木者，徒二年半。若盗他人墓茔内树者，杖一百。

疏议曰：园陵者，《三秦记》云，帝王陵有园，因谓之园陵；《三辅黄图》云，谓陵四阑门通四园。然园陵草木而合芟刈，而有盗者，徒二年半。若盗他人墓茔内树者，杖

[1]《唐律疏议·卫禁》，见〔唐〕长孙无忌等：《唐律疏议》，丘纯之点校，上海古籍出版社 2013 年版，第 119—120 页。

[2]《唐律疏议·卫禁》，见〔唐〕长孙无忌等：《唐律疏议》，丘纯之点校，上海古籍出版社 2013 年版，第 135—136 页。

一百。若脏重者，准下条，以凡盗论加一等。若其非盗，唯止斫伐者，准杂律，毁、伐树木、稼穑，各准盗论，园陵内徒二年半，他人墓茔内树杖一百。[1]

"山陵兆域内失火者，徒二年"；如果"延烧林木"，则流二千里；"其在外失火而延烧者，各减一等"。如果失火所毁园陵等为祭祀场所，则有谋毁宗庙山陵宫阙之嫌，可归入"十恶"。

诸于山陵兆域内失火者，徒二年；延烧林木者，流二千里；杀伤人者，减斗杀伤一等。其在外失火而延烧者，各减一等（余条在外失火准此）。

疏议曰：山陵，前已释讫。兆域者，邓展云："除地为茔，将有形兆。"韦昭曰："兆，域也。起土为茔域。"《孝经》曰："卜其宅兆而安厝之。"然山陵兆域之所，皆有宿卫之人，而于此内失火者，徒二年；延烧兆域内林木者，流二千里；杀伤人者，减斗杀伤一等。其在外失火，谓于兆域外失火，延烧兆域内及林木者，各减一等，谓延烧兆域内，徒二年上减一等；若延烧林木者，流二千里上减一等。注云：余条在外失火准此。余条，谓库藏以下诸条，因在外失火延烧者，减于内失火一等。[2]

（4）破坏祭祀场所的建筑。

诸大祀丘坛将行事，有守卫而毁者，流二千里；非行事日，徒一年。壝门，各减二等。

疏议曰：大祀丘坛，谓祀天于圆丘，祭地于方丘，五

---

〔1〕《唐律疏议·贼盗》，见〔唐〕长孙无忌等：《唐律疏议》，丘纯之点校，上海古籍出版社 2013 年版，第 302 页。

〔2〕《唐律疏议·杂律》，见〔唐〕长孙无忌等：《唐律疏议》，丘纯之点校，上海古籍出版社 2013 年版，第 433 页。

时迎气，祀五方上帝，并各有坛，此等将行祭祀，各有守卫，此时有损坏丘坛者，流二千里。非行事日，谓非祭祀之日，而毁者，徒一年。壝门，各减二等。壝门，谓丘坛之外，拥土为门。毁壝门者，将行事之日徒二年半，非行事日杖九十，故云各减二等。毁中、小祀，各递减二等。〔1〕

3. 盗、毁祭祀器物及牺牲不如法

（1）盗大祀神御物。

诸盗大祀神御之物者，流二千五百里（谓供神御者，帷、帐、几、杖亦同）。其拟供神御（谓营造未成者）。

疏议曰：盗大祀神御之物，公取、窃取皆为盗。大祀，谓天地、宗庙、神州等。其供神御所用之物而盗之者，流二千五百里。注云：谓供神御者，帷、帐、几、杖亦同。谓见供神御者，虽帷、帐、几、杖，亦得流罪，故云亦同。其拟供神御，谓上文神御之物及帷、帐、几、杖，营造未成，拟欲供进者，故注云，谓营造未成者。

及供而废阕，若享荐之具已馔呈者，徒二年（享荐，谓玉帛、牲牢之属。馔呈，谓已入祀所，经祀官省视者）。未馔呈者，徒一年半。已阕者，杖一百（已阕，谓接神礼毕）。若盗釜、甑、刀、匕之属，并从常盗之法。

疏议曰：供而废阕，谓神御之物，供祭已讫，退还所司者，故云废阕。若享荐之具已馔呈，馔者谓牲牢、枣

〔1〕《唐律疏议·杂律》，见〔唐〕长孙无忌等：《唐律疏议》，丘纯之点校，上海古籍出版社 2013 年版，第 437—438 页。

粟、脯脩之属，已入神所，呈阅祀官讫，而盗者，各徒二年，故注云：飨荐，谓玉币、牲牢之属。未馔呈者，徒一年半，谓以上玉币、牲牢、馔具之属，未馔呈祀官而盗者，徒一年半。已阕者，谓神前饮食荐享已了，退而盗者，得杖一百。若盗釜、甑、刀、匕之属，谓并不用供神，故从常盗之法，一尺杖六十，一匹加一等，五匹徒一年，五匹加一等，罪止加役流。言之属，谓盘、盂杂器之类。[1]

（2）盗、毁天尊佛像。

诸盗、毁天尊像、佛像者，徒三年。即道士、女冠盗、毁天尊像，僧、尼盗、毁佛像者，加役流。真人、菩萨，各减一等。盗而供养者，杖一百（盗、毁不相须）。

疏议曰：凡人或盗或毁天尊若佛像，各徒三年。道士、女冠盗、毁天尊像，僧、尼盗、毁佛像者，各加役流，为其盗、毁所事先圣形像，故加役流，不同俗人之法。真人、菩萨，各减一等，凡人盗、毁，徒二年半；道士、女冠盗、毁真人，僧、尼盗、毁菩萨，各徒三年。盗而供养者，杖一百，谓非贪利，将用供养者。但盗之与毁，各得徒、流之坐，故注云，盗、毁不相须，其非真人、菩萨之像，盗、毁余像者，若化生神王之类，当不应为从重；有脏入已者，即依凡盗法；若毁损功庸多者，计庸坐脏论，各令修立。其道士等盗、毁佛像及菩萨，僧、尼盗、毁天尊若真人，各依凡人之法。[2]

---

〔1〕《唐律疏议·贼盗》，见〔唐〕长孙无忌等：《唐律疏议》，丘纯之点校，上海古籍出版社2013年版，第295—296页。

〔2〕《唐律疏议·贼盗》，见〔唐〕长孙无忌等：《唐律疏议》，丘纯之点校，上海古籍出版社2013年版，第300—301页。

（3）大祀牺牲不如法。

诸供大祀牺牲，养饲不如法，致有瘦损者，一杖六十，一加一等，罪止杖一百；以故致死者，加一等。

疏议曰：供大祀，牺牲用犊。人帝配之，即加羊、豕。其养牲，大祀在涤九旬，中祀三旬，三祀一旬，小祀一旬，养饲令肥，不得捶扑，违者是不如法。致有瘦损者，一杖六十，一加一等，五不如法，罪止杖一百。以故致死者，加罪一等，一死杖七十，五死徒一年。其羊、豕虽供人帝，为配大祀，故得罪与牛皆同。职制律：中、小祀递减二等，余条中、小祀准此。即中祀养牲不如法，各减大祀二等；小祀不如法，又减中祀二等。[1]

（4）弃毁神御物。

诸弃、毁大祀神御之物，若御宝、乘舆服御物及非服而御者，各以盗论；亡失及误毁者，准盗论减二等。

疏议曰：弃、毁大祀神御之物，祠令：天地、宗庙、神州等为大祀。神御，谓供神所御之物。若御宝，谓皇帝八宝、太皇太后、皇太后、皇后宝。以称御者，三后亦同。乘舆服御物，谓皇帝服御之物。及非服而御，谓帷、帐、几、杖之属非服而供御者。以上义，名例及职制并具释讫。有弃、毁者，各以盗论。盗律：盗大祀神御之物、乘舆服御物者，流二千五百里；非服而御之物，徒一年半。赃重者，计赃各加凡盗一等。盗御宝者，绞。称以盗论者，与真盗同，入十恶。非服而御之物等，不入十恶。据盗律：其拟供神御及供而废阕，若飨荐之具已馔呈者，徒二年；

〔1〕《唐律疏议·厩库》，见〔唐〕长孙无忌等：《唐律疏议》，丘纯之点校，上海古籍出版社2013年版，第235页。

未馔呈者，徒一年半。又，盗御宝条：拟供服御等，亦并徒二年。今此条上言弃、毁大祀，下称非服而御，以盗论。准非服而御徒一年半，举下明上，即弃、毁拟供服御，准罪徒一年半以上，亦各以盗论。亡失及误毁者，准盗论减二等，并各从准盗罪上减二等。准盗论者，不在除、免、倍赃、监主加罪、加役流之例。弃、毁中祀神御之物，减大祀二等。弃、毁小祀神御之物，又减二等。中祀以下，不入十恶。〔1〕

（四）唐律中的御礼

1. 御　药

诸合和御药，误不如本方，及封题误者，医绞。

疏议曰：合和御药，须先处方，依方合和，不得差误。若有差误，不如本方，谓分两多少不如本方法之类。合成仍题封其上，注药迟驶，冷热之类，并写本方俱进。若有误不如本方及封题有误等，但一事有误，医即合绞。医，谓当合和药者，名例大不敬条内已具解讫。〔2〕

2. 造御膳犯食禁

诸造御膳，误犯食禁者，主食绞。若秽恶之物在食饮中，徒二年；拣择不精及进御不时，减二等。不品尝者，

〔1〕《唐律疏议·杂律》，见〔唐〕长孙无忌等：《唐律疏议》，丘纯之点校，上海古籍出版社 2013 年版，第 436—437 页。

〔2〕《唐律疏议·职制》，见〔唐〕长孙无忌等：《唐律疏议》，丘纯之点校，上海古籍出版社 2013 年版，第 156 页。

杖一百。

疏议曰：造御膳者，皆依食经。经有禁忌，不得辄造，若干脯不得入黍米中，苋菜不得和鳖肉之类。有所犯者，主食合绞。若秽恶之物，谓物是不洁之类，在食饮中，徒二年。若拣择不精者，谓拣米择菜之类，有不精好；及进御不时者，依《礼》，饭齐视春宜温，羹齐视夏宜热之类，或朝、夕、日中，进奉失度及冷热不时者，减罪二等，谓从徒二年减二等。不品尝者，杖一百，谓酸、咸、苦、辛之味不品及应尝不尝，俱得杖一百之罪。[1]

3. 皇帝所用船舶

诸御幸舟船，误不牢固者，工匠绞（工匠各以所由为首）。

疏议曰：御幸舟船者，皇帝所幸舟船，谓造作庄严，不甚牢固，可以败坏者，工匠合绞。注云：各以所由为首。明造作之人，皆以当时所由人为首。

若不整饰及阙少者，徒二年。

疏议曰：其舟船若不整顿、修饰，及在船篙、棹之属所须者有所阙少，得徒二年。此亦以所由为首，监当官司各减一等。[2]

---

〔1〕《唐律疏议·职制》，见〔唐〕长孙无忌等：《唐律疏议》，丘纯之点校，上海古籍出版社2013年版，第157页。

〔2〕《唐律疏议·职制》，见〔唐〕长孙无忌等：《唐律疏议》，丘纯之点校，上海古籍出版社2013年版，第158页。

4. 帝王乘车

诸乘舆服御物，持护、修整不如法者，杖八十；若进御乖失者，杖一百。其车马之属不调习、驾驭之具不完牢，徒二年。未进御，减三等。

疏议曰：乘舆所服用之物，皆有所司，执持、修整，自有常法，不如法者，杖八十。若进御乖失者，依《礼》“授立不跪，授坐不立”之类，各依礼、法，如有乖失违法者，合杖一百。其车马之属不调习、驾驭之具不完牢者，车谓辂车，马谓御马，称之属，谓羊车及辇等，升车则马动，马动则銮鸣之类，是为调习，若不如此，或御马惊骇，车舆及鞍辔之属有损坏，各徒二年。虽不如法，未将进御者，减三等。[1]

5. 不得私自借用皇帝御用物品

诸主司私借乘舆服御物，若借人及借之者，徒三年。非服而御之物，徒一年。在司服用者，各减一等（非服而御，谓帷、帐、几、杖之属）。

疏议曰：乘舆服御物，主司持护、修整，常须如法，若有私借或将借人及借之者，各徒三年。非服而御之物，谓除服御物之外，应供御所用者，得徒一年。虽非自借及借人，在司服用者，各减罪一等，服御物徒三年上减，非服而御徒一年上减，是为各减一等。[2]

---

〔1〕《唐律疏议·职制》，见〔唐〕长孙无忌等：《唐律疏议》，丘纯之点校，上海古籍出版社2013年版，第156页。

〔2〕《唐律疏议·职制》，见〔唐〕长孙无忌等：《唐律疏议》，丘纯之点校，上海古籍出版社2013年版，第159页。

6. 严控皇帝食品药品

诸监当官司及主食之人，误将杂药至御膳所者，绞（所，谓监当之人应到之处）。

疏议曰：御厨造膳，从造至进，皆有监当官司。依令，主食升阶进食。但是杂药，误将至御膳所者，绞。杂药，谓合和为药，堪服饵者。若有毒性，虽不合和，亦为杂药。[1]

7. 百官用膳

诸外膳（谓供百官），犯食禁者，供膳杖七十。若秽恶之物在食饮中及拣择不净者，笞五十。误者，各减二等。

疏议曰：百官常食以上，皆官厨所营，名为外膳，故注云，谓供百官。犯食禁者，食禁上已解讫，若有犯者，所由供膳杖七十。秽恶之物，谓不净物之类，在食饮中，及拣择有不净，其所由者得笞五十。若有误失者，各减二等，误犯食禁者，笞五十；误拣不净，笞三十。[2]

8. 官制文书错误及改正

诸制书有误，不即奏闻辄改定者，杖八十。官文书误，不请官司而改定者，笞四十。知误，不奏、请而行者，亦

---

〔1〕《唐律疏议·职制》，见〔唐〕长孙无忌等：《唐律疏议》，丘纯之点校，上海古籍出版社 2013 年版，第 159 页。

〔2〕《唐律疏议·职制》，见〔唐〕长孙无忌等：《唐律疏议》，丘纯之点校，上海古籍出版社 2013 年版，第 160 页。

如之。辄饰文者，各加二等。

疏议曰：制书有误，谓旨意参差，或脱剩文字，于理有失者，皆合覆奏，然后改正、施行。不即奏闻，辄自改定者，杖八十。官文书，谓常行文书，有误，于事改动者，皆须请当司长官，然后改正。若有不请自改定者，笞四十。知制书误不奏，知官文书误不请，依错施行，亦如之。制书误，得杖八十；官文书误，得笞四十。依公式令：制、敕宣行，文字脱误，于事理无改动者，勘检本案，分明可知，即改从正，不须覆奏。其官文书脱误者，谘长官改正。辄饰文字者，各加二等，谓非动事，修饰其文，制书合杖一百，官文书合杖六十。若动事，自从诈增减法。[1]

9. 违反上书奏事宗庙程序

诸上书若奏事，误犯宗庙讳者，杖八十。口误及余文书误犯者，笞五十。

疏议曰：上书若奏事，皆须避宗庙讳，有误犯者，杖八十。若奏事口误及余文书误犯者，各笞五十。

即为名字触犯者，徒三年。若嫌名及二名偏犯者，不坐（嫌名，谓若禹与雨、丘与区。二名，谓言征不言在、言在不言征之类）。

疏议曰：普天率土，莫匪王臣，制字立名，辄犯宗庙讳者，合徒三年。若嫌名者，则《礼》云禹与雨，谓声嫌而字理殊；丘与区，意嫌而理别。及二名偏犯者，谓复名而单犯，并不坐，谓孔子母名征在，孔子云，季孙之忧不

[1]《唐律疏议·职制》，见〔唐〕长孙无忌等：《唐律疏议》，丘纯之点校，上海古籍出版社 2013 年版，第 163 页。

在颛臾，即不言征，又云，杞不足征，即不言在。此色既多，故云之类。[1]

10. 上书奏事出现错误

诸上书若奏事而误，杖六十。口误，减二等（口误不失事者，勿论）。

疏议曰：上书，谓书奏特达。奏事，谓面陈。有误者，杖六十。若口误，减二等，合笞四十。若口奏虽误，事意无失者，不坐。[2]

11. 应上奏而不奏

诸事应奏而不奏，不应奏而奏者，杖八十；应言上而不言上（虽奏上，不待报而行，亦同），不应言上而言上，及不由所管而越言上，应行下而不行下，及不应行下而行下者，各杖六十。

疏议曰：应奏而不奏者，谓依律、令及式，事应合奏而不奏，或格、令、式无合奏之文及事理不须闻奏者，是不应奏而奏，并合杖八十。应言上者，谓合申上，而不言上。注云：虽奏上，不待报而行，亦同。谓事合奏及已申上应合待报者，皆须待报而行，若不待报而辄行者，亦同不奏、不申之罪。若据文且奏且行，或申、奏知不须待报者，不当此坐。不应言上者，依律、令及格、式，不遣言

---

〔1〕《唐律疏议·职制》，见〔唐〕长孙无忌等：《唐律疏议》，丘纯之点校，上海古籍出版社2013年版，第165页。

〔2〕《唐律疏议·职制》，见〔唐〕长孙无忌等丘纯之点校：《唐律疏议》，上海古籍出版社2013年版，第165页。

上，而辄言上，及不由所管而越言上者，假谓州管县，都督管州，州县事须上省，皆须先申所管州、府，不申而越言上者，并事应行下而不行下，不应行下而行下者，谓应出符、移、关、牒、刺而不出行下，不应出符、移、关、牒、刺而出行下者，各杖六十。[1]

12. 对国家政事发表言论

诸指斥乘舆，情理切害者，斩（言议政事乖失干涉乘舆者，上请）；非切害者，徒二年。

疏议曰：指斥，谓言议乘舆，原情及理，俱有切害者，斩。注云，言议政事乖失而因涉乘舆者，上请，谓论国家法式，言议是非，而因涉乘舆者，与指斥乘舆，情理稍异，故律不定刑名，临时上请。非切害者，徒二年，谓语虽指斥乘舆，而情理非切害者，处徒二年。

对捍制使而无人臣之礼者，绞（因私事斗竞者，非）。

疏议曰：谓奉制、敕使人有所宣告，对使拒捍，不依人臣之礼。既不承制命，又出拒捍之言者，合绞。注云，因私事斗竞者，非，谓不涉制、敕，别因他事私自斗竞，或虽因公事论竞，不干预制、敕者，并从殴、詈本法。[2]

---

〔1〕《唐律疏议 · 职制》，见〔唐〕长孙无忌等：《唐律疏议》，丘纯之点校，上海古籍出版社 2013 年版，第 167 页。

〔2〕《唐律疏议 · 职制》，见〔唐〕长孙无忌等：《唐律疏议》，丘纯之点校，上海古籍出版社 2013 年版，第 171 页。

（五）唐律中的丧礼

1. 奸盗略人受财

祖父母、父母犯死罪被囚禁而作乐及婚娶者，免官（谓二官并免。爵及降所不至者，听留）。

疏议曰：曾、高以下，祖父母、父母犯死罪，见被囚禁，其子孙若作乐者，自作、遣人作者并同。上条遣人与自作不殊，此条理亦无别。及婚娶者，止据男夫娶妻，不言嫁娶者，明妇人不入此色。自犯奸、盗以下，并合免官。〔1〕

2. 府号官称

在父母丧生子及娶妾，

疏议曰：在父母丧生子者，皆谓二十七月内而怀胎者。若父母未亡以前而怀胎，虽于服内而生子者，不坐；纵除服以后始生，但计胎月是服内而怀者，依律得罪。其娶妾，亦准二十七月内为限。

兄弟别籍、异财，冒哀求仕，

疏议曰：居丧未满二十七月，兄弟别籍、异财，其别籍、异财不相须。冒哀求仕，谓父母丧，禫制未除及在心丧内者，并合免所居之一官，并不合计闰。〔2〕

---

〔1〕《唐律疏议·名例》，见〔唐〕长孙无忌等：《唐律疏议》，丘纯之点校，上海古籍出版社2013年版，第40页。

〔2〕《唐律疏议·名例》，见〔唐〕长孙无忌等：《唐律疏议》，丘纯之点校，上海古籍出版社2013年版，第42页。

3. 匿父母夫丧

诸闻父母若夫之丧，匿不举哀者，流二千里；丧制未终，释服从吉，若忘哀作乐（自作、遣人等），徒三年；杂戏，徒一年；即遇乐而听及参预吉席者，各杖一百。

疏议曰：父母之恩，昊天莫报，荼毒之极，岂若闻丧？妇人以夫为天，哀类父母，闻丧即须哭泣，岂得择日待时？若匿而不即举哀者，流二千里。其嫡孙承祖者，与父母同。丧制未终，谓父母及夫丧二十七月内，释服从吉，若忘哀作乐，注云自作、遣人等，徒三年。其父卒母嫁，及为祖后者，祖在为祖母，若出妻之子，并居心丧之内，未合从吉，若忘哀作乐，自作、遣人等，亦徒三年。杂戏，徒一年。乐，谓金石、丝竹、笙歌、鼓舞之类。杂戏，谓樗蒲、双陆、弹棋、象博之属。即遇乐而听，谓因逢奏乐而遂听者；参预吉席，谓遇逢礼宴之席参预其中者，各杖一百。[1]

4. 父母死言余丧

诸父母死应解官，诈言余丧不解者，徒二年半。若诈称祖父母、父母及夫死以求假及有所避者，徒三年；伯叔父母、姑、兄姊，徒一年；余亲，减一等。若先死诈称始死及患者，各减三等。

疏议曰：父母之丧，解官居服。而有心贪荣任，诈言余丧不解者，徒二年半。为其已经发哀，故轻于闻丧不举之罪。若祖父母、父母及夫见存，或称求假，及有所避而

---

〔1〕《唐律疏议·职制》，见〔唐〕长孙无忌等：《唐律疏议》，丘纯之点校，上海古籍出版社 2013 年版，第 168—169 页。

诈妄称死者，各徒三年。伯叔父母、姑、兄姊，徒一年。余亲，减一等，谓缌麻以上，从徒一年上减一等，杖一百。若先死诈称始死及妄云疾病，以求假及有所避者，各减三等，谓诈称祖父母、父母及夫始死及患，徒三年上减三等，合徒一年半；伯叔父母、姑、兄姊，徒一年上减三等，杖八十；余亲，杖一百上减三等，合杖七十。[1]

5. 国忌作乐

诸国忌废务日作乐者，杖一百。私忌，减二等。

疏议曰：国忌，谓在令废务日，若辄有作乐者，杖一百。私家忌日作乐者，减二等，合杖八十。[2]

6. 残害死尸

诸残害死尸（谓焚烧、支解之类）及弃尸水中者，各减斗杀罪一等（缌麻以上尊长不减）。

疏议曰：残害死尸，谓支解形骸，割绝骨体及焚烧之类；及弃尸水中者，各减斗杀罪一等，谓合死者，死上减一等；应流者，流上减一等之类。注云，缌麻以上尊长，不减，谓残害及弃尸水中，各依斗杀合斩，不在减例。[3]

---

〔1〕《唐律疏议·诈伪》，见〔唐〕长孙无忌等：《唐律疏议》，丘纯之点校，上海古籍出版社2013年版，第405页。

〔2〕《唐律疏议·杂律》，见〔唐〕长孙无忌等：《唐律疏议》，丘纯之点校，上海古籍出版社2013年版，第410页。

〔3〕《唐律疏议·贼盗》，见〔唐〕长孙无忌等：《唐律疏议》，丘纯之点校，上海古籍出版社2013年版，第291页。

7. 发　冢

诸发冢者，加役流（发彻即坐。招魂而葬亦是）。已开棺椁者，绞；发而未彻者，徒三年。

疏议曰：《礼》云：葬者，藏也，欲人不得见。古之葬者，厚衣之以薪，后代圣人易之以棺椁。有发冢者，加役流。注云：发彻即坐。招魂而葬亦是。谓开至棺椁，即为发彻。先无尸柩，招魂而葬，但使发彻者，并合加役流。已开棺椁者，绞，谓有棺有椁者，必须棺椁两开，不待取物触尸，俱得绞罪。其不用棺椁葬者，若发而见尸，亦同已开棺椁之坐。发而未彻者，谓虽发冢而未至棺椁者，徒三年。[1]

（六）唐律中的婚礼

1. 婚姻的基本关系和法律地位

唐律规定，唐代五品以上官员有妻有媵有妾，五品之下至庶人一般有妻有妾，夫妻媵妾四者地位依次降低。

诸以妻为妾，以婢女为妻者，徒二年；以妾及客女为妻、以婢为妾者，徒一年半，各还正之。

疏议曰：妻者，齐也，秦晋为匹。妾通卖买，等数相悬。婢乃贱流，本非俦类。若以妻为妾，以婢为妻，违别议约，便亏夫妇之正道，黩人伦之彝则，颠倒冠履，紊乱礼经，犯此之人，即合二年徒罪。以妾及客女为妻，客女

〔1〕《唐律疏议·贼盗》，见〔唐〕长孙无忌等：《唐律疏议》，丘纯之点校，上海古籍出版社 2013 年版，第 301 页。

谓部曲之女，或有于他处转得，或放婢为之，以婢为妾者，皆徒一年半。各还正之，并从本色。[1]

2. 婚礼的基本规定

（1）婚礼的形式要件：婚书。

诸许嫁女已报婚书及有私约（约，谓先知夫身老、幼、疾、残、养、庶之类）而辄悔者，杖六十（男家自悔者，不坐，不追聘财）。

疏议曰：许嫁女已报婚书者，谓男家致书礼请，女氏答书许讫。及有私约，注云：约，谓先知夫身老、幼、疾、残、养、庶之类。老、幼，谓违本约，相校倍年者；疾、残，谓状当三疾，支体不完；养，谓非己所生；庶，谓非嫡子及庶孽之类。以其色目非一，故云之类。皆谓宿相谙委，两情具惬，私有契约，或报婚书，如此之流，不得辄悔，悔者杖六十，婚仍如约。若男家自悔者，无罪，聘财不追。

问曰：有私约者，准文唯言老、幼、疾、残、养、庶之类，未知贫富贵贱亦入之类，得为妄冒以否？

答曰：老、幼、疾、残、养、庶之类，此缘事不可改，故须先约，然许为婚，且富贵不恒，贫贱无定，不入之类，亦非妄冒。

虽无许婚之书，但受聘财亦是（聘财无多少之限，酒食非。以财物为酒食者，亦同聘财）。

疏议曰：婚礼先以聘财为信，故《礼》云“聘则为

---

〔1〕《唐律疏议·户婚》，见〔唐〕长孙无忌等：《唐律疏议》，丘纯之点校，上海古籍出版社 2013 年版，第 215 页。

妻”。虽无许婚之书，但受聘财亦是。注云：聘财无多少之限，即受一尺以上，并不得悔。酒食非者，为供设亲宾，便是众人同费，所送虽多，不同聘财之限。若以财物为酒食者，谓送钱财以当酒食，不限多少，亦同聘财。

若更许他人者，杖一百；已成者，徒一年半。后娶者知情，减一等。女追归前夫。前夫不娶，还娉财，后夫婚如法。

疏议曰：若更许他人者，谓依私约、报书或受聘财，而别许他人者，杖一百；若已成者，徒一年半。后娶者知已许嫁之情而娶者，减女家罪一等，未成者，依下条减已成者五等，合杖六十；已成，徒一年。女归前夫。若前夫不娶，女氏还聘财，后夫婚如法。〔1〕

（2）为婚女家妄冒。

诸为婚而女家妄冒者，徒一年；男家妄冒者，加一等。未成者，依本约；已成者，离之。

疏议曰：为婚之法，必有行媒，男女嫡、庶、长、幼，当时理有契约。女家违约妄冒者，徒一年；男家妄冒者，加一等。未成者，依本约，谓依初许婚契约；已成者，离之。违约之中，理有多种，或以尊卑，或以大小之类皆是。〔2〕

（3）一夫一妻制及妻妾制度。

第一，有妻更娶。

---

〔1〕《唐律疏议·户婚》，见〔唐〕长孙无忌等：《唐律疏议》，丘纯之点校，上海古籍出版社2013年版，第213—214页。

〔2〕《唐律疏议·户婚》，见〔唐〕长孙无忌等：《唐律疏议》，丘纯之点校，上海古籍出版社2013年版，第214页。

诸有妻更娶妻者，徒一年；女家，减一等。若欺妄而娶者，徒一年半，女家不坐。各离之。

疏议曰：依礼，日见于甲，月见于庚，象夫妇之义，一与之齐，中馈斯重。故有妻而更娶者，合徒一年。女家，减一等，为其知情，合杖一百。若欺妄而娶，谓有妻言无，以其矫诈之故，合徒一年半。女家既不知情，依法不坐。仍各离之，称各者，谓女氏知有妻、无妻，皆合离异，故云各离之。

问曰：有妇而更娶妇，后娶者虽合离异，未离之间，共夫内外亲戚相犯，得同妻法以否？

答曰：一夫一妇，不刊之制，有妻更娶，本不成妻，详求理法，止同凡人之坐。[1]

第二，以妻为妾。

问曰：或以妻为媵，或以媵为妻，或以妾作媵，或以媵作妾，各得何罪？

答曰：据斗讼律：媵犯妻，减妾一等；妾减媵，加凡人一等。余条媵无文者，与妾同。即是夫犯媵，皆同犯妾。所问既非妻、妾与媵相犯，便无加减之条。夫犯媵，例依犯妾，即以妻为媵，罪同以妻为妾。若以媵为妇，亦同以妾为妻。其以媵为妾，律令无文，宜依不应为重，合杖八十。以妾为媵，令既有制，律无罪名，止科违令之罪。即因其改换，以告身与回换之人者，自从假与人官法。若以妾诈为媵，而冒承媵姓名始得告身者，依诈伪律诈增加功状以求得官者，合徒一年。

〔1〕《唐律疏议·户婚》，见〔唐〕长孙无忌等：《唐律疏议》，丘纯之点校，上海古籍出版社 2013 年版，第 214—215 页。

若婢有子及经放为良者，听为妾。

疏议曰：婢为主所幸，因而有子，即虽无子，经放为良者，听为妾。

问曰：婢经放为良，听为妾。若用为妻，复有何罪?

答曰：妻者，传家事，承祭祀，既具六礼，取则二仪。婢虽经放为良，岂堪承嫡之重?律既止听为妾，即是不许为妻，不可处以婢为妻之科，须从以妾为妻之坐。[1]

（4）婚礼与孝道。

第一，居父母及夫丧嫁娶。

诸居父母及夫丧而嫁娶者，徒三年；妾，减三等。各离之。知而共为婚姻者，各减五等；不知者，不坐。

疏议曰：父母之丧，终身忧戚，三年从吉，自为达礼。夫为妇天，尚无再醮。若居父母及夫之丧，谓在二十七月内，若男身娶妻，而妻、女出嫁者，各徒三年。妾，减三等，若男夫居丧娶妾，妻、女作妾嫁人，妾既许以卜姓为之，其情理贱也，礼数既别，得罪故轻。各离之，谓服内嫁娶，妻妾并离。知而共为婚姻者，谓婿父称婚，妻父称姻，二家相知，是服制之内故为婚姻者，各减罪五等，得杖一百；娶妾者，合杖七十。不知情，不坐。

若居期丧而嫁娶者，杖一百；卑幼，减二等。妾，不坐。

疏议曰：若居期亲之丧嫁娶，谓男夫娶妇，女嫁作妻，各杖一百。卑幼，减二等，虽是期服，亡者是卑幼，故减

〔1〕《唐律疏议·户婚》，见〔唐〕长孙无忌等：《唐律疏议》，丘纯之点校，上海古籍出版社2013年版，第215—216页。

二等，合杖八十。妾，不坐，谓期服内男夫娶妾，女、妇作妾嫁人，并不坐。[1]

第二，父母囚禁嫁娶。

诸祖父母、父母被囚禁而嫁娶者，死罪，徒一年半；流罪，减一等；徒罪，杖一百（祖父母、父母命者，勿论）。

疏议曰：祖父母、父母既被囚禁，固身囹圄，子孙嫁娶，名教不容。若祖父母、父母犯当死罪，嫁娶者徒一年半；流罪，徒一年；徒罪，杖一百。若娶妾及嫁为妾者，即准上文减三等。若期亲尊长主婚，即以主婚为首，男女为从；若余亲主婚，事由主婚，主婚为首，男女为从；事由男女，即男女为首，主婚为从。其男女被逼，或男年十八以下，在室之女，并主婚独坐。注云：祖父母、父母命者，勿论。谓奉祖父母、父母命为亲，故律不加其罪，依令不得宴会。[2]

第三，居父母丧主婚。

诸居父母丧，与应嫁娶人主婚者，杖一百。

疏议曰：居父母丧，与应合嫁娶之人主婚者，杖一百。若与不应嫁娶人主婚，得罪重于杖一百，自从重科。若居夫丧，而与应嫁娶人主婚者，律虽无文，从不应为重，合杖八十。其父母丧内为应嫁娶人媒合，从不应为重，杖

[1]《唐律疏议·户婚》，见〔唐〕长孙无忌等：《唐律疏议》，丘纯之点校，上海古籍出版社 2013 年版，第 216—217 页。

[2]《唐律疏议·户婚》，见〔唐〕长孙无忌等：《唐律疏议》，丘纯之点校，上海古籍出版社 2013 年版，第 217—218 页。

八十；夫丧从轻，合笞四十。[1]

(5) 不得为婚，婚者离之的情形。

第一，同姓为婚。

诸同姓为婚者，各徒二年，缌麻以上，以奸论。

疏议曰：同宗、共姓，皆不得为婚，违者各徒二年。然古者受姓命氏，因彰德功、邑居、官爵，事非一绪。其有祖宗迁易，年代浸远，疏源析本，罕能推详。至如鲁、卫、文王之昭，凡、蒋，周公之胤，初虽同族，后各分封，并传国姓，以为宗本，若与姬姓为婚者，不在禁例。其有声同字别，音响不殊，男女辨姓，岂宜仇匹，若阳与杨之类？又如近代以来，或蒙赐姓，谱牒仍在，昭穆可知，今姓之与本枝，并不合共为婚媾。其有复姓之类，一字或同，受氏既殊，元非禁限。若同姓缌麻以上为婚者，各依杂律奸条科罪。

问曰：同姓为婚，各徒二年。未知同姓为妾，合得何罪？

答曰：买妾不知其姓，则卜之。取决蓍龟，本防同姓。同姓之人，即尝同祖，为妻为妾，乱法不殊。户令云，娶妾仍立婚契。即验妻、妾，俱名为婚。依准礼、令，得罪无别。

若外姻有服属而尊卑共为婚姻，及娶同母异父姊妹若妻前夫之女者（谓妻所生者。余条称前夫之女准此），亦各以奸论。

疏议曰：外姻有服属者，谓外祖父母、舅、姨、妻之

---

〔1〕《唐律疏议·户婚》，见〔唐〕长孙无忌等：《唐律疏议》，丘纯之点校，上海古籍出版社2013年版，第218页。

父母，此等若作婚姻者，是名尊卑共为婚姻。及娶同母异父姊妹若妻前夫之女者，注云，谓妻所生者，谓前夫之女，后夫娶之，是妻所生者，如其非妻所生，自从本法。余条称前夫之女者准此，据杂律，奸妻前夫之女，亦据妻所生者，故云亦准此，各以奸论。其外姻虽有服，非尊卑者为婚，不禁。

其父母之姑、舅、两姨姊妹及姨若堂姨、母之姑、堂姑、己之堂姨及再从姨、堂外甥女、女婿姊妹，并不得为婚姻，违者各杖一百，并离之。

疏议曰：父母舅、姑、两姨姊妹，于身无服，乃是父母缌麻，据身是尊，故不合娶。及姨，又是父母小功尊；若堂姨，虽于父母无服，亦是尊属；母之姑、堂姑，并是母之小功以上尊；己之堂姨及再从姨、堂外甥女，亦谓堂姊妹所生者；女婿姊妹，于身虽并无服，据理不可为婚，并为尊卑混乱，人伦失序，违此为婚者，各杖一百。自同姓为婚以下，虽会赦各离之。[1]

第二，为袒免妻嫁娶。

诸尝为袒免亲之妻而嫁娶者，各杖一百。缌麻及舅、甥妻，徒一年。小功以上，以奸论。妾，各减二等。并离之。

疏议曰：高祖亲兄弟，曾祖堂兄弟，祖再从兄弟，父三从兄弟，身四从兄弟，三从侄、再从侄孙，并缌麻绝服之外，即是袒免。既同五代之祖，服制尚异他人，故尝为袒免亲之妻，不合复相嫁娶，辄嫁娶者男女各杖一百。缌

[1]《唐律疏议·户婚》，见〔唐〕长孙无忌等：《唐律疏议》，丘纯之点校，上海古籍出版社 2013 年版，第 219—220 页。

麻及舅、甥妻，谓同姓缌麻之妻及为舅妻若外甥妻，而更相嫁娶者，其夫尊卑有服嫁娶，各徒一年。[1]

第三，娶逃亡妇女。

诸娶逃亡妇女为妻妾，知情者与同罪，至死者减一等。离之。即无夫，会恩免罪者，不离。

疏议曰：妇女犯罪逃亡，有人娶为妻妾，若知其逃亡而娶，流罪以下，并与同科。唯妇人本犯死罪而娶者，流三千里，仍离之。即逃亡妇女无夫，又会恩赦得免罪者，不合从离。其不知情而娶，准律无罪，若无夫，即听不离。[2]

第四，监临娶所监临女。

诸监临之官娶所监临女为妾者，杖一百。若为亲属娶者，亦如之。其在官非监临者，减一等。女家不坐。

疏议曰：监临之官，谓职当临统、案验者，娶所部人女为妾者，杖一百。为亲属娶者，亦合杖一百。亲属，谓本服缌麻以上亲，及大功以上婚姻之家。既是监临之官为娶，亲属不坐。若亲属与监临官同情强娶，或恐喝娶者，即以本律首从科之，皆以监临为首，娶者为从。其在官非监临者，谓在所部任官而职非统摄、案验，而娶所部之女及与亲属娶之，各减监临官一等。女家并不合坐。其职非统摄，临时监主而娶者，亦同。仍各离之。

即枉法娶人妻妾及女者，以奸论加二等（为亲属娶者，

---

〔1〕《唐律疏议·户婚》，见〔唐〕长孙无忌等：《唐律疏议》，丘纯之点校，上海古籍出版社2013年版，第220—221页。

〔2〕《唐律疏议·户婚》，见〔唐〕长孙无忌等：《唐律疏议》，丘纯之点校，上海古籍出版社2013年版，第221—222页。

亦同）。行求者，各减二等。各离之。

疏议曰：有事之人，或妻若妾，而求监临官司曲法判事，娶其妻妾及女者，以奸论加二等。其娶者有亲属，应加罪者，各依本法，仍加监临奸罪二等。为亲属娶者，亦同，皆同自娶之坐。行求者，各减二等。其以妻妾及女行求，嫁与监临官司，得罪减监临二等，亲属知行求枉法而娶人妻妾及女者，自依本法为从坐。仍各离之者，谓夫自嫁妻妾及女与枉法官人，两俱离之。妻妾及女理不自由，故并不坐。[1]

第五，和娶人妻。

诸和娶人妻及嫁之者，各徒二年；妾，减二等。各离之。即夫自嫁者，亦同（仍两离之）。

疏议曰：和娶人妻及嫁之者，各徒二年。若和嫁娶妾，减二等，徒一年。各离之，谓妻妾俱离。即夫自嫁者，亦同，谓同嫁妻妾之罪。二夫各离，故云两离之。[2]

第六，义绝离之。

诸犯义绝者离之，违者徒一年。若夫妻不相安谐而和离者，不坐。

疏议曰：夫妻义合，义绝则离。违而不离，合得一年徒罪。离者既无名字，得罪只在一人，皆坐不肯离者。若两不愿离，即以造意为首，随从者为从。皆谓官司判为义绝者，方得此坐，若未经官司处断，不合此科。若夫妻不

〔1〕《唐律疏议·户婚》，见〔唐〕长孙无忌等：《唐律疏议》，丘纯之点校，上海古籍出版社2013年版，第222—223页。

〔2〕《唐律疏议·户婚》，见〔唐〕长孙无忌等：《唐律疏议》，丘纯之点校，上海古籍出版社2013年版，第223页。

相安谐，谓彼此情不相得，两愿离者，不坐。[1]

第七，奴娶良人为妻。

诸与奴娶良人女为妻者，徒一年半，女家减一等，离之。其奴自娶者，亦如之。主知情者，杖一百；因而上籍为婢者，流三千里。

疏议曰：人各有耦，色类须同。良贱既殊，何宜配合？与奴娶良人女为妻者，徒一年半，女家减一等，合徒一年，仍离之，谓主得徒坐，奴不含科。其奴自娶者，亦得徒一年半。主不知情者，无罪。主若知情，杖一百；因而上籍为婢者，流三千里。若有为奴娶客女为妻者，律虽无文，即须比例科断。名例律：称部曲者，客女同。斗讼律：部曲殴良人，加凡人一等，奴婢又加一等。其良人殴部曲，减凡人一等，奴婢又减一等。即部曲、奴婢相殴伤杀者，各依部曲与良人相殴伤杀法。注云：余条良人、部曲、奴婢私相犯，本条无正文者，并准此。奴娶良人徒一年半，即娶客女减一等，合徒一年；主知情者，杖九十；因而上籍为婢者，徒三年。其所生男女，依户令：不知情者，从良；知情者，从贱。[2]

第八，杂户不得娶良人。

诸杂户不得与良人为婚，违者杖一百。官户娶良人女者，亦如之。良人娶官户女者，加二等。

疏议曰：杂户配隶诸司，不与良人同类，止可当色相

[1]《唐律疏议·户婚》，见〔唐〕长孙无忌等：《唐律疏议》，丘纯之点校，上海古籍出版社2013年版，第224—225页。

[2]《唐律疏议·户婚》，见〔唐〕长孙无忌等：《唐律疏议》，丘纯之点校，上海古籍出版社2013年版，第225—226页。

娶，不合与良人为婚。违律为婚，杖一百。官户娶良人女者，亦如之，谓官户亦隶诸司，不属州县，亦当色婚嫁，不得辄娶良人，违者亦杖一百。良人娶官户女者，加二等，合徒一年半。官户私嫁女与良人，律无正文，并须依首从例。

即奴婢私嫁女与良人为妻妾者，准盗论；知情娶者，与同罪。各还正之。

疏议曰：奴婢既同资财，即合由主处分，辄将其女私嫁与人，须计婢赃，准盗论罪，五匹徒一年，五匹加一等。知情娶者，与奴婢罪同，不知情者不坐。自杂户与良人为婚以下得罪，仍各离而改正。其工、乐、杂户、官户，依令当色为婚，若异色相娶者，律无罪名，并当违令。既乖本色，亦合正之。太常音声人，依令婚同百姓，其有杂作婚姻者，并准良人。其部曲、奴婢有犯，本条无正文者，依律各准良人，如与杂户、官户为婚，并同良人共官户等为婚之法，仍各正之。[1]

第九，违律为婚。

诸违律为婚，虽有媒娉，而恐喝娶者，加本罪一等；强娶者，又加一等。被强者，止依未成法。

疏议曰：违律不许为婚，其有故为之者，是名违律为婚。假如杂户与良人为婚，虽有媒娉，而恐喝娶者，加本罪一等，本坐合杖一百，加一等，处徒一年。强娶者，又加一等，谓以威若力而强娶之，合徒一年半。被强者，止依未成法。下条未成者，各减已成五等，女家止笞五十

---

〔1〕《唐律疏议·户婚》，见〔唐〕长孙无忌等：《唐律疏议》，丘纯之点校，上海古籍出版社 2013 年版，第 226—227 页。

之类。

即应为婚，虽已纳聘，期要未至而强娶，及期要至而女家故违者，各杖一百。

疏议曰：即应为婚，谓依律合为婚者，虽已纳娉财，元契吉日未至，而男家强娶，及期要已至吉日，而女家故违不许者，各杖一百，得罪依律，不合从离。[1]

（6）“七出三不去”。

诸妻无七出及义绝之状而出之者，徒一年半。虽犯七出，有三不去而出之者，杖一百。追还合。若犯恶疾及奸者，不用此律。

疏议曰：伉俪之道，义期同穴，一与之齐，终身不改。故妻无七出及义绝之状，不合出之。七出者，依令：一无子，二淫泆，三不事舅姑，四口舌，五盗窃，六妒忌，七恶疾。义绝，谓殴妻之祖父母、父母及杀妻外祖父母、伯叔父母、兄弟、姑、姊妹，若夫妻祖父母、父母、外祖父母、伯叔父母、兄弟、姑、姊妹自相杀，及妻殴、詈夫之祖父母、父母，杀伤夫外祖父母、伯叔父母、兄弟、姑、姊妹，及与夫之缌麻以上亲若妻母奸，及欲害夫者，虽会赦皆为义绝。妻虽未入门，亦从此令。若无此七出及义绝之状辄出之者，徒一年半。虽犯七出，有三不去，三不去者，谓一经持舅姑之丧，二娶时贱后贵，三有所取无所归，而出之者，杖一百。并追还合。若犯恶疾及奸者，不用此律，谓恶疾及奸，虽有三不去，亦在出限，故云不用此律。

---

〔1〕《唐律疏议·户婚》，见〔唐〕长孙无忌等：《唐律疏议》，丘纯之点校，上海古籍出版社 2013 年版，第 227 页。

问曰：妻无子者，听出。未知几年无子，即合出之？

答曰：律云，妻年五十以上无子，听立庶以长。即是四十九以下无子，未合出之。[1]

（七）唐律诉讼中的礼

1. 事亲有隐无犯：告祖父母父母者绞

诸告祖父母、父母者，绞（谓非缘坐之罪及谋叛以上而故告者。下条准此）。

疏议曰：父为子天，有隐无犯。如有违失，理须谏诤，起敬起孝，无令陷罪。若有忘情弃礼而故告者，绞。注云，谓非缘坐之罪，缘坐谓谋反、大逆，及谋叛以上，皆为不臣，故子孙告亦无罪，缘坐同首法，故虽父祖，听捕告。若故告余罪者，父祖得同首例，子孙处以绞刑。下条准此者，谓告期亲尊长，情在于恶，欲令入罪而故告之，故云准此。若因推劾，事不获免，随辩注引，不当告坐。[2]

2. 祖父母为人殴击

诸祖父母、父母为人所殴击，子孙即殴击之，非折伤者勿论；折伤者，减凡斗折伤三等；至死者，依常律（谓子

[1]《唐律疏议·户婚》，见〔唐〕长孙无忌等：《唐律疏议》，丘纯之点校，上海古籍出版社 2013 年版，第 223—224 页。

[2]《唐律疏议·斗讼》，见〔唐〕长孙无忌等：《唐律疏议》，丘纯之点校，上海古籍出版社 2013 年版，第 370 页。

孙元非随从者）。

疏议曰：祖父母、父母为人所殴击，子孙理合救之。当即殴击，虽有损伤，非折伤者无罪。折伤者，减凡斗折伤三等，谓折一齿，合杖八十之类。至死者，谓殴前人致死合绞，以刃杀者合斩，故云依常律。注云，谓子孙元非随从者。若元随从，即依凡斗首从论。律文但称祖父母、父母为人所殴击，不论亲疏尊卑，其有祖父母、父母之尊长，殴击祖父母、父母，依律殴之无罪者，止可解救，不得殴之，辄即殴者，自依斗殴常法。若夫之祖父母、父母，共妻之祖父母、父母相殴，子孙之妇亦不合即殴夫之祖父母、父母，如当殴者，即依常律。[1]

3. 殴缌麻兄姊

诸殴缌麻兄姊，杖一百。小功、大功，各递加一等。尊属者，又各加一等。伤重者，各递加凡斗伤一等；死者，斩。即殴从父兄姊，准凡斗应流三千里者，绞。

疏议曰：殴缌麻兄姊，谓本宗及外姻有缌麻服者并同。殴此兄姊，杖一百。小功，徒一年；大功，徒一年半。尊属者，又各加一等，谓殴缌麻尊属，徒一年；小功尊属，徒一年半。大功尊属，依礼，唯夫之祖父母及夫之伯叔父母，此并各有本条，自从殴夫之祖父母绞，夫之伯叔父母，减夫犯一等，徒二年半，即此大功无尊属加法。伤重者，各递加凡斗伤一等，谓他物殴缌麻兄姊内损吐血，准凡人杖一百上加一等，合徒一年，小功徒一年半，大功徒二年；尊

〔1〕《唐律疏议·斗讼》，见〔唐〕长孙无忌等：《唐律疏议》，丘纯之点校，上海古籍出版社 2013 年版，第 360—361 页。

属又加一等，即缌麻徒一年半，小功徒二年之类。因殴致死者，各斩。假有殴小功尊属折二支，加凡人三等，不云加入于死，罪止远流。即殴从父兄姊，准凡斗应流三千里者，谓损二事以上，或因旧患令至笃疾、断舌及毁败阴阳，此是凡斗应流三千里，于从父兄姊犯此流者，合绞。

若尊长殴卑幼折伤者，缌麻，减凡人一等；小功、大功，递减一等；死者，绞。即殴杀从父弟妹及从父兄弟之子孙者，流三千里。若以刃及故杀者，绞。

疏议曰：若尊长殴卑幼折伤者，谓折齿以上。既云折伤，即明非折伤不坐。因殴折伤缌麻卑幼，减凡人一等；小功，减二等；大功，减三等。假有殴缌麻卑幼折一指，凡斗合徒一年，减一等，杖一百；小功，减二等，杖九十；大功，减三等，杖八十。其殴伤重者，递减各准此。因殴致死者，尊长各绞。即殴杀从父弟妹，谓堂弟妹，及从父兄弟之子孙，谓堂侄及侄孙者，流三千里。若以刃杀及不因斗而故杀者，俱合绞刑。[1]

4. 殴兄姊弟妹

诸殴兄姊者，徒二年半；伤者，徒三年；折伤者，流三千里；刃伤及折支若瞎其一目者，绞；死者，皆斩；詈者，杖一百。伯叔父母、姑、外祖父母，各加一等。即过失杀伤者，各减本杀伤罪二等。

疏议曰：兄姊至亲，更相急难，弯弧垂泣，义切匪他。辄有殴者，徒二年半；殴伤者，徒三年；折伤者，或折齿，

〔1〕《唐律疏议·斗讼》，见〔唐〕长孙无忌等：《唐律疏议》，丘纯之点校，上海古籍出版社2013年版，第353页。

> 或折手足指，但折一事，即合处流。若用刃伤及折支，或跌其支体，若瞎其一目，谓全失其明者，各得绞罪。因殴致死者，首从皆斩。詈者，合杖一百。其伯叔父母、姑、外祖父母，各加一等，谓加犯兄姊一等，殴者，徒三年；伤者，流二千里；文无加入死，折伤亦止流坐；詈者，徒一年。过失杀若伤，各减本杀伤二等，谓过失杀者，各减死罪二等，合徒三年；过失折齿者，从流减二等之类。其过失之罪，兄姊以下，并同减二等。〔1〕

5. 亲亲相隐

亲亲相隐是春秋战国时期儒家提出的主张。三国、两晋、南北朝时期，亲亲相隐原则得到进一步确认。唐律对亲亲相隐原则做了具体规定，以后各朝的规定大体上与唐代相同，其内容主要有：亲属有罪相隐，不论罪或减刑；控告应相隐的亲属，要处刑。有两类罪不适用亲亲相隐原则：一类是谋反、谋大逆、谋叛及其他一些重罪；另一类是某些亲属互相侵害罪。

> 诸告期亲尊长、外祖父母、夫、夫之祖父母，虽得实，徒二年。其告事重者，减所告罪一等。（所犯虽不合论，告之者犹坐。）即诬告重者，加所诬罪三等。告大功尊长，各减一等；小功、缌麻，减二等；诬告重者，各加所诬罪一等。
>
> 疏议曰：告期亲尊长、外祖父母、夫、夫之祖父母，依名例律，并相容隐，被告之者与自首同，告者各徒二年。告事重于徒二年者，减所告罪一等，假有告期亲尊长盗上

〔1〕《唐律疏议·斗讼》，见〔唐〕长孙无忌等：《唐律疏议》，丘纯之点校，上海古籍出版社 2013 年版，第 353—354 页。

绢二十五匹，合徒三年，尊长同首法免罪，卑幼减所告罪一等，合徒二年半之类。注云：所犯虽不合论，谓期亲尊长以下，或年八十以上，十岁以下，若笃疾，犯罪虽不合论，而卑幼告之，依法犹坐。即诬告期亲尊长，得罪重于二年徒者，加所诬罪三等，假有诬告期亲尊长一年半徒罪，加所诬罪三等，合徒三年，此亦是计加得重于本罪即须加。告大功尊长，各减一等，谓告得实，徒一年半；重于徒一年半者，即减期亲罪一等。假有告大功尊长三年徒，减期亲一等，处徒二年。告小功、缌麻尊长，虽得实，同减期亲二等，合徒一年。告事重者，亦减期亲尊长二等，假有告三年徒，虽实，犹徒一年半之类。诬告重者，谓诬告大功、小功、缌麻重者，各加所诬罪一等，假有诬告大功尊长一年半徒，加所诬罪一等，合徒二年；诬告小功、缌麻尊长徒一年，罪亦加所诬罪一等，徒一年半之类。〔1〕

（八）唐律断狱中的礼

1. 议、请、减的情形

（1）应议、请、减。

诸应议、请、减及九品以上之官，若官品得减者之祖父母、父母、妻、子孙，犯流罪以下，听赎；

疏议曰：此名赎章。应议、请、减者，谓议、请、减三章内人，亦有无官而入议、请、减者，故不云官也；及九品以上官者，谓身有八品、九品之官。若官品得减者，

---

〔1〕《唐律疏议·斗讼》，见〔唐〕长孙无忌等：《唐律疏议》，丘纯之点校，上海古籍出版社2013年版，第372—373页。

谓七品以上之官，荫及祖父母、父母、妻、子孙。犯流罪以下，并听赎。[1]

(2)“八议”请减老小。

诸应议、请、减，若年七十以上、十五以下及废疾者，并不合拷讯，皆据众证定罪，违者以故、失论。若证不足，告者不反坐。

疏议曰：应议，谓在名例八议人；请，谓应议者期以上亲及孙若官爵五品以上者；减，谓七品以上之官及五品以上之祖父母、父母、兄弟、姊妹、妻、子孙者；若年七十以上、十五以下及废疾，依令，一支废、腰脊折，痴痖，侏儒等，并不合拷讯，皆据众证定罪。称众者，三人以上，明证其事，始合定罪。违者，以故、失论，谓不合拷讯而故拷讯，致罪有出入者，即依下条故出入人及失出入人罪法。其罪虽无出入而枉拷者，依前人不合捶拷法，以斗杀伤论，至死者加役流，即以斗杀伤为故、失。若证不满三人，告者不反坐，被告之人亦不合入罪。

其于律得相容隐，即年八十以上、十岁以下及笃疾，皆不得令其为证，违者减罪人罪三等。

疏议曰：其于律得相容隐，谓同居若大功以上亲及外祖父母、外孙，若孙之妇、夫之兄弟及兄弟妻，及部曲、奴婢得为主隐，其八十以上、十岁以下及笃疾，以其不堪加刑，故并不许为证。若违律遣证，减罪人罪三等，谓遣证徒一年，所司合杖八十之类。[2]

---

〔1〕《唐律疏议·名例》，见〔唐〕长孙无忌等：《唐律疏议》，丘纯之点校，上海古籍出版社2013年版，第22页。

〔2〕《唐律疏议·断狱律》，见〔唐〕长孙无忌等：《唐律疏议》，丘纯之点校，上海古籍出版社2013年版，第467—469页。

2. 宽缓用刑

诸拷囚不得过三度，数总不得过二百。杖罪以下不得过所犯之数。拷满不承，取保放之。

疏议曰：依狱官令：拷囚，每讯相去二十日。若讯未毕，更移他司，仍须拷鞫，即通计前讯，以充三度。故此条拷囚不得过三度，杖数总不得过二百。杖罪以下，谓本犯杖罪以下、笞十以上，推问不承，若欲须拷，不得过所犯笞、杖之数，谓本犯一百杖，拷一百，不承，取保放免之类。若本犯虽徒一年，应拷者亦得拷满二百，拷满不承，取保放之。[1]

3. 老、病、废、弱、幼

《周礼·秋官·司刺》"三赦"及《礼记·曲礼》记载："一赦曰幼弱，再赦曰老旄，三赦曰蠢愚。""六十曰耆，指使；七十曰老，而传；八十、九十曰耄，七年曰悼。"

诸年七十以上、十五以下及废疾，犯流罪以下，收赎（犯加役流、反逆缘坐流、会赦犹流者，不用此律，至配所免居作）。

疏议曰：依《周礼》：年七十以上及未龀者，并不为奴。今律，年七十以上、七十九以下，十五以下、十一以上及废疾，为矜老小及疾，故流罪以下收赎。

八十以上、十岁以下及笃疾，犯反、逆、杀人应死者，上请。

疏议曰：《周礼》三赦之法：一曰幼弱，二曰老耄，三

[1]《唐律疏议·断狱》，见〔唐〕长孙无忌等：《唐律疏议》，丘纯之点校，上海古籍出版社2013年版，第470页。

曰戆愚。今十岁合于幼弱，八十是为老耄，笃疾戆愚之类，并合三赦之法。有不可赦者，年虽老小，情状难原，故反、逆及杀人，准律应合死者，曹司不断，依上请之式奏听敕裁。

九十以上、七岁以下，虽有死罪不加刑（缘坐应配没者，不用此律）。

疏议曰：《礼》云："九十曰耄，七岁曰悼。悼与耄，虽有死罪不加刑。"爱幼养老之义也。缘坐应配没者，谓父祖反、逆，罪状已成，子孙七岁以下，仍合配没，故云不用此律。

即有人教令，坐其教令者。若有赃应备，受赃者备之。〔1〕

4. 秋冬行刑

诸立春以后、秋分以前决死刑者，徒一年。其所犯虽不待时，若于断屠月及禁杀日而决者，各杖六十；待时而违者，加二等。

疏议曰：依狱官令：从立春至秋分，不得奏决死刑。违者，徒一年。若犯"恶逆"以上及奴婢、部曲杀主者，不拘此令。其大祭祀及致斋、朔望、上下弦、二十四气、雨未晴、夜未明、断屠月日及假日，并不得奏决死刑。其所犯虽不待时，若于断屠月，谓正月、五月、九月，及禁杀日，谓每月十直日，月一日、八日、十四日、十五日、十八日、二十三日、二十四日、二十八日、二十九

〔1〕《唐律疏议·名例》，见〔唐〕长孙无忌等：《唐律疏议》，丘纯之点校，上海古籍出版社 2013 年版，第 62—66 页。

日、三十日，虽不待时，于此月日，亦不得决死刑，违而决者，各杖六十。待时而违者，谓秋分以后、立春以前，正月、五月、九月及十直日不得行刑。故违时日者，加二等，合杖八十。其正月、五月、九月有闰者，令文但云正月、五月、九月断屠，即有闰者，各同正月，亦不得奏决死刑。〔1〕

5. 上诉审和死刑复核

诸断罪，应言上而不言上，应待报而不待报，辄自决断者，各减故、失三等。

疏议曰：依狱官令：杖罪以下，县决之；徒以上，县断定，送州覆审讫，徒罪及流应决杖笞若应赎者，即决、配、征赎。其大理寺及京兆、河南府断徒及官人罪，并后有雪减，并申省。省司覆审无失，速即下知。如有不当者，随事驳正。若大理寺及诸州断流以上，若除、免、官当者，皆连写案状申省，大理寺及京兆、河南府即封案送。若驾行幸，即准诸州例，案覆理尽申奏。若不依此令，是应言上而不言上，其有事申上，合待报下而不待报，辄自决断者，各减故、失三等，谓故不申上、故不待报者，于所断之罪减三等；若失不申上、失不待报者，于职制律公事失上各又减三等。即死罪不待报辄自决者，依下文流二千里。〔2〕

---

〔1〕《唐律疏议·断狱》，见〔唐〕长孙无忌等：《唐律疏议》，丘纯之点校，上海古籍出版社2013年版，第485—486页。

〔2〕《唐律疏议·断狱》，见〔唐〕长孙无忌等：《唐律疏议》，丘纯之点校，上海古籍出版社2013年版，第476—477页。

四、宋明清律典中的礼

（一）法与礼的关系

唐以后，各代律典皆沿唐律，一准乎礼。

1.《宋史·刑法志一》

夫天有五气以育万物，木德以生，金德以杀，亦甚盭矣，而始终之序，相成之道也。先王有刑罚以纠其民，则必温慈惠和以行之。盖裁之以义，推之以仁，则震仇杀戮之威，非求民之死，所以求其生也。《书》曰："士制百姓于刑之中，以教祗德。"言刑以弼教，使之畏威远罪，导以之善尔。唐、虞之治，固不能废刑也。惟礼以防之，有弗及，则刑以辅之而已。[1]

2.《明史·刑法志一》

自汉以来，刑法沿革不一。隋更五刑之条，设三奏之令。唐撰律令，一准乎礼，以为出入。宋采用之，而所重者敕。律所不载者，则听之于敕。故时轻时重，无一是之归。元制，取所行一时之例为条格而已。明初，丞相李善长等言："历代之律，皆以汉《九章》为宗，至唐始集其成。今制宜遵唐旧。"太祖从其言。[2]

太祖谕太孙曰："此书首列二刑图，次列八礼图者，重礼也。顾愚民无知，若于本条下即注宽恤之令，必易而犯法，故以广大好生之意，总列名例律中。善用法者，会其

---

〔1〕《宋史·刑法志一》，见《宋史》，中华书局1985年版，第4961页。

〔2〕《明史·刑法志一》，见《明史》，中华书局1974年版，第2279页。

> 意可也。”太孙请更定五条以上，太祖览而善之。太孙又请曰：“明刑所以弼教，凡与五伦相涉者，宜皆屈法以伸情。”乃命改定七十三条，复谕之曰：“吾治乱世，刑不得不重。汝治平世，刑自当轻，所谓刑罚世轻世重也。”

《名例律》中列有丧服之图、八礼之图，血亲之间在涉及服丧、定罪量刑、亲亲相隐、婚姻等问题时，皆按丧服图裁定。

> 又为丧服之图凡八：族亲有犯，视服等差定刑之轻重。其因礼以起义者，养母、继母、慈母皆服三年。殴杀之，与殴杀嫡母同罪。兄弟妻皆服小功，互为容隐者，罪得递减。舅姑之服皆斩衰三年，殴杀骂詈之者，与夫殴杀骂詈之律同。姨之子、舅之子、姑之子皆缌麻，是曰表兄弟，不得相为婚姻。[1]

明礼定律，赎法禁例。

> 三十年，作《大明律》诰成。御午门，谕群臣曰：“朕仿古为治，明礼以导民，定律以绳顽，刊著为令。行之既久，犯者犹众，故作《大诰》以示民，使知趋吉避凶之道。古人谓刑为祥刑，岂非欲民并生于天地间哉！然法在有司，民不周知，故命刑官取《大诰》条目，撮其要略，附载于律。凡榜文禁例悉除之，除谋逆及《律诰》该载外，其杂犯大小之罪，悉依赎罪例论断，编次成书，刊布中外，令天下知所遵守。”[2]

---

〔1〕《明史·刑法志一》，见《明史》，中华书局1974年版，第2283页。

〔2〕《明史·刑法志一》，见《明史》，中华书局1974年版，第2284页。

3.《清史稿·刑法志一》

中国自书契以来，以礼教治天下。劳之来之而政出焉，匡之直之而刑生焉。政也，刑也，凡皆以维持礼教于勿替。故尚书曰："明于五刑，以弼五教。"又曰："士制百姓于刑之中，以教祗德。"古先哲王，其制刑之精义如此。周衰礼废，典籍散失。魏李悝著法经六篇，流衍至于汉初，萧何加为九章，历代颇有增损分合。至唐永徽律出，始集其成。虽沿宋迄元、明而面目一变，然科条所布，于扶翼世教之意，未尝不兢兢焉。君子上下数千年间，观其教化之昏明，与夫刑罚之中不中，而盛衰治乱之故，綦可睹矣。〔1〕

沿明律，制礼律。

礼律：曰祭祀六条，曰仪制二十条。……盖仍明律三十门，而总为四百三十六条。律首六赃图、五刑图、狱具图、丧服图，大都沿明之旧。

旧例除删并外，合续纂之新例，统一千六十六条。其督捕则例一书，顺治朝命臣工纂进，原为旗下逃奴而设。康熙十五年重加酌定，乾隆以后续有增入，计条文一百一十，亦经分别去留，附入刑律，而全书悉废。律首仍载服制全图，以重礼教。〔2〕

〔1〕《清史稿·刑法志一》，见《清史稿》，中华书局 1977 年版，第 4181 页。
〔2〕《清史稿·刑法志一》，见《清史稿》，中华书局 1977 年版，第 4184—4185 页。

（二）刑罚适用

1. 立法严苛，援情适用

宋兴，承五季之乱，太祖、太宗颇用重典，以绳奸慝，岁时躬自折狱虑囚，务底明慎，而以忠厚为本。海内悉平，文教浸盛。士初试官，皆习律令。其君一以宽仁为治，故立法之制严，而用法之情恕。狱有小疑，覆奏辄得减宥。观夫重熙累洽之际，天下之民咸乐其生，重于犯法，而致治之盛几乎三代之懿。〔1〕

吏部尚书周麟之言："非天子不议礼，不制度，不考文。"〔2〕

五季衰乱，禁罔烦密。宋兴，削除苛峻，累朝有所更定。法吏浸用儒臣，务存仁恕，凡用法不悖而宜于时者著之。〔3〕

2. 散利于民，薄征缓刑

司马光时知谏院，言曰："臣闻敕下京东、西灾伤州军，如贫户以饥偷盗斛斗因而盗财者，与减等断放，臣窃以为非便。周礼荒政十有二，散利、薄征、缓刑、弛力、舍禁、去几，率皆推宽大之恩以利于民……顷年尝见州县官吏，有不知治体，务为小仁。……臣恐国家始于宽仁，而终于酷暴，意在活人而杀人更多也。"〔4〕

---

〔1〕《宋史·刑法志一》，见《宋史》，中华书局 1985 年版，第 4961—4962 页。

〔2〕《宋史·刑法志一》，见《宋史》，中华书局 1985 年版，第 4965 页。

〔3〕《宋史·刑法志一》，见《宋史》，中华书局 1985 年版，第 4966—4967 页。

〔4〕《宋史·刑法志二》，见《宋史》，中华书局 1985 年版，第 4987—4988 页。

帝尝御迩英阁经筵，讲周礼“大荒大札，薄征缓刑”。杨安国曰：“缓刑者，乃过误之民耳，当岁歉则赦之，悯其穷也。今众持兵杖劫粮廪，一切宽之，恐不足以禁奸。”〔1〕

金作赎刑，盖以鞭扑之罪，情法有可议者，则宽之也。穆王赎及五刑，非法矣。宋损益旧制，凡用官荫得减赎，所以尊爵禄、养廉耻也。〔2〕

仁宗深悯夫民之无知也，欲立赎法以待薄刑。〔3〕

恩宥之制，凡大赦及天下，释杂犯死罪以下，甚则常赦所不原罪，皆除之。〔4〕

建文帝即位，谕刑官曰：“《大明律》，皇祖所亲定，命朕细阅，较前代往往加重。盖刑乱国之典，非百世通行之道也。朕前所改定，皇祖已命施行。然罪可矜疑者，尚不止此。夫律设大法，礼顺人情，齐民以刑，不若以礼。其谕天下有司，务崇礼教，赦疑狱，称朕嘉与万方之意。”成祖诏法司问囚，一依《大明律》拟议，毋妄引榜文条例为深文。〔5〕

3. 仁义养民，刑法惩恶，相辅而行

尚书开济议法密，谕之曰：“竭泽而渔，害及鲲鲕，焚

〔1〕《宋史·刑法志二》，见《宋史》，中华书局1985年版，第4988页。
〔2〕《宋史·刑法志三》，见《宋史》，中华书局1985年版，第5025页。
〔3〕《宋史·刑法志三》，见《宋史》，中华书局1985年版，第5025页。
〔4〕《宋史·刑法志三》，见《宋史》，中华书局1985年版，第5026页。
〔5〕《明史·刑法志一》，见《明史》，中华书局1974年版，第2285—2286页。

林而田，祸及麛鷇。法太巧密，民何以自全？”济惭谢。参政杨宪欲重法，帝曰：“求生于重典，犹索鱼于釜，得活难矣。”御史中丞陈宁曰：“法重则人不轻犯，吏察则下无遁情。”太祖曰：“不然。古人制刑以防恶卫善，故唐、虞画衣冠、异章服以为戮，而民不犯。秦有凿颠抽胁之刑、参夷之诛，而囹圄成市，天下怨叛。未闻用商、韩之法，可致尧、舜之治也。”宁惭而退。又尝谓尚书刘惟谦曰：“仁义者，养民之膏粱也；刑罚者，惩恶之药石也。舍仁义而专用刑罚，是以药石养人，岂得谓善治乎？”盖太祖用重典以惩一时，而酌中制以垂后世，故猛烈之治，宽仁之诏，相辅而行，未尝偏废也。建文帝继体守文，专欲以仁义化民。〔1〕

4. 礼不下庶人，刑不上大夫

太祖常与侍臣论待大臣礼。太史令刘基曰：“古者公卿有罪，盘水加剑，诣请室自裁，未尝轻折辱之，所以存大臣之体。”侍读学士詹同因取《大戴礼》及贾谊疏以进，且曰：“古者刑不上大夫。以励廉耻也。必如是，君臣恩礼始两尽。”帝深然之。〔2〕

（三）司法制度

1. 三司会审

三法司曰刑部、都察院、大理寺。刑部受天下刑名，

---

〔1〕《明史·刑法志二》，见《明史》，中华书局1974年版，第2319—2320页。
〔2〕《明史·刑法志三》，见《明史》，中华书局1974年版，第2329页。

都察院纠察，大理寺驳正。……十七年，建三法司于太平门外钟山之阴，命之曰贯城。下敕言："贯索七星如贯珠，环而成象名天牢。中虚则刑平，官无邪私，故狱无囚人；贯内空中有星或数枚者即刑繁，刑官非其人；有星而明，为贵人无罪而狱。今法天道置法司，尔诸司其各慎乃事，法天道行之，令贯索中虚，庶不负朕肇建之意。"又谕法司官："布政、按察司所拟刑名，其间人命重狱，具奏转达刑部、都察院参考，大理寺详拟。著为令。"〔1〕

会官审录之例，定于洪武三十年。初制，有大狱必面讯。十四年，命法司论囚，拟律以奏，从翰林院、给事中及春坊正字、司直郎会议平允，然后覆奏论决。〔2〕

在外恤刑会审之例，定于成化时。初，太祖患刑狱壅蔽，分遣御史林愿、石恒等治各道囚，而敕谕之。宣宗夜读《周官·立政》："式敬尔由狱，以长我王国。"慨然兴叹，以为立国基命在于此。乃敕三法司："朕体上帝好生之心，惟刑是恤。令尔等详覆天下重狱，而犯者远在千万里外，需次当决，岂能无冤？"因遣官审录之。〔3〕

2. 朝 审

天顺三年，令每岁霜降后，三法司同公、侯、伯会审

〔1〕《明史·刑法志二》，见《明史》，中华书局1974年版，第2305页。
〔2〕《明史·刑法志二》，见《明史》，中华书局1974年版，第2307页。
〔3〕《明史·刑法志二》，见《明史》，中华书局1974年版，第2310页。

重囚，谓之朝审。历朝遂遵行之。[1]

3. 大　审

成化十七年，命司礼太监一员会同三法司堂上官，于大理寺审录，谓之大审。[2]

4. 热　审

热审始永乐二年，止决遣轻罪，命出狱听候而已。寻并宽及徒流以下。……旧例，每年热审自小满后十余日，司礼监传旨下刑部，即会同都察院、锦衣卫题请，通行南京法司，一体审拟具奏。[3]

5. 录　囚

内官同法司录囚，始于正统六年，命何文渊、王文审行在疑狱，敕同内官兴安。周忱、郭瑾往南京，敕亦如之。时虽未定五年大审之制，而南北内官得与三法司刑狱矣。景泰六年，命太监王诚会三法司审录在京刑狱，不及南京者，因灾创举也。成化八年，命司礼太监王高、少监宋文毅两京会审，而各省恤刑之差，亦以是岁而定。[4]

---

〔1〕《明史·刑法志二》，见《明史》，中华书局1974年版，第2307页。
〔2〕《明史·刑法志二》，见《明史》，中华书局1974年版，第2307页。
〔3〕《明史·刑法志二》，见《明史》，中华书局1974年版，第2308页。
〔4〕《明史·刑法志三》，见《明史》，中华书局1974年版，第2340页。

（四）礼制的沿袭

1. 祭　礼

（1）相关律文具体规定仿效唐律。

《宋刑统》第九卷职制律关于“祭祀”记载如下：

> 诸大祀不预申期，及不颁所司者，杖六十。以故废事者，徒二年。牲牢、玉帛之属不如法，杖七十。阙数者，杖一百。全阙者，徒一年。即入散斋不宿正寝者，一宿笞五十。致斋，不宿本司者，一宿杖九十，一宿各加一等。中、小祀递减二等。
>
> 诸祭祀及有事于园陵，若朝会，侍卫行事失错及违失仪式者，笞四十。应集而主司不告，及告而不至者，各笞五十。[1]

其在行文规定上与《唐律疏议·职制》第98条、第100条等规定几乎完全相同。

《大明律》《大清律例》“祭享”条规定：“凡大祀及庙享，所司不将祭祀日期预先告示诸衙门者，笞五十。因而失误行事者，杖一百。……吊丧问疾、判处刑杀文书。……皆罚俸钱一月。其知有缌麻以上丧。……遣充执事，及令陪祀者，罪同。……致斋不宿本司者，罚俸钱一月”，“若大祀牲劳玉帛黍稷之属，不如法者，笞五十”。这与《唐律疏议》相关规定一致：

> 诸大祀不预申期及不颁所司者，杖六十；以故废事者，徒二年。牲牢、玉帛之属不如法，杖七十；阙数者，杖一百；全阙者，徒一年。全阙，谓一坐。即入散斋，不宿

〔1〕〔宋〕窦仪等：《宋刑统》，吴翊如点校，中华书局1984年版，第148页。

正寝者，一宿笞五十；致斋，不宿本司者，一宿杖九十；一宿各加一等。[1]

诸大祀在散斋而吊丧、问疾、判署刑杀文书即决罚者，笞五十；……诸庙享，知有缌麻以上丧，遣充执事者，笞五十；陪从者，笞三十。[2]

（2）量刑方面，后世比照唐律有所轻重。《宋刑统》关于祭祀犯罪的规定，绝大部分与唐律相同。而《大明律》祭祀犯罪方面的量刑，比照唐律或轻或重，“重其所重，轻其所轻。”《大明律》在一些比较轻的，仅关乎典礼风俗的祭祀犯罪方面量刑轻于唐律，而在事关皇权和国家统治的祭祀犯罪上，量刑则重于唐律。

2. 亲亲相隐

唐朝关于亲属容隐制度的规定形成了一个完备的规范体系，宋以后的各朝代关于“亲亲相隐”原则在法律中的规定，基本上以汉律为基础，沿袭唐朝的体系，改动轻微，直至清末。

《宋刑统·名例律》有首匿容隐的规定，如“有罪相容隐”，与唐律之规定几乎完全一致。

诸同居，若大功以上亲及外祖父母、外孙、若孙之妇、夫之兄弟及兄弟妻有罪，相为隐，部曲奴婢为主隐，皆勿论。即漏露其事及擿语消息，亦不坐。其小功以下相隐，减凡人三等。若犯谋叛以上者，不用此律。[3]

---

〔1〕《唐律疏议·职制》，见〔唐〕长孙无忌等：《唐律疏议》，丘纯之点校，上海古籍出版社 2013 年版，第 153 页。

〔2〕《唐律疏议·职制》，见〔唐〕长孙无忌等：《唐律疏议》，丘纯之点校，上海古籍出版社 2013 年版，第 155 页。

〔3〕〔宋〕窦仪等：《宋刑统》，吴翊如点校，中华书局 1984 年版，第 195 页。

元明清沿袭唐宋之律例，在亲属容隐原则上做了相同规定。《大明律》规定“同居亲属有罪互相容隐”，“弟不证兄、妻不证夫、奴婢不证主”的法律原则。《大清律例》有“子告父、若取告不实，子当处绞刑，若取告属实，子亦受杖一百，徒三年之刑”的规定。其变化主要体现在：

（1）隐匿人员范围扩展到岳父母及女婿，雇工有为雇主容隐的义务。《大明律例》“亲属相为容隐”条亦补充规定：“妻之父母与女婿相隐不论，无服之亲相隐，罪减一等。”《大清律例》所附“条例”，对奴婢告主规定：“凡奴仆首告家主者，虽所告皆实，亦必将首告之奴仆，仍照律从重治罪”；“凡旗下家奴告主，犯该徒罪者，即于所犯附近地方充配，不准枷责完结，俟徒限满日，照例官卖，将身价给还原主。”

（2）在具体情形上新增了“窝藏奸细”之罪不得相隐。

（3）明清律法将唐宋律法中的“告祖父母、父母”“告期亲尊长”“告大功尊长”等数条规定合为一条，总名曰“干名犯义”。

3. 存留养亲

> 大抵明律视唐简核，而宽厚不如宋。至其恻隐之意，散见于各条，可举一以推也。……未老疾犯罪，而事发于老疾，以老疾论；幼小犯罪，而事发于长大，以幼小论。即唐律老小废疾条。犯死罪，非常赦所不原，而祖父母、父母老无养者，得奏闻取上裁。犯徒流者，余罪得收赎，存留养亲。〔1〕

> 其立法之善者，如犯罪存留养亲，推及孀妇独子；若殴兄致死，并得准其承祀，恤孤嫠且教孝也。犯死罪非

〔1〕《明史·刑法志一》，见《明史》，中华书局1974年版，第2285页。

常赦所不原，察有祖父子孙阵亡，准其优免一次，劝忠也。……凡此诸端，或隐合古义，或矫正前失，皆良法也。而要皆定制于康、雍时。[1]

（五）清末变法

1. 礼法之争

宣统元年，沈家本等汇集各说，复奏进修正草案。时江苏提学使劳乃宣上书宪政编查馆论之曰："法律大臣会同法部奏进修改刑律，义关伦常诸条，未依旧律修入。但于附则称中国宗教遵孔，以纲常礼教为重。如律中十恶亲属容隐，干名犯义，存留养亲，及亲属相奸、相盗、相殴，发冢犯奸各条，未便蔑弃。中国人有犯以上各罪，应仍依旧律，别辑单行法，以昭惩创。窃维修订新律，本为筹备立宪，统一法权。凡中国人及在中国居住之外国人，皆应服从同一法律。是此法律，本当以治中国人为主。今乃依旧律别辑中国人单行法，是视此新刑律专为外国人设矣。本末倒置，莫此为甚。草案案语谓修订刑律，所以收回领事裁判权。刑律内有一二条为外国人所不遵奉，即无收回裁判权之实。故所修刑律，专以摹仿外国为事。此说实不尽然。泰西各国，凡外国人居其国中，无不服从其国法律，不得执本国无此律以相争，亦不得恃本国有此律以相抗。今中国修订刑律，乃谓为收回领事裁判权，必尽舍固有之礼教风俗，一一摹仿外国。则同乎此国者，彼国有违言，同乎彼国者，此国又相反，是必穷之道也。总之一国之律，

〔1〕《清史稿·刑法志一》，见《清史稿》，中华书局1977年版，第4185页。

必与各国之律相同，然后乃能令国内居住之外国人遵奉，万万无此理，亦万万无此事。以此为收回领事裁判权之策，是终古无收回之望也。且夫国之有刑，所以弼教。一国之民有不遵礼教者，以刑齐之。所谓礼防未然，刑禁已然，相辅而行，不可缺一者也。故各省签驳草案，每以维持风化立论，而案语乃指为浑道德法律为一。其论无夫奸曰：'国家立法，期于令行禁止。有法而不能行，转使民玩法而肆无忌惮。和奸之事，几于禁之无可禁，诛之不胜诛，即刑章具在，亦祇具文。必教育普及，家庭严正，舆论之力盛，廉耻之心生，然后淫靡之风可少衰。'又曰：'防遏此等丑行，不在法律而在教化。即列为专条，亦无实际。'其立论在离法律与道德教化而二之，视法律为全无关于道德教化，故一意摹仿外国，而于旧律义关伦常诸条弃之如遗，焉用此法为乎？”谓宜将旧律有关礼教伦纪各节，逐一修入正文，并拟补干名犯义、犯罪存留养亲、亲属相奸相殴、无夫奸、子孙违犯教令各条。法律馆争之。明年资政院开，宪政编查馆奏交院议，将总则通过。时劳乃宣充议员，与同院内阁学士陈宝琛等，于无夫奸及违犯教令二条尤力持不少息，而分则遂未议决。余如民律、商律、刑事诉讼律、民事诉讼律、国籍法俱编纂告竣，未经核议。惟法院编制法、违警律、禁烟条例均经宣统二年颁布，与现行刑律仅行之一年，而逊位之诏下矣。[1]

2. 变　法

迨光绪变法，三十二年，改刑部为法部，统一司法行

〔1〕《清史稿·刑法志一》，中华书局1977年版，第4190—4192页。

政。改大理寺为大理院，配置总检察厅，专司审判。于是法部不掌现审，各省刑名，画归大理院覆判，并不会都察院，而三法司之制废。题本改为折奏，内阁无所事事。秋、朝审专属法部，其例缓者随案声明，不更加勘，而九卿、科道会审之制废。

然尔时所以急于改革者，亦曰取法东西列强，藉以收回领事裁判权也。考领事裁判，行诸上海会审公堂，其源肇自咸丰朝，与英、法等国缔结通商条约，约载中外商民交涉词讼，各赴被告所属之国官员处控告，各按本国律例审断。嗣遇他国缔约，俱援利益均沾之说，群相仿效。[1]

---

〔1〕《清史稿·刑法志三》，见《清史稿》，中华书局1977年版，第4215—4216页。

第三章 古代案例中的法与礼

一、春秋决狱

春秋决狱又叫经义决狱，或引经断狱，指在遇到事关伦理道德的案件或疑难案件时，可以根据儒家的《春秋》和其他经典中的“微言大义”来断案。春秋决狱得到最高统治者的认可，成为两汉盛极一时的司法制度，从而使儒家经典被赋予极高的法律效力。《春秋》一书的基本精神是正名分、尊王室、诛乱臣贼子，提倡“君君、臣臣、父父、子子”的等级原则，其特点是文字简约、文义隐晦，常常使用《春秋》笔法，讲究一字褒贬。《史记·太史公序》评价《春秋》一书是“礼仪之大宗”。《春秋》所蕴含的礼法观是儒家政治、法律、伦理思想的起点与归宿。自西汉汉武帝开始，《春秋》被用作定罪量刑的依据，实际上起到了法典的作用。

汉代司法制度的儒家化主要表现为春秋决狱。西汉儒家代表人物董仲舒提出，以儒家经典中的伦理学说作为依据来处理政治和司法问题。春秋决狱是一种推理判断方式，即除了依据法律，还可以用《易》《诗》《书》《礼》《乐》《春秋》六经中的思想来作为判决案件的依据。春秋决狱是西汉司法领域的重大事件，是儒家思想向司法领域渗透的开始。

(一)《晋书》中的春秋决事比

董仲舒收集了232个经义断狱的案例，汇编成十卷《春秋决事比》，在两汉的司法实践中经常被适用。

> 《传》曰：“齐之以礼，有耻且格。”刑之不可犯，不若礼之不可逾，则昊岁比于牺年，宜有降矣。若夫穹圆肇判，宵貌攸分，流形播其喜怒，禀气彰其善恶，则有自然之理焉。念室后刑，衢樽先惠，将以屏除灾害，引导休和，取譬琴瑟，不忘衔策，拟阳秋之成化，若尧舜之为

心也。[1]

献帝建安元年，应劭又删定律令，以为《汉议》，表奏之曰："夫国之大事，莫尚载籍。载籍也者，决嫌疑，明是非，赏刑之宜，允执厥中，俾后之人永有鉴焉。故胶东相董仲舒老病致仕，朝廷每有政议，数遣廷尉张汤亲至陋巷，问其得失，于是作《春秋折狱》二百三十二事，动以《经》对，言之详矣。[2]

（二）春秋决狱的基本准则

以董仲舒和郑玄为代表的汉儒比较详尽地论证了礼法关系和德刑关系，概括出"德主刑辅""大德而小刑"的法律思想。他们认为，"礼者禁于将然之前，而法者禁于已然之后"，礼和刑相互呼应，互为表里，即"礼之所去，刑之所取，失礼则入刑，相为表里者也"。

《春秋》尊礼而重信，信重于地，礼尊于身。何以知其然也？宋伯姬疑礼而死于火，齐桓公疑信而亏其地，《春秋》贤而举之，以为天下法，曰礼而信。礼无不答，施无不报，天之数也。今我君臣同姓适女，女无良心，礼以不答，有恐畏我，何其不夷狄也。[3]

然则春秋义之大者也，得一端而博达之，观其是非，可以得其正法，视其温辞，可以知其塞怨，是故于外道而

---

〔1〕《晋书·刑法志》，见《晋书》，中华书局 1974 年版，第 915 页。

〔2〕《晋书·刑法志》，见《晋书》，中华书局 1974 年版，第 920 页。

〔3〕见〔汉〕董仲舒：《春秋繁露》，张世亮、钟肇鹏、周桂钿译注，中华书局 2018 年版，第 22 页。

> 不显，于内讳而不隐，于尊亦然，于贤亦然，此其别内外、差贤不肖、而等尊卑也。义不讪上，智不危身，故远者以义讳，近者以智畏，畏与义兼，则世逾近，而言逾谨矣，此定、哀之所以微其辞。以故用则天下平，不用则安其身，春秋之道也。[1]

1. 忠恕之道在春秋决狱中的体现

> 法不刑有怀妊新产，是月不杀，听朔废刑发德。[2]

根据春秋之义，妇女在怀孕、生养、哺乳时期，应该讲德爱而不用刑罚，即所谓恕及妇孺。

2. 宽仁薄刑，反对株连

西汉武帝时期有族株连坐，儒生桓宽认为：君子之善善也长，恶恶也短；恶恶止其身，善善及子孙。贤者子孙，故君子为之讳也。[3]“子有罪，执其父；臣有罪，执其君。听失之大者也。闻恶恶及其人，未闻什伍之相坐。”这是儒生根据《春秋》经义“恶恶及其身”而反对株连父子兄弟、亲戚邻里。

（三）春秋决狱的基本精神

“论心定罪”又称“原心定罪”，将人心作为一切行为好与坏的根源，尤其重视支配行为的动机是否符合儒家道德准则。

---

〔1〕《春秋繁露·楚庄王第一》，见〔汉〕董仲舒：《春秋繁露》，张世亮、钟肇鹏、周桂钿译注，中华书局2018年版，第29页。

〔2〕《春秋繁露·三代改制质文》，见〔汉〕董仲舒：《春秋繁露》，张世亮、钟肇鹏、周桂钿译注，中华书局2018年版，第284页。

〔3〕《春秋·公羊传·昭公二十年》，见刘尚慈译注：《春秋公羊传译注》，中华书局2010年版，第546页。

> 礼之所重者，在其志。志敬而节具，则君子予之知礼；志和而音雅，则君子予之知乐；志哀而居约，则君子予之知丧。故曰非虚加之，重志之谓也。志为质，物为文，文著于质，质不居文，文安施质；质文两备，然后其礼成。文质偏行，不得有我尔之名。俱不能备，而偏行之，宁有质而无文，虽弗予能礼，尚少善之，“介葛卢来”是也。有文无质，非直不予，乃少恶之，谓“州公寔来”是也。[1]

在审理案件的时候，依据犯罪的客观事实，着重考察行为者的动机是否与儒家道德相符合。如不合乎儒家道德，必须严惩；如合乎儒家道德，虽犯法也可以从轻论处。

> 问者曰：“人弑其君，重卿在而弗能讨者，非一国也。灵公弑，赵盾不在。不在之与在，恶有薄厚。《春秋》则在而不讨贼者，弗系臣子尔也；责不在而不讨贼者，乃加弑焉，何其责厚恶之薄、薄恶之厚也？”曰：“《春秋》之道，视人所感，为立说以大明之。今赵盾贤而不遂于理，皆见其善，莫知其罪，故因其所贤，而加之大恶，系之重责，使人湛思，而自省以反道。曰：‘吁！君臣之大义，父子之道，乃至乎此，此所由恶薄而责之厚也。他国不讨贼者，诸斗筲之民，何足数哉！弗系人数而已，此所由恶厚而责薄也。’《传》曰：‘轻为重，重为轻。’非是之谓乎？故公子比嫌可以立，赵盾嫌无臣责，许止嫌无子罪。《春秋》为人不知恶，而恬行不备也，是故重累责之，以矫枉世而直

〔1〕《春秋繁露·玉杯第二》，见〔汉〕董仲舒：《春秋繁露》，张世亮、钟肇鹏、周桂钿译注，中华书局2018年版，第48—49页。

之。矫者不过其正，弗能直，知此而义毕矣。”[1]

对于首犯，应该从重处罚，而对于只有犯罪行为、没有犯罪动机的人，应当从轻处罚。论心定罪是董仲舒受《春秋》所记载案例的启发而引申出来的断狱原则，是春秋决狱的基本精神。董仲舒论心定罪的主客观归责原则，利用儒家的“仁恕”思想来消解汉律只注重结果、责任的残酷。

> 春秋之听狱也，必本其事而原其志。志邪者，不待成；首恶者，罪特重；本直者，其论轻。是故逢丑父当斫，而辕涛涂不宜执，鲁季子追庆父，而吴季子释阖庐，此四者，罪同异论，其本殊也。俱欺三军，或死或不死；俱弑君，或诛或不诛；听讼折狱，可无审耶！
>
> 故折狱而是也，理益明，教益行；折狱而非也，暗理迷众，与教相妨。教，政之本也，狱，政之末也，其事异域，其用一也，不可不以相顺，故君子重之也。[2]

（四）春秋决狱的重要原则

“亲亲得相首匿”是春秋决狱的基本原则。这一司法原则入律是汉律的首创，是我国古代封建法律的一项重要原则。从历史上看，亲亲相匿制度的渊源可以追溯到两千多年前的春秋战国时期。孔子曾经说过：“子为父隐，父为子隐，直在其中矣。”

在董仲舒的《春秋决狱》中有这样一个案例：

---

〔1〕《春秋繁露·玉杯第二》，见〔汉〕董仲舒：《春秋繁露》，张世亮、钟肇鹏、周桂钿译注，中华书局 2018 年版，第 68—69 页。

〔2〕《春秋繁露·精华第五》，见〔汉〕董仲舒：《春秋繁露》，张世亮、钟肇鹏、周桂钿译注，中华书局 2018 年版，第 129 页。

> 董仲舒命代纯儒，汉朝每有疑议，未尝不遣使者访问，以片言而折中焉。时有疑狱曰：“甲无子，拾道旁弃儿乙养之以为子。及乙长，有罪杀人，以状语甲，甲藏匿乙。甲当何论？”仲舒断曰：“甲无子，振活养乙，虽非所生，谁与易之！《诗》云：‘螟蛉有子，蜾蠃负之。’《春秋》之义，‘父为子隐’，甲宜匿乙。”诏不当坐。[1]

董仲舒根据《春秋》经义中“父子相隐”理论形成了“亲亲相隐”的司法原则。

二、司法判牍中的法与礼

本节案例选自清代司法判牍，通过研读我们发现：儒家思想中的法与礼结合，形成“一准乎礼”的根本性指导思想，不仅体现在立法环节中，法与礼的融合贯穿历代典籍，而且古代司法实践也全面体现了儒家礼的精神和思想。司法判牍中的说理分析、断案依据以及最终裁决，无不反映出礼作为社会价值观的指引和规范的作用。司法判牍中法与礼的关系体现在以下方面：一是反映了当时社会所支持和倡导的主流价值观，如忠孝、仁义、节制等，以及维护纲常伦理的社会秩序；二是常以礼代律，以儒家经典中的礼作为定案依据；三是在律例法典中，已经实现法与礼的融合，律例本身即为礼所统领与涵摄，依律定案的情形往往也是依礼判决；四是礼作为规范，其内涵有了变化和发展。礼不外人情，与古代社会相比，很多礼的规则更为人性化。

---

〔1〕《通典·嘉礼》，见《通典》，中华书局1988年版，第1911页。

（一）法的功能

抗粮（李鸿章）

庞士恩之始而抗粮也，是谓藐法，藐法者，罪不容宽；继而尽完也，是谓畏法，畏法者，情属可宥。王者立法，不过使民畏之而已，岂必置之死地而后快乎？所请宽宥，准开一面。此判。[1]

这是为数不多在判词中阐述法理的案子。国家立法的目的不在于惩治民众，而是使人民畏惧法律而不敢犯，畏法而不敢犯就情有可原，执法者就没有什么理由要置人于死地。虽然说理为法理，实则体现了礼的精神。

（二）王　道

空房少妇（袁枚）

禀悉。尔真可怜极矣。年未四岁，怙恃见背；嫁甫一载，藁砧远游。深闺幽闱，不免凄凉；秋月春风，等闲虚度。陌头杨柳，丝丝牵少妇之愁；枝上鹃声，夜夜起辽西之梦。而且夫家少伯叔之依，母族无弟兄之靠。茕茕孑立，无以为生。屡牒公厅，请求改醮。历任县主均以风化伦纪为言，劝尔苦守。本县何人，独敢外是？然览尔禀牍，心为恻然。查尔夫出门经商，五年无耗，其存其亡，家莫闻知。即果尚在人间，而五载不返，弃予如遗，亦已无伉俪之情。琵琶别抱，在风化纪伦上，虽不无瑕疵，而以人情言，则固无间也。王道不外人情。尔能守志，则忍死以待

---

〔1〕 金人叹、吴果迟编著：《断案精华：大清拍案惊奇》（上），海峡文艺出版社2003年版，第176页。

可也。如不能者，则改醮亦非所禁。本县固不能准尔改醮，然亦不禁尔改醮也。此批。[1]

丈夫外出五年未归，妻子要求改醮。袁枚的批复依据情理，王道不外人情。

（三）礼　教

争寡妇（于成龙）

审得本案屈蒋氏、程桂生、魏云观、乔茂英互控一事，研鞫再三，案情业已大白。盖各有各人之邪心，各有各人之隐衷，故出此丑布一邑之丑案也。夫死改醮，本所不禁。乃屈蒋氏夫死未三月，一姘木匠，再姘铁匠，三姘生员，恶少纷来，悉抱不拒主义，一一乐为周旋，且一一私定终身。今幸夫死三月耳，使再隔三年者，则全村男子，或将均为汝淫妇之夫矣。天下之无耻，殆莫是过。且又敢于本县堂上，口出秽言，肆无忌惮，是尤可见其平日之泼悍。生员乔茂英，以黉门之身，读书之士，既不思蟾宫折桂，光耀祖宗；又不能谨守绳墨，毋忝名教，乃奸淫孀妇之不已。又捏词蒙禀，妄思篡政，惟恃秀才为护符，以官厅驱策。应即详革，拘押候办。本县可为木匠、铁匠宽，不能为自命读书人宽也。[2]

于成龙审理案件认为，读书人应以修身为本，而后求功名、光门楣，而秀才乔茂英修身不正、有辱礼教，应予重罚。

---

〔1〕金人叹、吴果迟编著：《断案精华：大清拍案惊奇》（上），海峡文艺出版社 2003 年版，第 67—68 页。

〔2〕金人叹、吴果迟编著：《断案精华：大清拍案惊奇》（上），海峡文艺出版社 2003 年版，第 21 页。

赛会（于成龙）

禀悉。君诚儒林，我惭循吏。诘奸禁暴，职虽在于有司。弼教明刑，墨应落乎大处。迎神赛会，诚如来禀所言。费时失业，劳民伤财，男女混迹，奸宄易生。然一日之腊，百日之柞，农民终岁勤动，曾无一日之或安。惟此秋谷登场之闲。然一遇凶年饥岁，民有菜色，家鲜盖藏，一幅流民图，正堪为之下泪。救死不赡，何暇娱乐。故数年之中，不知能有多少时，得以快慰。一旦满车满篝，与与冀冀，于是烹羊炮羔，斗酒自劳，为此春酒，以介眉寿。迎神赛会，半为迎虎迎猫，尽古人报本崇勋之义。半亦自劳自慰，即汉儒烹羊炮羔之心。有司不能与民同乐，已上惭夫古贤者之所为。而又禁止之，摧残之，必使之有苦而无乐。在风化上未必有裨，在人情上则已有亏矣。诘奸禁暴，固不在此。端风弼教，亦不相干。丰岁欢声动四邻，深秋景象粲如春。羊腔酒担争迎妇，鼍鼓龙船共赛神。敬诵陆子之诗，以破迂儒之惑。此批。[1]

本案中，袁枚阐释了礼教的含义，指出其应顺应人情，而不是禁锢人性。

（四）礼　义

1. 传统礼义

（1）孝。

葬母（于成龙）

本案前由江夏令审断一过，判将夏氏之柩，葬后夫华

〔1〕金人叹、吴果迟编著：《断案精华：大清拍案惊奇》（上），海峡文艺出版社2003年版，第125页。

姓坟上。其所根据，第一按照律文，凡妇女已再醮者，与前夫家断绝，不生亲属关系。夏氏嫁华姓后，与范姓已恩断义绝，有何夫妇名义之可言？虽其子范念岵由夏氏抚养成人，以至今日，然此只可为范念岵与夏氏母子间之名义关系。服制关系决不能牵入范文六与夏氏之夫妇关系。第二根据古礼，凡妇女已嫁者，不复为母姓之人，其大归或改醮者，亦不复为前夫家之人。……原判一据律，二据礼，实无可指驳。……但范念岵以三十年抚养之恩，并不忍其母之失志，并不忍有父而无母，亦准予得变通办法，与华氏子康年一体斩衰三年，并仿古人魂葬之礼，另行招魂致奠，将夏氏生前衣服，附葬于范文六之墓，并许得称范夏氏。如是则律与情各不相妨，在华氏子亦可释争矣。且查律改醮之妇，虽有归后父之家语，然使前夫家自愿收回者，在律亦并无禁止之明文。是范念岵招魂安葬之举，华氏子亦可无所用其争，且亦不必争也。[1]

带子改嫁的妇女死亡后，葬于何处，涉及葬礼之规定，本案裁决兼考律与礼，使得律法与情理“各不相妨”。

逆民（于成龙）

……陈敏生之父陈应龙，在前明时曾任桂林都尉，是明代之臣子，非国朝之庶民。其抗拒王师，矢志不屈是正臣子所应为。吾大清定鼎后，于顺治九年曾下谕奖恤明代殉难诸臣子，赐谥立传，以昭激劝。该民何得借此告讦，欲以朝廷所褒扬激赏者，转为诬陷扳害之资。不惟不忠不孝，抑亦无父无君。……吾皇上又以忠孝治国，仁厚抚民，

---

〔1〕金人叹、吴果迟编著：《断案精华：大清拍案惊奇》（上），海峡文艺出版社 2003 年版，第 46—47 页。

> 凡前明臣子甘心殉难守节者，无不予以褒荣，即今日隐逸山林，甘食夷齐之薇蕨而不愿出佐盛世者，亦不加以督责，一任其心之所安。顺治十二年三月，又特颁上谕，禁止人民借昭代之事，为嫌挟攻讦，并重申其说。凡曾为明朝臣子者，自应有追念故国故君之思，人情之常，不足骇异。其愿归顺朝廷裸将肤敏者，固为吾大清之赤子。即耻食周粟，隐逸山林者，亦不失为胜国之顽民。苟无狂悖情事，足以扰乱王章者，概不得妄事吹求。纶音天语，仁圣莫加。凡为大清臣民，或层服官前代今亦为大清之赤子者，应如何感激涕零。乃吕思怡妄言攻讦，借端诬陷，其居心之不可闻，实为人类中所罕有。[1]

此案中，陈敏生祖父轻财尚义，接济吕思义的祖父。其后陈家资助反清队伍家徒四壁，而吕家却因“叛节”，获得百万家财。后人陈敏生讨要债款，吕思义不仅欠债不还，更借机诬陷，向官府举报陈家造反。判词体现两点礼义思想：一是大清以忠孝治国，前朝臣子忠君是人之常情；二是对落难的恩人落井下石、诬陷攻讦，是不仁不义之举。虽然判词依律判决，但是说理部分主要论证了忠孝仁义。

> 遗产（袁枚）
>
> 孝者，人伦之本，未有不孝故父，而能事君忠，待友信者，先王治国，不赦枭獍。朝廷教民，首在伦纪。律文所载，凡遇赦不赦者，除叛逆外，即推不孝。故他罪有议功议贵之举，而不孝独自天潢以至庶人，无分贵贱。所以重人伦，厚孝道也。本案先由曾庭桂、曾庭槐呈控到县，曾庭森亦投牒公庭，声明并未藏匿。本县查父母疾，不敢

〔1〕 金人叹、吴果迟编著：《断案精华：大清拍案惊奇》（上），海峡文艺出版社2003年版，第36—38页。

解带，奉药先亲尝之。已故父曾冠群危疾在床，为人子者，应何如昼夜不离，尽瘁侍奉，乃安睡者安睡，出门者出门，是其心目中先已有无父之心，故敢出此。亲侍在侧之谓何，而竟如此，曾庭桂、曾庭槐不孝之罪，百喙莫逃。曾庭森当老父垂死之时，正人子躄踊哀号之际，宜何如呼天抢地，哭泣尽哀。乃犹有余暇，私开箱箧，其心何有，其意何在？古人有抚几筵而痛哭矣，曾庭森独忍此乎。不孝之最，亦无可逭。本县莅任伊始，即谆谆以孝道代朝廷宣化。乃曾庭桂兄弟三人，以茂才之身，行子止之事。且父尸未寒，操戈涉讼，何颜以对祖父于地下，何颜以对宗族于人间。阅牍至此，为之发指。本县现姑将该兄弟争产一案，暂为停止。先治以不孝之罪，以正国法而敦伦纪。着将该兄弟曾庭桂、曾庭槐、曾庭森发交学官拘押，听候详革治罪。凡见于无礼于亲者，视之如鹰鹯之逐鸟雀也。本县嫉恶如仇，不敢姑息。尽法惩治，永垂令戒。此判。[1]

此案判词对不孝之罪的说理，从礼义至国法，莫不以孝为大。孝父母，事君忠，先王治国，朝廷教民，首要的任务就是隆礼重孝。

（2）节。

自刎（李鸿章）

尤平氏盛壮之年，矢靡他之节。抚孤见志，拔忍明心，是故神人之所共钦者。彼尤绍裘，虽读诗礼之书，浑同豺虎之恶。见财起意，抢嫁弟媳。田产契约，尤复一卷无遗，致使弱女无依，寡孀自杀。[2]

〔1〕金人叹、吴果迟编著：《断案精华：大清拍案惊奇》（上），海峡文艺出版社2003年版，第97—98页。

〔2〕金人叹、吴果迟编著：《断案精华：大清拍案惊奇》（上），海峡文艺出版社2003年版，第230页。

尤平氏是个寡妇，丈夫一个远方堂兄为了霸占家产，将其卖给财主为小妾。尤平氏不从，未能拜堂，第二天自尽而死。李鸿章在判决中盛赞了尤平氏的贞节。

> 杀奸（张船山）
>
> 强暴横来，智全贞操。夺刀进杀，勇气加人。不为利诱，不为威胁。苟非毅力坚强，何能出此。本府方敬之不暇，何有于仗。此则又敢布诸彤管，载在方册者也。此判。〔1〕

本案中，丈夫的哥哥欲强奸弟媳，弟媳誓死不从，还杀死了丈夫的哥哥，张船山认为对于此等贞节烈女不能惩罚，而应立为典型。

这两个案例反映了当时的司法理念，如果妇女守节，理应受到尊重和保护，凡是侵害妇女守节者应予严惩，妇女因守节而杀人也不用偿命。

> 地头蛇（于成龙）
>
> 禀悉。尔与对门寡妇宗氏，以小儿争斗之微衅，竟欲借此酿成大狱，以破其产，以耗其家，尔何不仁之甚耶！古人十千买树，十万卜邻。即尔理尽直，彼理尽曲，区区小事，亦不应涉诉。况彼为寡妇，尔则丈夫。而文厥启衅原由，尤为一九龄一七龄之小儿，而所云伤势颇重者，更不指明所在。显见尔恃势凌人，饰词蒙禀。试问以九岁之儿，纵极凶悍，何至殴人重伤？况又手无寸铁，空拳夺斗，伤且难成，何有于重。其为捏词，不言可喻。即退一步果成伤矣，果重伤矣，亦不能讼。盖殴斗之时，正在汝之家中，汝不自行阻遏汝子，而反重怒他人纵子乎？若曰汝未及见，则在汝家中，汝尚未见，况乎不在家中，而可以莫

〔1〕金人叹、吴果迟编著：《断案精华：大清拍案惊奇》（下），海峡文艺出版社2003年版，第304页。

> 须有之词，遽加人以罪乎？此更不足信也。又禀称此事已由众邻从中调出，由沈宗氏重责其子，并登门服礼道歉，特以伤势太重，性命攸关，故不敢承受，必须延医调治，俟伤势全愈，始可息争等语。在汝意欲坐实曲在沈宗氏，故将众邻调停之处，一一胪列，不知本县实以此为汝恃势欺凌寡孤之证。以一九岁之子，殴击一七岁之儿，有何大不了，而欲令其母登门道歉。并重责其子。是显见尔素日之横行。众邻居及沈宗氏为息争计，为免累计，故不惜自甘卑下。乃汝贪得无厌，以为寡孤可欺，欲使之延医调治，所谓延医调治者，老实言之，即索诈其医费也。沈宗氏茹苦含辛，抚孤守节，尔一堂堂男子，为之邻者，允宜敬其志，钦其节，周恤其不足，原谅其不及。乃不是之谋，反利其寡孤而凌虐也，汝尚有人心乎？天道果有加，尔殆不免矣。如尔子果有伤者，着即于三日内抬县检验，由本县出资代为调治，不得犯沈宗氏一草一木，更不得需索沈宗氏一丝一粟。如无伤者，从此了事。若妄思争讼，饰词干渎，本县先将尔拘案惩办，以为恃势欺凌寡孤之敝成。勿谓本县操心忠厚，可以身尝试也。此批。[1]

“地头蛇”仗势欺人，借小儿之间打斗，欲告寡妇索要钱财。于成龙说理从仁义之心开始，进而申言守节之气、之志值得敬重和钦佩，最后表明此事应息讼，如还挑讼争事，必要严惩。

（3）义。

> 朋友之情：萱宝（于成龙）
>
> 审得顾怀森诬良作妾一案，业已三面供明，顾怀森涎

〔1〕金人叹、吴果迟编著：《断案精华：大清拍案惊奇》（上），海峡文艺出版社 2003 年版，第 53—54 页。

萱宝之色，而忘其为世交；沈浩然利顾姓之财，而忘其为清白良家。两造各有不是。须知朋友为五伦之一。朋友之子女，即己之子女也。己所不欲，勿施于人。顾怀森与萱宝之父，幼同砚，长同案，彼此均为文字之交。一旦欺其孤弱，纳之后房，后日人静之际，苟一念及其父在日时之交好情状，于心安乎不安？使易地而处者，汝在九原，痛乎不痛？天道有知，汝其终无后乎。色欲熏心，天伦欺友，不特名教所不容，抑亦国法所不宥。重杖一百，拘押一年；沈浩然利令智昏，见有金而不见有亲。以胞兄之爱女，作富室之小星，不特卖侄欺兄，抑亦污辱先人。兄弟一体也；之女犹子也。如此见利忘义，何以对先人于地下？亦应重惩，以快人心。[1]

沈浩如与顾怀森是好友，前者早死，后者想霸占好友之女萱宝为妾。于成龙此案判词重在论证朋友之情义乃五伦之义，并引“己所不欲，勿施于人”，认为欺朋友之女，“不特名教所不容，抑亦国法所不宥”，礼教与国法二者对此的否定态度是一致的。此案对收纳朋友之女为妾的当事人予以严惩，依据“五伦之义”，而没有提到律例有此刑条。

兄弟之义：棠棣（于成龙）

……如此不孝不悌，直是汤姓败类，国家罪人。按律：弟殴兄至见血者，杖一百，徒三年；服杀者，依次减等。本案汤生生与汤亚，虽已缌服之亲，非胞兄可比，然揆其平日行为，及汤亚周济汤生生事实，则兄之待弟，实已与同胞者无殊。应折中重笞一千，枷号一月，以昭炯戒。族

〔1〕 金人叹、吴果迟编著：《断案精华：大清拍案惊奇》（上），海峡文艺出版社2003年版，第13页。

> 人汤培恩、邻里唐蔼如等，柔肠侠骨，见义勇为，本县深堪嘉许。凡见无礼于其君者，驱之如鹰鹯之逐鸟雀也。世人姑息养奸，辄以事不干己为世故，路见不平为多事。若汤培恩、唐蔼如等行为，则正本县认为针砭世道之一服妙剂也。此判。[1]

汤生生乃市井无赖、刁滑凶徒，屡次向同族汤亚索要钱财，并行殴打。而汤亚念及兄弟之情，时常周济他。判词不仅依律，而且重点论证孝悌廉耻礼义，对宽厚仁义、见义勇为的行为进行褒扬，对不孝不悌、寡廉鲜耻的行为进行严惩。

> 夫妇之道：陪嫁（袁枚）
>
> 禀悉。尔忘娶妻娶德之说乎？色尚不取，而况乎财。财者，身外物也。尔娶其身，非娶其物。纳币问名之时，不先问人之性情何若，德行何若，而岌岌也以妆奁为问。是尔心中先有一不可问之处，故媒妁得乘其隙以入。否则纵有行骗之心，黄鼓之舌，亦难入尔之耳，中尔之意。尔不自咎，独敢咎人乎？夫妇以情义合，尔勿愤愤。所请不准，此批。[2]

夫妇之道在于情义，在于人的性情、德行，而不在物质、财富、容貌等身外之物，对此告诉不予受理。

2. 礼义的发展

本是违反礼法的事情，在当时却考虑人情，似礼已经随时代发

---

〔1〕 金人叹、吴果迟编著：《断案精华：大清拍案惊奇》（上），海峡文艺出版社 2003 年版，第 44 页。

〔2〕 金人叹、吴果迟编著：《断案精华：大清拍案惊奇》（上），海峡文艺出版社 2003 年版，第 126—127 页。

展，其内涵也与时俱进。

偷香（袁枚）

照得被告宋雅秋，以相如宋玉之才，作奏曲奎窥垣之行。地非汉皋，何来解佩遗铛之女；舟非渔父，搴入桃源月窟之花。在闺中突见不速之宾，芳心吓碎；在书生以为风流之事，前式尚存。于是船舱变作洞房，野合且随双宿。何料启碇三更，已看愈行愈远；遂以于飞一月，居然怜我怜卿。卧榻之旁，岂容鼾睡；釜底之鱼，犹效鲽泳。既而图穷匕见，讶吟声之忽来；事泄人随，出明珠于椟底。斯文受难，竟作阶下之罪囚；缧绁为灾，有辱三楚之名士。貌羡东家，比嫦娥而有过；赋成好色，吐珠玉以无穷。以才子配佳人，无心有在；结旧欢为新好，大令为媒。此判。[1]

探花（袁枚）

照得孙陈氏扭控逃媳孙秦氏及举人楚惠生一案，经本县研鞠再三，详为开导，原情略迹，曲予成全。在孙秦氏深闺幽帏，难禁嫠女之情；楚慧生园柳邻花，独摘孤栖之泪。过墙残月，信成绝妙之词；闲蝶寻春，自是风流之侣。佳人慕才子，情或有之；寡女恋孤男，事已如此。探花郎探得名花，攀桂手攀来仙桂。得娇妻作人螟蛉，两无所恨；失儿媳反嫌封诰。徽幸如何。登堂人母，须知昔日之逃奴；和合两家，永缔百年之佳偶。此判。[2]

---

〔1〕金人叹、吴果迟编著：《断案精华：大清拍案惊奇》（上），海峡文艺出版社 2003 年版，第 72 页。

〔2〕金人叹、吴果迟编著：《断案精华：大清拍案惊奇》（上），海峡文艺出版社 2003 年版，第 73—74 页。

美妻（袁枚）

照得夫妇居室，和蔼为先。必两情之相悦，始式好而无忧。若情同水火，势若仇雠；同床异梦，脱辐是占。则夫妇之道苦，唱随之乐亡矣。与其勉强相合，别生纠葛，何如解去赤绳，各遂心愿。本案宗惠卿段氏性荡奸淫，不守妇道，请予退婚。本县一再替身，涕泣晓谕，冀圆乐昌之镜。乃宗惠卿卒不听从。即叩诸段氏，亦有彩凤随鸦之叹，不复作蒹葭倚玉之想。一则谓覆水难收，无颜再娶淫妇；一则曰戚施燕婉，不愿屈嫁牙郎。无法两全，势难牉合；爰据请求，准予分离。况乏三从之德，正合七出之条。从此卿卿我我，各自分飞；从前是是非非，一朝了葛。所望各得良缘，永缔佳偶；勿蹈覆辙，再牒公庭。此判。[1]

（五）礼仪（婚礼）

婉姑（于成龙）

关雎咏好逑之什；周礼重嫁娶之仪。男欢女悦，原属恒情；夫唱妇随，斯称良偶。钱万青誉擅雕龙，才雄倚马；冯婉姑吟工柳絮，夙号针神。初则情传素简，频来问字之书；继则梦稳巫山，竟作偷香之客。以西席之嘉宾，作东床之快婿。方谓情天不老，琴瑟欢谐；谁知孽海无边，风波忽起。彼吕豹变者：本刁顽无耻，好色登徒。恃财势之通神，乃因缘而作合。婢女无知，中其狡计；冯父昏聩，竟听谗言。遽以彩凤而随鸦；乃使张冠而李戴。婉姑守贞

〔1〕金人叹、吴果迟编著：《断案精华：大清拍案惊奇》（上），海峡文艺出版社 2003 年版，第 76 页。

不二，至死靡他。挥颈血以溅凶徒，志岂可夺；排众难而诉令长，智有难能。仍宜复尔前盟，偿尔素愿。月明三五，堪谐凤世之欢；花烛一双，永缔百年之好。冯汝棠贪富嫌贫，弃良即丑。利欲熏其良知；女儿竟为奇货。须知令甲无私，本宜惩究，姑念缇萦哭泣请，暂免杖笞。吕豹变刁滑纨绔，市井淫徒。破人骨肉，败人伉俪，其情可诛，其罪难赦。应予杖责彼冥顽。此判。[1]

判词引用《诗经》“君子好逑”之句、周礼婚嫁之仪，赞扬婉姑忠于爱情、至死不渝、血溅婚礼、义薄云天的行为，对破坏婚姻的吕豹当堂惩以杖责，以儆效尤。

（六）用　人

貌似忠厚（于成龙）

禀息。尔果不言，本县竟终身受其蒙蔽矣。本县去年来此，门无可留之人，署无可使之役。唯胡安之周详安稳，谨慎勤劳，在众胥吏中，如鹤立鸡群，崭然有异于人。本县因稍稍假借之；又见其治事不苟，矢勤矢慎，益为信服。而不知此为胡安之钓本县之饵。所谓先以小忠小信，博人之信，而后以无忌无惮行其诈也。本县读书十年，竟愧未能领会。微子来禀，至今不悟。仍以胡安之为胥吏中操行可信之辈，而不加以督责也。语曰：唯善人能受尽言，本县敢不勉力。前既以无智无识，贻祸父老不鲜；今何敢自文自饰，以重害闾里。本县做事，素主明白。是者是之，非者非之。不以避嫌而护胥吏，亦不以干名而假作刚直。

〔1〕 金人叹、吴果迟编著：《断案精华：大清拍案惊奇》（上），海峡文艺出版社2003年版，第3—4页。

为善为恶，一秉良知；孰是孰非，听诸公论。除已密饬干役将猾吏胡安之拘押审办外，仰即知照。此批。[1]

于成龙坦承错予胡安之信任，说他小忠小信而实为诈欺之人。在批词中，于成龙论及做官用人应以忠信为正道，并引用《论语》“唯善人能受尽言”，指出应知人善用。

识人与用人（曾国藩）

该守已于七月初八日，自万县启行，八月内即由长沙驰赴大营。阅禀至为欣慰。皖南军事、吏事，均有乏才之患。该守如回原籍时，物色贤能之士，即邀同来营，相助为理，多多益善。取人之式，以有操守而无官气，多条理而少大言者为要；办事之法，以五到为要。五到者，身到、心到、眼到、手到、口到也。身到者，如作吏则亲验命盗案，亲巡乡里；治军则亲巡营垒，亲探贼地也；心到者，凡事苦心剖析，大条理，小条理，始条理，终条理，理其绪而分之，又比其类而合之也；眼到者，着意看人，认真看公牍也；手到者，于人之长短，事之关键，随笔写记，以备遗忘也；口到者，使人之事，既有公文，又苦口叮嘱也。该守前在四川，往绩大著。以该守已试之效，参以本部堂之所论，用以访求人才，当可拔十得五。中庸所谓取人以身，朱子所谓以类求之，胥于是乎在。仰即博采速来，毋稍延缓。此批。[2]

曾国藩引用《中庸》取人以身，朱子人以类聚之说，强调用人

〔1〕金人叹、吴果迟编著：《断案精华：大清拍案惊奇》（上），海峡文艺出版社2003年版，第61页。

〔2〕金人叹、吴果迟编著：《断案精华：大清拍案惊奇》（下），海峡文艺出版社2003年版，第426—427页。

选材以德行为重要考核指标。

（七）纲常等级

1. 尊对卑、有官职犯罪的刑罚适用

老淫棍（袁枚）

照得张多识因奸杀死婢女春兰一案，业经由本县集合双方，一致供认。查主人以故杀死婢仆者，杖一百，有职者夺职抵杖。但是指有使唤不听命令或有其他事故而言。又查律主人奸污仆妇者，杖三十。有官职者罚俸两月抵杖，奸婢女者减一等。然是指和奸而言，并非指强奸言也。本案张多识因强奸婢女春兰不从，遂情急用刀将春兰砍死，按诸律文，实为强奸致死。查律强奸致死，委系平人者，斩监候；主人对仆妇或婢女者，绞监候；有官职者再减一等，徒五年；本案凶犯张多识，曾任四川铜梁县知县，当然有官职人员，应处徒刑。但查名例内，雍正五年，甘肃候补道冒炳星强奸婢女毛秀娟一案，奉旨以冒炳星身为朝廷命官，竟敢知法犯法，着较寻常人加重一等，处绞立决。上以正国法，下以慰幽魂。并着刑部通移各省在案。张多识强奸婢女春兰致死一案，实与冒炳星一案，情节相同。应遵照雍正五年谕旨，处绞立决。春兰矢志不屈，大节凛然，虽出小家，毋惭彤管，可知天地刚健中正之气，不择人而后钟。而张多识益无所逃罪于天地间矣。悯兹贞烈，宜予褒扬。除分别详请督学臬三宪外，此判。[1]

---

〔1〕 金人叹、吴果迟编著：《断案精华：大清拍案惊奇》（上），海峡文艺出版社 2003 年版，第 95 页。

按照大清律例，尊对卑犯罪、有官职犯罪比一般人犯罪量刑减等处罚，但雍正五年判例对有官职人员犯罪加重处罚。此案就是依据雍正五年判例，加重判处有官职的主人死刑。

2. 母子关系

离间（袁枚）

禀悉。责善则离，见于孟子；冠子不答，见于韩诗。尔姊鱼王氏早年丧偶，守节抚孤，以有今日。母子之间，纵以娇养溺爱之故，偶有违言。尔为之母舅者，正应好言相劝，正色斥责。告母以慈，告子以孝。调停骨肉之争，使之融融泄泄，无复芥蒂。况所争者其细已甚，所逆者亦不过一言偶失，并无他做，足劳旁人动愤。且其事已由鱼姓族中出调处，服礼谢罪，母子如初矣。尔乃欲旧事重提，陷尔甥于法。尔姊含辛茹苦，仅为此一块肉。尔斩绝之，不虑伤其心乎？即尔姊一时愤怒，来县控告。尔为之舅者，亦应权厥轻重，善言解劝。如是方合情合理，不愧长者之所为。乃尔姊并无控官之心，尔先为之百般怂恿，不听，则以义愤为名，自行出面。是何居心，而至若此？不过尔姊富有赀财，思挟之以谋篡为己有耳。人心险毒，竟至于斯。本当提案重究，姑念事出有因，从宽免责。尔甥若果不善，有忤逆其母行为，应由尔姊自行投县，或由鱼姓族中出面投控，汝不准干预。凛之。此批。[1]

在调处母子关系时，袁枚引用《孟子》《韩诗》的句子，息事宁人，主张以和为贵，并对提告人予以严厉斥责。

〔1〕金人叹、吴果迟编著：《断案精华：大清拍案惊奇》（上），海峡文艺出版社 2003 年版，第 100—101 页。

3. 别亲疏、合伦常

嫡庶（袁枚）

审得刘敬叔呈控刘宏德一案，本县业已审问明白，不必再传亲族，累及多人。查律凡无子者，应以最近昭穆相当者之子为嗣，不得紊乱。此刘敬叔呈控之理由也；又查律凡无子者，得于应嗣者外，别立钟爱者为嗣。此刘宏德所持之根据也。刘槐在日，既极钟爱宏德，视若己子，而临没又遗命立之为子。则于律刘宏德入嗣为刘槐之子，并无不合；但刘敬叔在昭穆上位最相当之人，自应与刘宏德并嗣，以别亲疏而合伦常。仰即遵照，毋再生隙。再本县又有言者，已故刘槐，为本县中第一巨富。故该两造各持一说，争为之后。使刘槐不名一钱，无一瓦一陇以遗后人者。尔曹更亦出而如是争执乎？抑各自推诿乎？然则尔曹之斤斤以争者，在彼而不在此。世道衰微，贤者不免。本县亦何暇独为尔曹责。所望合嗣而后，本兄弟怡怡之旨，联鹡鸰棠棣之情，毋再芥蒂，毋再争执。则神鬼自佑，死生均安。不然，高明鬼瞰，多藏厚元。塞翁得马，未足遽贺。况取之又少合于正悖而入者，或即悖而出乎。勿负吾意，其喻斯旨。此判。[1]

本案“别亲疏”“立子嗣”，律文中已有明文规定，但在具体断案时，判官能根据实际情况，援情断案。

---

〔1〕 金人叹、吴果迟编著：《断案精华：大清拍案惊奇》（上），海峡文艺出版社 2003 年版，第 103 页。

（八）司法适用中法与礼的关系

1. 依礼断案

禁祠（袁枚）

呈悉。巫风败德，见于尚书。妖梦不祥，著于左传。历来正人，如唐之狄梁公、宋之范文正，无不以禁止淫祠为端正风化之计。即最近如国朝之阳文正公，抚苏以来，亦首以烧毁五通祠为正人心息邪说入手方法。盖非此不足以使人知所淫正，而遇事将不求诸人，而求诸鬼。国将兴，听于人；将亡，听于神。神尚可不听，而况非其鬼。本县莅任伊始，即知沐阳淫祠之盛，为大江以北所罕有。家家祭五通之神，人人装三官之象。既无功德于民，何来馨香之祀？而巫祝卜筮，反因之以牟利。倾家荡产者有之，失身戕生者有之。纵观全县中为害之烈，莫有是过。正思出示严禁，传保谕话。而地方绅士，禀牍已来。可见贤者之未尝不明，而关怀风化者之众也。细读禀文，俪俪千言。于其利害，言之尤深，大足为本县所钦佩。所望随时劝逾，剀切教导，以补本县之所不逮。以先觉觉后觉，贤者之责，而亦地方绅士所应为者也。准如所请办理。此批。[1]

本案禁止淫祠并无法律条文，但说理部分引用经典礼义，《尚书》《左传》皆为六礼，以弥补律文之不足。

2. 援礼用律

殉母（袁枚）

讯得刘宝书，本性愚笃，罔识大体，平日待母朱氏，

---

〔1〕金人叹、吴果迟编著：《断案精华：大清拍案惊奇》（上），海峡文艺出版社 2003 年版，第 121 页。

尚无违忤情事。邻近亲戚，且有许其孝者。朱氏因续娶居氏族，患有疯病，不能料理家务，贫难过活，起意自尽。宝书再三哭求，卒不允许。因情愿随后，以身殉母。其行虽可诛，其情尚可原。至行人捞救后，三人中唯宝书独生，转出意料之外。而非其本心，盖总观前后情节，宝书实不忍其母之死，而又计无复之，亦以一死相从。故拴腰系褡包，亦出朱氏手腕。是宝书实有死之心，无生之望。按律见父母死而不救者，斩立决。其妻子兄弟及兄弟之妻年满十六岁者，悉斩。但查刘宝书本案情节，实有稍异常之处。且平日既以纯孝事母，临时又不惜一身相殉，似未便再拟斩决，援律减二等处罪，永远监禁。其疯妇居氏，虽患疯病，但伊姑及伊子两命之死，均实由该氏所致，亦着永远监禁，除申详抚臬宪听候核示外。此判。[1]

本案在法律适用上依据礼的精神，酌情考虑量刑情节（孝的因素），减等处罚。

3. 亲亲相容隐

大不孝（李鸿章）

奸民程筱，伪造官印，其当死之罪一；盗收租子，其当死之罪二。案经屡审，证供确凿，盖筱山犯案，不处于仇雠之告发，不出于官府之检举，而首先抱印，质证于公堂，不稍于隐讳者，乃为其子介石。昔父羊平，而予证之。妄为亲者讳，为尊者讳之义。而诩诩然以讦为直，在法或有辞可借，而言情实无地自容者也。程介石以弱冠之年，

〔1〕 金人叹、吴果迟编著：《断案精华：大清拍案惊奇》（上），海峡文艺出版社2003年版，第131页。

人情世故，当亦有所闻知。乃以亲生之子，证阿父大辟之罪，此乃世道人心之大变。虽属该犯平日之教化无方，模范不正，有以开其不孝之心，而值此圣朝之世，竟有此千古异闻发见，则司教育之责任，要亦未容卸尽矣。又按大清律载，有亲族相为容隐之条，凡同居及大功以上亲族，除谋反叛逆外，其余罪犯，许其相为容隐，并勿论罪。夫大功以上，尚许容隐，况亲生子乎？又按大清律云：于法得相容隐之人，为之出首，比同罪人自首免罪。其小功缌麻亲出首者，亦得减等。此固仁之至、义之尽之法也。然谓以子证父，比之罪人自首，情形又有不同。免罪之条，盖亦未能援引者也。况再按大清律云：自首有不尽者，仍以不尽之罪罪之。程介石出首筱山私造假印之罪，未首筱山盗收租子之罪，则筱山侵盗钱粮之罪，固自在焉。嗟嗟！伪印收租，罪实浮于斩首；以子证父，事更反乎伦常。应照所拟，分别处刑。[1]

子告父，虽然父亲犯罪证据确凿，但是按照礼义，这属于违反礼教，乃不孝之举。大清律亦贯彻了礼的原则，强调亲族相为容隐。此礼法是“仁之至、义之尽”之法。因此，对父子二人分别定罪。

惯犯（李鸿章）

查此案卞老奎之子卞光良，屡犯窃案。在配又不能安分，殊属玩法。所拟斩决，本不足惜。但现仅伊父卞老奎首禀，于律既有罪人自首之条，当可谅从末减。卞光良着从宽免死，仍发原配地方。嗣后有如此者，俱照此例行。但因首告而贷死，法外之仁，只可一次。倘再事怙过，不

〔1〕金人叹、吴果迟编著：《断案精华：大清拍案惊奇》（上），海峡文艺出版社2003年版，第192—193页。

> 知悛该，依旧脱逃者，虽有父兄首告，亦不准其宽减。庶于情法，两臻允洽。[1]

此案由亲属首先告发，因此在量刑上按照自首酌情宽减。

三、典籍案例中的法与礼

与司法判牍不同的是，典籍中的案例更为全面地记载了案件的来龙去脉。从一个侧面反映了古代司法制度中法与礼的适用情况，真实地再现了中国传统法的独特性。

（一）孝

1. 忠孝两全

> 楚观起有宠于令尹子南，未益禄而有马数十乘。楚人患之，王将讨焉。子南之子弃疾为王御士，王每见之，必泣。弃疾曰："君三泣臣矣，敢问谁之罪也？"王曰："令尹之不能，尔所知也。国将讨焉，尔其居乎？"对曰："父戮子居，君焉用之？泄命重刑，臣亦不为。"王遂杀子南于朝，轘观起于四竟。
>
> 子南之臣谓弃疾："请徙子尸于朝。"曰："君臣有礼，唯二三子。"三日，弃疾请尸。王许之。既葬，其徒曰："行乎？"曰："吾与杀吾父，行将焉入？"曰："然则臣王乎？"曰："弃父事仇，吾弗忍也。"遂缢而死。[2]

---

〔1〕金人叹、吴果迟编著：《断案精华：大清拍案惊奇》（上），海峡文艺出版社 2003 年版，第 234—235 页。

〔2〕《左传》，郭丹译，中华书局 2014 年版，第 624—625 页。

2. 孝

> 王颁字景修，太原祁人，梁太尉僧辩子也。江陵陷，从周师入关。闻其父为陈武帝所杀，恸绝，毁瘠骨立。至服阕，常布衣蔬食，藉藁而卧。周明帝嘉之，授汉中太守。开皇中大举伐陈，颁自请行，为韩擒虎先锋夜济。力战被伤，恐不堪复斗，悲感呜咽。因睡，梦有人授药，比寤而创不痛，人以为孝感。及陈灭，颁密召父时士卒，对之涕泣。其间壮士问曰："郎君来破陈国，仇耻已雪，而悲哀不止者，将为霸先早死，不得手刃之邪？请发其邱垄。"于是夜发其陵，剖棺，见陈武帝须并不落，其本旨出白骨中。颁遂焚骨取灰，投水而饮之。既而自缚，归罪文帝。王表其状，高祖曰："朕以义平陈，王颁所为，亦孝义之道也，朕何忍罪之！"舍而不问。有司录其战功，将加柱国，赐物五千段，颁固辞曰："臣缘国威灵，得雪怨耻，本心徇私，非是为国，所加官赏，终不敢当。"[1]

本案体现了孝在古代颇受重视。王颁为报父仇而掘墓烧骨饮灰，非但没有受到惩处，反被赦免。

> 周琬，江宁人。父为滁州人，坐罪论死。琬年十六，叩阍请代。帝疑受人教，命斩之，琬色不变。帝异之，命宥父死，谪戍边。琬复请曰："戍与斩，均死耳。父死，子安用生为，愿就死以赎父戍。"帝怒，命缚赴市曹，琬色喜。帝察其诚，即赦之，亲题御屏曰"孝子周琬"，寻授兵科给事中。[2]

---

〔1〕《隋书·列传·孝义·王颁》，见《隋书》，中华书局1973年版，第1665—1666页。

〔2〕《明史·列传·周琬》，见《明史》，中华书局1974年版，第7589页。

周琬替父受死刑，孝心可嘉。明太祖不仅免除其死刑，而且授予其兵科给事中的职位。

殷仲堪为荆州刺史……桂阳人黄钦生父没已久，诈服衰麻，言迎父丧。府曹先依律诈取父母卒弃市，仲堪乃曰："律诈取父母宁依驱詈法弃市。原此之旨，当以二亲生存而横言死没，情事悖逆，忍所不当，故同之驱詈之科，正以大辟之刑。今钦生父实终没，墓在旧邦，积年久远，方诈服迎丧，以此为大妄耳。比之于父存言亡，相殊远矣。"遂活之。又以异姓相养，礼律所不许，子孙继亲族无后者，唯令主其蒸尝，不听别籍以避役也。佐史咸服之。[1]

为已经去世的父亲办丧礼，不是大不敬的行为，不违反礼法。

（二）中　庸

梁尝有疑狱，群臣半以为当罪，半以为无罪，虽梁王亦疑。梁王曰："陶之朱公，以布衣富侔国，是必有奇智。"乃召朱公而问曰："梁有疑狱，狱吏半以为当罪，半以为不当罪，虽寡人亦疑。吾子决是。奈何?"朱公曰："臣，鄙民也，不知当狱。虽然，臣之家有二白璧，其色相如也，其径相如也，其泽相如也，然其价一者千金，一者五百金。"王曰："径与色泽相如也，一者千金，一者五百金，何也?"朱公曰："侧而视之，一者厚倍，是以千金。"王曰："善！故狱疑则从去，赏疑则从与。"梁国大悦。由此观之，墙薄则亟坏，缯薄则亟裂，器薄则亟毁，酒薄则亟酸。夫薄而可以旷日持久者，殆未有也。故有国

〔1〕《晋书·列传·殷仲堪》，见《晋书》，中华书局1974年版，第2194—2195页。

畜民施政教者，宜厚之而可耳。[1]

疑狱从无，以体现中庸之道、从宽之意。

（三）义

墨者有巨子腹䵍，居秦，其子杀人。秦惠王曰："先生之年长矣，非有他子也，寡人已令吏弗诛矣。先生之以此听寡人也。"腹䵍对曰："墨者之法曰：'杀人者死，伤人者刑，此所以禁杀伤人也。'夫禁杀伤人者，天下之大义也。王虽为之赐，而令吏弗诛，腹䵍不可不行墨者之法。"不许惠王而遂杀之。子，人之所私也；忍所私以行大义，巨子可谓公也。[2]

将犯杀人罪的儿子杀死，拒绝了王免予死罪的行为，是"大义"。"子，人之所私也；忍所私以行大义，巨子可谓公也。"

后令恽授皇太子韩诗，侍讲殿中。及郭皇后废，恽乃言于帝曰："臣闻夫妇之好，父不能得之于子，况臣能得之于君乎？是臣所不敢言。虽然，愿陛下念其可否之计，无令天下有议社稷而已。"帝曰："恽善恕己量主，知我必不有所左右而轻天下也。"后既废，而太子意不自安，恽乃说太子曰："久处疑位，上违孝道，下近危殆。昔高宗明君，吉甫贤臣，及有纤介，放逐孝子。春秋之义，母以子贵。太子宜因左右及诸皇子引愆退身，奉养母氏，以明圣教，

〔1〕《新序详注·杂事第四》，见〔汉〕刘向编著：《新序详注》，赵仲邑注，中华书局2017年版，第123页。
〔2〕《吕氏春秋·孟春纪第一》，许维遹：《吕氏春秋集释》，梁运华整理，中华书局2009年版，第31页。

不背所生。”太子从之，帝竟听许。[1]

父子之义、朋友之义、君臣之义，本案包含了多种道义。

【妻告夫奸男妇，断离】大德九年六月二十九日，准中书省咨：李阿邓告：夫李先强奸继男妇阿李不成，罪犯。已经断讫。看详：纲常之道，夫妇许相容隐。经官告夫李先奸罪，欲令依旧同处，不无别致生事。若断义离异，不见妻告夫罪立定例，请定夺回示。送刑部议得：夫妻元非血属，本以义相从，义合则固，义绝则异，此人伦之常礼也。李先罪犯，强奸伊妻阿邓前夫男妇，于妇知见，用言劝道，为人不思自过，反将阿邓打伤，告发到官，对问是实。既将李先断讫，已是义绝，再难同处。看详：李先所犯，败伤风化，渎乱人伦，仰合与妻离异，相应。都省准拟，合行移咨，依上施行。[2]

妻告夫是“有悖纲常”的行为，违反了夫妇容隐制度。二者是否可以“断离”，没有相应的判例可以援引。刑部审议认为，夫妻之间的感情并非如同血缘关系一样牢固，主要取决于“义合”还是“义绝”。李先强奸自己的儿媳，其妻李阿邓劝导丈夫，却被丈夫打伤，二人之间的感情已经出现裂缝；后来李阿邓到官府告发，丈夫被定罪，二人之间已经“义绝”，因此判处他们夫妻离异。

（四）仁

元庆报父仇，束身归罪，虽古烈士何以加？然杀人者

---

〔1〕《后汉书·列传·郅恽》，见《后汉书》，中华书局1965年版，第1031—1032页。

〔2〕《元典章·刑部·诸恶·内乱》，见〔清〕《大元圣政国朝典章》刑部卷之一，典章四十一，善本书号：13401，版本项：抄本影元。

死，画一之制也，法不可二，元庆宜伏辜。传曰：“父仇不同天。”劝人之教也。教之不苟，元庆宜赦。

臣闻刑所以生，遏乱也；仁所以利，崇德也。今报父之仇，非乱也；行子之道，仁也。仁而无利，与同乱诛，是曰能刑，未可以训。然则邪由正生，治必乱作，故礼防不胜，先王以制刑也。今义元庆之节，则废刑也。迹元庆所以能义动天下，以其忘生而及于德也。若释罪以利其生，是夺其德，亏其义，非所谓杀身成仁、全死忘生之节。臣谓宜正国之典，置之以刑，然后旌闾墓可也。时韪其言。

后礼部员外郎柳宗元驳曰：礼之大本，以防乱也。若曰：无为贼虐，凡为子者杀无赦。刑之大本，亦以防乱也。若曰：无为贼虐，凡为治者杀无赦。其本则合，其用则异。旌与诛，不得并也。诛其可旌，兹谓滥，黩刑甚矣；旌其可诛，兹谓僭，坏礼甚矣。元庆报父仇，束身归罪，虽古烈士何以加？然杀人者死，画一之制也，法不可二，元庆宜伏辜。传曰：“父仇不同天。”劝人之教也。教之不苟，元庆宜赦。[1]

柳宗元论说了礼与刑的关系，礼与刑本质是一致的，但适用方法有异。适用刑法不能僭越、破坏礼制，触犯法律也不能以礼开脱，要视情况而定，这样才能既打击犯罪又维护礼制。

（五）天　理

后汉钟离意为会稽北部督邮。有乌程男子孙常与弟并分

〔1〕《新唐书》，中华书局1975年版，第5586页。

> 居，各得田四十顷。并死，岁饥，常稍以米粟给并妻子。辄追计直作券，取没其田。并儿长大，讼常。掾史皆言："并儿遭饿，赖常升合长大成人，而更争讼，非顺逊也。"意独议曰："常身为伯父，当抚孤幼，而稍以升合，券取其田，怀挟奸诈，贪利忘义。请夺其田，畀并妻子。"众议为允。
>
> 按：听狱者，或从其情，或从其辞。夫常取并妻子田，固有辞矣。奈其怀挟奸诈、贪利忘义之情何！意独以情责常，是不从其辞而从其情也，可不谓之严明乎？[1]

审理案件，或者遵从人情，或者遵从口供。本案钟离意按照情理而未按口供定案，也是顺应天理，不可谓不严明。

（六）人　情

> 柴氏，晋宁陈闰夫之继承室。前妻遗一子，尚幼，柴鞠之如己出。未几，柴氏有子。闰夫病死，嘱曰："我家贫，惟二幼子。汝能抚其成立，我死亦无憾。"至正十八年，贼犯晋宁，其长子被贼驱迫，在围中。及官军至，怨家诉其为贼，法当诛。柴引次子诣泣曰："往从恶者，吾次子，非长子也。"次子曰："我之罪不可加于兄。"决狱反疑次子非柴出，讯之他囚，得其情。乃判曰："妇执义不忘夫之言，子趋死能成母志，此天理人情至也。"并释之。[2]

柴氏重夫妻之情，让亲生之子代继子之罪，判官认为此实为义

---

〔1〕《折狱龟鉴·严明》，见〔宋〕郑克：《折狱龟鉴（二）》，商务印书馆1937年版，第124页。

〔2〕《元史·列女·列女·柴氏》，见《元史》，中华书局1976年版，第4506页。

举，判决将两个儿子都释放，这是顺应天理、人情。

（七）礼　教

西僧作佛事，讲释罪囚以折福，谓之秃鲁麻。豪民犯法者，皆赂之以求免。有弑主、杀夫者，西僧请被以帝后服，乘黄犊出宫门释之，云可得福。左丞相不忽木曰："人伦，王政之本，风化之基，岂可容其乱法如是！"帝责左右曰："朕戒汝无使不忽木知，今闻其言，朕甚愧焉。"

有奴告主，主被诛。帝即以主所居官与之。不忽木曰："若此必坏天下风教，使人情愈薄，无复上下之分矣。"帝悟，追废前命。同列多忌之，遂称疾不出。

大德元年命为御史中丞。有因父官受贿者，御史必欲归罪其父，不忽木曰："风纪之司，以宣教化、励风俗为先，若必使子证父，何以兴孝！"枢密臣受人玉带，征赃不叙，御史言罚太轻，不忽木曰："礼，大臣贪墨，惟曰：'簠簋不饬'，若加笞辱，非'刑不上大夫'意。"人称其平恕。[1]

教化的基石是人伦关系，这也是王朝统治的根本。子证父罪不被提倡，对官吏犯罪尊崇"刑不上大夫"。

（八）礼　节

泾州贞女兕先氏，许嫁彭老生为妻，娉币既毕，未及成礼。兕先率行贞淑，居贫常自舂汲，以养父母。老生辄往逼之，女曰："与君礼命虽毕，二门多故，未及详见。何

〔1〕《元史·列传·不忽木》，见《元史》，中华书局1976年版，第3171—3172页。

> 由不禀父母，擅见陵辱！若苟行非礼，正可身死耳。”遂不肯从。老生怒而杀之，取其衣服。女尚能言，临死谓老生曰：“生身何罪，与君相遇。我所以执节自固者，宁更有所邀？正欲奉给君耳。今反为君所杀，若魂灵有知，自当相报。”言终而绝。老生持女珠瓔至其叔宅，以告叔。叔曰：“此是汝妇，奈何杀之，天不佑汝！”遂执送官。太和七年，有司劾以死罪。诏曰：“老生不仁，侵陵贞淑，原其强暴，便可戳之。而女守礼履节，没身不致，虽处草莱，行合古迹，宜赐美名，以显风操。其标墓旌善，号曰：‘贞女’。”[1]

本案是关于“节”的概念和内涵的典型案例，对于中国古代女性而言，贞节比生命还重要。

（九）法

1. 刑

> 范坚字子常，南阳顺阳人，官尚书右丞。时廷尉奏殿中帐吏盗官幔三张，合布三十匹，有司正刑弃市。广二子，宗年十三，云年十一，持黄幡挝登闻鼓，求自没为奚官奴，以赎父命。尚书郎朱映议以为天下之人父，无子者少，一事遂行，便成永制，惧死罪之刑，于此而驰。坚亦同映议。时议者欲以广为钳徒，二儿没入，既足以惩，又使百姓知道父子之道，圣朝有垂恩之仁。可特听减广罪为二岁刑，宗等付奚官为奴，而不为永制。

---

〔1〕《魏书·列传·列女·泾州贞女兕先氏》，见《魏书》，中华书局1974年版，第1981页。

> 坚驳之曰："自纯朴浇散，刑辟仍作，刑之所以止刑，杀之所以止杀。虽时有赦过宥罪，议狱缓死，未有行小不忍而轻易典刑者也。且既许宗等，宥广以死，若复有宗比而不求赎父者，岂得不摈绝人伦，同之禽兽邪！按主者今奏云，惟特听宗等而不为永制。臣以为王者之作，动关盛衰，嚬笑之间，尚慎所加，况于国典，可以徒亏！今之所以宥广，正以宗等耳。人之父爱，谁不如宗？今既居然许宗之情，将来诉者，何独非民！特听之意，未见其益；不以为例，怨读言交兴。此为一恩于今，而开万怨于后也。"帝从之，正广死刑。[1]

刑罚是为了杜绝犯罪，减少适用刑法的情形，死刑也是为了阻遏适用死刑的犯罪发生。本案没有援情定罪处罚，而是按照刑法规定对犯罪人处以死刑。

> 李昭德，京兆长安人也。父乾祐，贞观初为殿中侍御史。时有鄠令裴仁轨私役门夫，太宗欲斩之，乾祐奏曰："法令者，陛下制于上，率土尊之于下，与天下共之，非陛下独有也。仁轨犯轻罪而致极刑，是乖画一之理。刑罚不中，则人无所错手足。臣忝列宪司，不敢奉制。"太宗意解，仁轨竟免。[2]

"刑罚不中，则人无所错手足"，说明刑罚要适中，刑罚不当，人民就会无所适从。

---

〔1〕《晋书·列传·范坚》，见《晋书》，中华书局1974年版，第1989页。

〔2〕《旧唐书·列传·李昭德》，见《旧唐书》，中华书局1975年版，第2853页。

2. 法

> 时司州表："河东郡民李怜生行毒药，案以死坐。其母诉称：'一身年老，更无期亲，例合上请。'检籍不谬，未及判申，怜母身丧。州断三年服终后乃行决。"司徒法曹参军许琰谓州判为允。主簿李玚驳曰："案法例律：'诸犯死罪，若祖父母、父母年七十已上，无成人子孙，旁无期亲者，具状上请。流者鞭笞，留养其亲，终则从流。不在原赦之例。'检上请之言，非应府州所决。毒杀人者斩，妻子流，计其所犯，实重余宪。准之情律，所亏不浅。且怜既怀鸩毒之心，谓不可参邻人伍。计其母在，犹宜阖门投畀，况今死也，引以三年之礼乎？且给假殡葬，足示仁宽，今已卒哭，不合更延。可依法处斩，流其妻子。实足诫彼氓庶，肃是刑章。"尚书萧宝夤奏从玚执，诏从之。[1]

本案判决并没有考虑上请宽宥、三年之礼的情形。这也是法与礼在司法适用中的一种反映。

> 戴胄字玄胤，相州安阳人。大理少卿缺，太宗曰："大理，人命所系，胄清直，其人哉。"即日命胄。长孙无忌被召，不解佩刀入东上阁。尚书右仆射封德彝论监门校尉不觉，罪当死；无忌赎。胄曰："校尉与无忌罪均，臣子于尊极不称误。法著：御汤刑，饮食、舟船，虽误皆死。陛下录无忌功，原之可也，若罚无忌，杀校尉，不可谓刑。"帝曰："法为天下公，朕安得阿亲戚！"诏复议，德彝固执，帝将可。胄曰："不然。校尉缘无忌以致罪，法当情恶；若皆误，

[1]《魏书·刑罚志》，见《魏书》，中华书局1974年版，第2885页。

不得独死。”繇是与校尉皆免。[1]

本案解释了法的性质，乃为公共利益。法为天下公，不得徇私。

有前率府仓曹曲元衡者，杖杀百姓柏公成母。法官以公成母死在辜外，元衡父任军使，使以父荫征铜。公成私受元衡赀货，母死不闻公府，法寺以经恩免罪。刑部郎中裴潾议曰：“典刑者，公柄也。在官者得施于部属之内；若非在官，又非部属，虽有私罪，必告于官。官为之理，以明不得擅行鞭棰于齐民也。今元衡身非在官，公成母非部属，而擅凭威力，横此残虐，岂合拘于常典？柏公成取货于仇，利母之死，悖逆天性，犯则必诛。”奏上，元衡杖六十配流，公成以法论至死，公议称之。[2]

本案以律为据，惩处了不孝之子，维护了礼。

（十）法与礼的关系

又富平人梁悦父为秦果所杀，悦杀仇，诣县请罪。诏曰：“在礼父仇不同天，而法杀人必死。礼、法，王教大端也，二说异焉。下尚书省议。”职方员外郎韩愈曰：子复父仇，见于《春秋》、于《礼记》、《周官》、子若史，不胜数，未有非而罪者。最宜详于律，而律无条，非阙文也。盖以为不许复仇，则伤孝子之心；许复仇，则人将倚法颛杀，无以禁止。夫律虽本于圣人，然执而行之者，有司也。经之所明者，制有司者也。丁宁其义于经而深没其文于律者，将使法吏一断于法，而经术之士得引经以议也。

---

〔1〕《新唐书·列传·戴胄》，见《新唐书》，中华书局1975年版，第3914—3915页。
〔2〕《旧唐书·列传·裴潾》，见《旧唐书》，中华书局1975年版，第4449页。

韩愈从律法和经典两方面，论述了孝。

《周官》曰："凡杀人而义者，令勿仇，仇之则死。"义者，宜也。明杀人而不得其宜者，子得复仇也。此百姓之相仇者也。公羊子曰："父不受诛，子复仇可也。"不受诛者，罪不当诛也。诛者，上施下之辞，非百姓相杀也。《周官》曰："凡报仇雠者，书于士，杀之无罪。"言将复仇，必先言于官，则无罪也。[1]

严本，字志道，江阴人。少通群籍，习法律，以傅霖刑统赋辞约义博，注者非一，乃著辑义四卷。永乐十一年以荐征，试以疑律，敷析明畅。授刑部主事。侍郎张本掌部事，官吏少当意者，独重本，疑狱辄俾讯之。历官大理寺正。断狱者多以"知情故纵"及"大不敬"罪。本争之曰："律自叛逆数条外，无'故纵'之文。即'不敬'，情有轻重，岂可概入重比？"虞谦韪之，悉为驳正。

良乡民失马，疑其邻，告于丞，拷死。丞坐决罚不如法，当徒，而告者坐绞。本曰："丞罪当。告者因疑而诉，律以诬告致死，是丞与告者各杀一人，可乎？"驳正之。

莒县屯卒夺民田，民诉于官，卒被笞。夜盗民驴，民搜得之。卒反以为诬，擒送千户，民被禁死。法司坐千户徒。本曰："千户生，则死者冤矣。"遂正其故勘罪。

苏州卫卒十余人夜劫客舟于河西务，一卒死。惧事觉，诬邻舟解囚人为盗，其侣往救见杀。皆诬服。本疑之，曰："解人与囚同舟。为盗，囚必知之。"按验，果得实，遂抵卒罪。

〔1〕《新唐书·列传·孝友·张琇》，见《新唐书》，中华书局1975年版，第5587—5588页。

本立身方严，非礼弗履。其使征也，知府馈酒肴亦不受。年七十八卒。[1]

严本官居大理寺正，严格执法，公正严明，“非礼弗履”。此案中，礼为礼法，礼与律是合一的。

（十一）引经折狱

柳公绰，长庆中为刑部尚书。京兆府有姑以小过鞭其妇至死，府上其狱，郎中窦某断以偿死，公绰曰：“尊殴卑，非斗也；且其子在，以妻而戮其母，非教也。”竟从公绰所议。[2]

法律没有明文规定，依礼断案。

刑部员外郎孙革奏：“‘京兆府云阳县人张莅，欠羽林官骑康宪钱米。宪征之，莅承醉拉宪，气息将绝。宪男买得，年十四，将救其父。以莅角抵力人，不敢捴解，遂持木锸击莅之首见血，后三日致死者。准律，父为人所殴，子往救，击其人折伤，减凡斗三等。至死者，依常律。即买得救父难是性孝，非暴；击张莅是心切，非凶。以髫丱之岁，正父子之亲，若非圣化所加，童子安能及此？《王制》称五刑之理，必原父子之亲以权之，慎测浅深之量以别之。《春秋》之义，原心定罪。周书所训，诸罚有权。今买得生被皇风，幼符至孝，哀矜之宥，伏在圣慈。臣职当谳刑，合分善恶。’敕：‘康买得尚在童年，能知子道，虽

〔1〕《明史·列传·严本》，见《明史》，中华书局1974年版，第4169—4170页。
〔2〕〔宋〕王若钦等辑：《册府元龟》卷六百十六刑法部议谳第三，见黄国琦明崇祯十五年善本，善本书号：00230，版本项：刻本。

杀人当死，而为父可哀。若从沉命之科，恐失原情之义，宜付法司，减死罪一等。’”[1]

比照律，援礼减等。按律当死，援引《礼记》《春秋》，则减死罪一等发落。

〔1〕《旧唐书·刑法志》，见《旧唐书》，中华书局1975年版，第2155页。

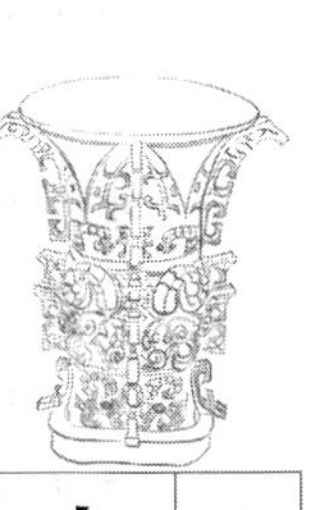

第四章 古典文学作品中的法与礼

研究古代法与礼的途径，除了典籍、成文法典、司法判例，从古典文学作品入手能够以更为真实、更为生动的视角考察当时的法律现象，研究法与礼对社会生活、家庭生活的影响。中华文明源远流长，文学作品浩若繁星，限于篇幅，本书仅摘唐宋诗词、宋明话本、明清章回小说中的部分作品。

一、诗　词

中国古代诗词对社会生活的反映较为全面，诗词的文学表达包含丰富的法律主题、儒家礼法思想和客观的历史事实，是不可多得的法学资源，值得深入研究。

（一）"礼法"在诗词中的体现

"礼法"并提首次出现在《周礼·春官宗伯》中的小史之职，指的是具有规范意义的礼，后《荀子》中也出现过"礼法"一词。诗词中大量出现含有"礼法"的诗句，说明"礼法"在当时社会已经是一个被普遍接受并广为传播的名词和概念。

〔魏晋〕刘伶：《酒德颂》

有大人先生，以天地为一朝，万期为须臾，日月为扃牖，八荒为庭衢。行无辙迹，居无室庐，幕天席地，纵意所如。止则操卮执觚，动则挈榼提壶，维酒是务，焉知其余？

有贵介公子，搢绅处士，闻吾风声，议其所以。乃奋袂攘襟，怒目切齿，陈说礼法，是非锋起。先生于是方捧罂承槽，衔杯漱醪。奋髯箕踞，枕曲藉糟。无思无虑，其乐陶陶。兀然而醉，恍然而醒。静听不闻雷霆之声，熟视不睹泰山之形。不觉寒暑之切肌，利欲之感情。俯观万物，扰扰焉，如江汉之载浮萍。二豪侍侧焉，如蜾蠃之与螟蛉。[1]

〔唐〕白居易:《和微之诗二十三首·和知非》

因君知非问，诠较天下事。第一莫若禅，第二无如醉。禅能泯人我，醉可忘荣悴。与君次第言，为我少留意。儒教重礼法，道家养神气。重礼足滋彰，养神多避忌。不如学禅定，中有甚深味。旷廓了如空，澄凝胜于睡。屏除默默念，销尽悠悠思。春无伤春心，秋无感秋泪。坐成真谛乐，如受空王赐。既得脱尘劳，兼应离惭愧。除禅其次醉，此说非无谓。一酌机即忘，三杯性咸遂。逐臣去室妇，降虏败军帅。思苦膏火煎，忧深扃锁秘。须凭百杯沃，莫惜千金费。便似罩中鱼，脱飞生两翅。劝君虽老大，逢酒莫回避。不然即学禅，两途同一致。[2]

〔唐〕白居易:《秦中吟十首·不致仕》

七十而致仕，礼法有明文。何乃贪荣者，斯言如不闻。可怜八九十，齿堕双眸昏。朝露贪名利，夕阳忧子孙。挂冠顾翠緌，悬车惜朱轮。金章腰不胜，伛偻入君门。谁不爱富贵，谁不恋君恩。年高须告老，名遂合退身。少时共嗤诮，晚岁多因循。贤哉汉二疏，彼独是何人。寂寞东门路，无人继去尘。[3]

〔唐〕孟郊:《吊元鲁山》

箫韶太平乐，鲁山不虚作。千古若有知，百年幸如昨。谁能嗣教化，以此洗浮薄。君臣贵深遇，天地有灵橐。力

---

〔1〕徐潜:《精短文言文选编》，吉林文史出版社2008年版，第126—128页。
〔2〕〔清〕彭定求等编:《全唐诗》(卷四百四十五)，中华书局1960年版，第4987页。
〔3〕〔清〕彭定求等编:《全唐诗》(卷四百二十五)，中华书局1960年版，第4675页。

运既艰难，德符方合漠。名位苟虚旷，声明自销铄。礼法虽相救，贞浓易糟粕。哀哀元鲁山，毕竟谁能度。当今富教化，元后得贤相。冰心镜衰古，霜议清遐障。幽埋尽洸洗，滞旅免流浪。唯余鲁山名，未获旌廉让。二三贞苦士，刷视耸危望。发秋青山夜，目断丹阙亮。诱类幸从兹，嘉招固非妄。小生奏狂狷，感愓增万状。黄犊不知孝，鲁山自驾车。非贤不可妻，鲁山竟无家。供养耻佗力，言词岂纤瑕。将谣鲁山德，赜海谁能涯。遗婴尽雏乳，何况骨肉枝。心肠结苦诚，胸臆垂甘滋。事已出古表，谁言独今奇。贤人母万物，岂弟流前诗。〔1〕

〔唐〕方干:《送永嘉王令之任二首》

定拟孜孜化海边，须判素发侮流年。波涛不应双溪水，分野长如二月天。浮客若容开荻地，钓翁应免税苔田。前贤未必全堪学，莫读当时归去篇。虽展县图如到县，五程犹入缙云东。山间阁道盘岩底，海界孤峰在浪中。礼法未闻离汉制，土宜多说似吴风。字人若用非常术，唯要旬时便立功。〔2〕

(二)“法律”在诗词中的体现

无独有偶，“法律”这一合成词在诗词中也有所体现。

〔1〕〔清〕彭定求等编:《全唐诗》(卷三百八十一)，中华书局1960年版，第4269—4271页。

〔2〕〔清〕彭定求等编:《全唐诗》(卷六百五十一)，中华书局1960年版，第7480页。

〔唐〕韩愈:《寄卢仝》

玉川先生洛城里，破屋数间而已矣。一奴长须不裹头，一婢赤脚老无齿。辛勤奉养十余人，上有慈亲下妻子。先生结发憎俗徒，闭门不出动一纪。至今邻僧乞米送，仆忝县尹能不耻。俸钱供给公私余，时致薄少助祭祀。劝参留守谒大尹，言语才及辄掩耳。水北山人得名声，去年去作幕下士。水南山人又继往，鞍马仆从塞闾里。少室山人索价高，两以谏官征不起。彼皆刺口论世事，有力未免遭驱使。先生事业不可量，惟用法律自绳己。春秋三传束高阁，独抱遗经穷终始。往年弄笔嘲同异，怪辞惊众谤不已。近来自说寻坦途，犹上虚空跨绿駬。去年生儿名添丁，意令与国充耘耔。国家丁口连四海，岂无农夫亲耒耜。先生抱才终大用，宰相未许终不仕。假如不在陈力列，立言垂范亦足恃。苗裔当蒙十世宥，岂谓贻厥无基址。故知忠孝生天性，洁身乱伦定足拟。昨晚长须来下状，隔墙恶少恶难似。每骑屋山下窥阚，浑舍惊怕走折趾。凭依婚媾欺官吏，不信令行能禁止。先生受屈未曾语，忽此来告良有以。嗟我身为赤县令，操权不用欲何俟。立召贼曹呼伍伯，尽取鼠辈尸诸市。先生又遣长须来，如此处置非所喜。况又时当长养节，都邑未可猛政理。先生固是余所畏，度量不敢窥涯涘。放纵是谁之过欤，效尤戮仆愧前史。买羊沽酒谢不敏，偶逢明月曜桃李。先生有意许降临，更遣长须致双鲤。[1]

〔1〕〔清〕彭定求等编:《全唐诗》(卷三百四十)，中华书局1960年版，第3808—3809页。

〔唐〕佚名:《唐受命谶》

法律存，道德在，白旗天子出东海。桃李子，莫浪语。黄鹄绕山飞，宛转花园里。桃花园，宛转属旌幡。桃李子，鸿鹄绕阳山，宛转花林里。莫浪语，谁道许。桃李子，洪水绕杨山。江南杨柳树，江北李花荣。杨柳飞绵何处去，李花结果自然成。[1]

（三）其他法与礼关系的体现

1. 慎　刑

《赋得慎罚》表达了轻刑慎罚的思想，在内容上折射出唐太宗的治国思想，在刑狱方面采取“疑罪从轻”的原则。

〔唐〕虞世南:《赋得慎罚》

帝图光往册，上德表鸿名。道冠二仪始，风高三代英。乐和知化洽，讼息表刑清。罚轻犹在念，勿喜尚留情。明慎全无枉，哀矜在好生。五疵过亦察，二辟理弥精。幪巾示廉耻，嘉石务详平。每削繁苛性，常深恻隐诚。政宽思济猛，疑罪必从轻。于张惩不滥，陈郭宪无倾。刑措谅斯在，欢然仰颂声。[2]

2. 复仇——法与礼的冲突

为亲复仇一直是儒家倡导的正义行为，在礼的意义上被认为遵循礼义的精神。复仇和法律之间的矛盾便成为法与礼之间的冲突，亦是儒家思想与法家思想的冲突。

---

〔1〕〔清〕彭定求等编:《全唐诗》(卷八百七十五)，中华书局1960年版，第9900页。

〔2〕〔清〕彭定求等编:《全唐诗》(卷三十六)，中华书局1960年版，第473页。

〔唐〕李白:《东海有勇妇》

梁山感杞妻，恸哭为之倾。金石忽暂开，都由激深情。东海有勇妇，何惭苏子卿。学剑越处子，超然若流星。捐躯报夫仇，万死不顾生。白刃耀素雪，苍天感精诚。十步两躩跃，三呼一交兵。斩首掉国门，蹴踏五藏行。豁此伉俪愤，粲然大义明。北海李使君，飞章奏天庭。舍罪警风俗，流芳播沧瀛。志在列女籍，竹帛已光荣。淳于免诏狱，汉主为缇萦。津妾一棹歌，脱父于严刑。十子若不肖，不如一女英。豫让斩空衣，有心竟无成。要离杀庆忌，壮夫所素轻。妻子亦何辜，焚之买虚名。岂如东海妇，事立独扬名。[1]

〔唐〕李白:《杂曲歌辞·秦女休行》

西门秦氏女，秀色如琼花。手挥白杨刀，清昼杀仇家。罗袖洒赤血，英声凌紫霞。直上西山去，关吏相邀遮。婿为燕国王，身被诏狱加。犯刑若履虎，不畏落爪牙。素颈未及断，摧眉伏泥沙。金鸡忽放赦，大辟得宽赊。何惭聂政姊，万古共惊嗟。[2]

3. 男尊女卑的等级秩序

李白作为一名同情女性的诗人，在《去妇词》(一作顾况诗)中描写了一位因年老色衰而被弃的女子的悲惨遭遇。

〔唐〕李白:《去妇词》

古来有弃妇，弃妇有归处。今日妾辞君，辞君遣何去。

---

〔1〕〔清〕彭定求等编:《全唐诗》(卷一百六十四)，中华书局1960年版，第1698—1699页。

〔2〕〔清〕彭定求等编:《全唐诗》(卷二十四)，中华书局1960年版，第309页。

本家零落尽，恸哭来时路。忆昔未嫁君，闻君却周旋。绮罗锦绣段，有赠黄金千。十五许嫁君，二十移所天。自从结发日未几，离君缅山川。家家尽欢喜，孤妾长自怜。幽闺多怨思，盛色无十年。相思若循环，枕席生流泉。流泉咽不扫，独梦关山道。及此见君归，君归妾已老。物情恶衰贱，新宠方妍好。掩泪出故房，伤心剧秋草。自妾为君妻，君东妾在西。罗帏到晓恨，玉貌一生啼。自从离别久，不觉尘埃厚。尝嫌玳瑁孤，犹羡鸳鸯偶。岁华逐霜霰，贱妾何能久。寒沼落芙蓉，秋风散杨柳。以比憔悴颜，空持旧物还。余生欲何寄，谁肯相牵攀。君恩既断绝，相见何年月。悔倾连理杯，虚作同心结。女萝附青松，贵欲相依投。浮萍失绿水，教作若为流。不叹君弃妾，自叹妾缘业。忆昔初嫁君，小姑才倚床。今日妾辞君，小姑如妾长。回头语小姑，莫嫁如兄夫。[1]

〔唐〕张籍:《离妇》

十载来夫家，闺门无瑕疵。薄命不生子，古制有分离。托身言同穴，今日事乖违。念君终弃捐，谁能强在兹。堂上谢姑嫜，长跪请离辞。姑嫜见我往，将决复沉疑。与我古时钏，留我嫁时衣。高堂拊我身，哭我于路陲。昔日初为妇，当君贫贱时。昼夜常纺绩，不得事蛾眉。辛勤积黄金，济君寒与饥。洛阳买大宅，邯郸买侍儿。夫婿乘龙马，出入有光仪。将为富家妇，永为子孙资。谁谓出君门，一身上车归。有子未必荣，无子坐生悲。为人莫作女，作女实难为。[2]

---

〔1〕〔清〕彭定求等编:《全唐诗》(卷一百六十五)，中华书局 1960 年版，第 1713—1714 页。

〔2〕〔清〕彭定求等编:《全唐诗》(卷三百八十三)，中华书局 1960 年版，第 4297 页。

〔唐〕元稹：《乐府古题序·将进酒》

将进酒，将进酒，酒中有毒鸩主父，言之主父伤主母。母为妾地父为天，仰天俯地不忍言。阳为僵踣主父前，主父不知加妾鞭。旁人知妾为主说，主将泪洗鞭头血，推椎主母牵下堂，扶妾遣升堂上床。将进酒，酒中无毒令主寿，愿主回恩归主母，遣妾如此由主父。妾为此事人偶知，自渐不密方自悲。主今颠倒安置妾，贪天僭地谁不为。〔1〕

元稹《将进酒》叙述的故事涉及夫、妻、妾，反映了这三者之间的典型关系。在唐代，妾无论在社会制度还是法律上，都是地位极低的一个群体。

二、《红楼梦》

《红楼梦》包含大量法与礼等传统制度和规范，《红楼梦》中的礼法既包括国家法，也包括家族法，属于广义上的中国传统礼法。品读其中，能够体味到中国何以被誉为“礼仪之邦”。礼法不仅体现在官制、丧葬、民俗、避讳、空间方位等内容中，也体现在服饰、称谓、饮食、起居坐卧等秩序上。中国传统儒家思想和礼法文化，为小说创作提供了生活素材，构建了世家大族的生活秩序。《红楼梦》中有关礼法的描述，反映了礼法、礼教是如何在古代人们的日常生活和社会秩序建构中发挥作用的。

---

〔1〕〔清〕彭定求等编：《全唐诗》（卷四百一十八），中华书局1960年版，第4605页。

(一)礼 仪

1. 日常礼仪

贵妃省亲一节，将国礼、家礼描述得非常细致，入木三分，规定繁复琐碎，极为严格。

卷十八 皇恩重元妃省父母 天伦乐宝玉呈才藻

展眼元宵在迩，自正月初八日，就有太监出来先看方向：何处更衣，何处燕坐，何处受礼，何处开宴，何处退息。又有巡察地方总理关防太监等，带了许多小太监出来，各处关防，挡围幕，指示贾宅人员何处退，何处跪，何处进膳，何处启事，种种仪注。外面又有工部官员并五城兵备道打扫街道，撵逐闲人。贾赦等督率匠人扎花灯烟火之类，至十四日，俱已停妥。这一夜，上下通不曾睡。

…………

贾妃乃问："此殿何无匾额？"随侍太监跪启曰："此系正殿，外臣未敢擅拟。"贾妃点头不语。礼仪太监升座受礼，两阶乐起。礼仪太监二人引贾赦、贾政等于月台下排班上殿，昭容传谕曰："免。"乃退出。又引荣国太君及女眷等自东阶升月台上排班，昭容再谕曰："免。"于是亦退。

茶已三献，贾妃降座，乐止；退入侧殿更衣，方备省亲车驾出园。至贾母正室，欲行家礼，贾母等俱跪止之。贾妃垂泪，彼此上前厮见，一手搀贾母，一手搀王夫人，三个人满心里皆有许多话，只是俱说不出，只管呜咽对泣。邢夫人、李纨、王熙凤、迎、探、惜三姊妹等，俱在旁围绕，垂泪无言。半日，贾妃方忍悲强笑，安慰贾母、王夫人道："当日既送我到那不得见人的去处，好容易今日回家，娘儿们一会不说不笑，反倒哭个不了，一会子我去了，又不知多早晚才能一见！”说到这句，不禁又哽咽起来。邢夫人忙上来解劝。贾母等让贾妃归座，又逐次一一见过，又不免哭泣一番。然后东西两府执事人等在外厅行礼，其媳妇丫鬟行礼毕。贾妃叹道：“许多亲眷，可惜都不能见面。”王夫人启道：“现有外亲薛王氏及宝钗黛玉在外候旨。外眷无职，不敢擅入。”贾妃命请来相见。一时薛姨妈等进来，欲行国礼，命免过，上前各叙阔别。又有贾妃原带进宫的丫鬟抱琴等叩见，贾母连忙扶起，命入别室款待。执事太监及彩嫔昭容各侍从人等，宁府及贾赦那宅两处自有人款待，只留三四个小太监答应。母女姊妹，叙些久别情景，及家务私情。

…………

贾政又启：“园中所有亭台轩馆，皆系宝玉所题；如果有一二可寓目者，请即赐名为幸。”元妃听了宝玉能题，便含笑说道：“果进益了。”贾政退出。元妃因问：“宝玉因何不见？”贾母乃启道：“无职外男，不敢擅入。”元妃命引进来。小太监引宝玉进来，先行国礼毕，命他近前，携手揽于怀内，又抚其头颈笑道：“比先长了好些……”一语未终，泪如雨下。

尤氏凤姐等上来启道：“筵宴齐备，请贵妃游幸。”元妃起身，命宝玉导引，遂同诸人步至园门前。早见灯光之中，诸般罗列，进园先从“有凤来仪”、“红香绿玉”、“杏帘在望”、“蘅芷清芬”等处，登楼步阁，涉水缘山，眺览徘徊。一处处铺陈不一，一桩桩点缀新奇。贾妃极加奖赞，又劝：“以后不可太奢了，此皆过分。”既而来至正殿，谕免礼归坐，大开筵宴，贾母等在下相陪，尤氏、李纨、凤姐等捧羹把盏。[1]

2. 祭　礼

儒家文化传统以“忠孝”构建家庭、社会、国家秩序，祭祀祖先在所有礼仪规范中最为重要，这是中国古代家族伦理的实质内容。根据《礼记·昏义》记载，礼重于“丧祭”。同时，祭礼也规范和反映祭祀参加者的身份、地位、亲疏远近、责任与义务等。

卷十三　秦可卿死封龙禁尉 王熙凤协理宁国府

这日夜间正和平儿灯下拥炉倦绣，早命浓熏绣被，二人睡下，屈指算行程该到何处，不知不觉已交三鼓。平儿已睡熟了。凤姐方觉睡眼微蒙，恍惚只见秦氏从外走进来，含笑说道：“婶婶好睡！我今日回去，你也不送我一程。因娘儿们素日相好，我舍不得婶婶，故来别你一别。还有一件心愿未了，非告诉婶婶，别人未必中用。”

凤姐听了，恍惚问道：“有何心愿？你只管托我就是了。”秦氏道：“婶婶，你是个脂粉队里的英雄，连那些束带顶冠的男子也不能过你，你如何连两句俗语也不晓得？常言‘月满则亏，水满则溢’，又道是‘登高必跌重’。如今我们家赫赫扬扬，已将百载，一日倘或乐极悲生，若应了那句‘树倒猢狲散’的俗语，岂不虚称了一世的诗书旧族了！”凤姐听了此话，心胸不快，十分敬畏，忙问道：“这话虑的极是，但有何法可以永保无虞？”秦氏冷笑道：“婶子好痴也。‘否极泰来’，荣辱自古周而复始，岂人力能可保常的。但如今能于荣时筹画下将来衰时的世业，亦可谓常保永全了。即如今日诸事都妥，只有两件未妥，若

〔1〕〔清〕曹雪芹、高鹗：《红楼梦》，中华书局2014年版，第250—257页。

把此事如此一行，则后日可保永全了。”

凤姐便问何事。秦氏道：“目今祖茔虽四时祭祀，只是无一定的钱粮；第二，家塾虽立，无一定的供给。依我想来，如今盛时固不缺祭祀供给，但将来败落之时，此二项有何出处？莫若依我定见，趁今日富贵，将祖茔附近多置田庄、房舍、地亩，以备祭祀供给之费皆出自此处，将家塾亦设于此。合同族中长幼，大家定了则例，日后按房掌管这一年的地亩钱粮、祭祀供给之事。如此周流，又无争竞，也没有典卖诸弊。便是有罪，己物可入官，这祭祀产业连官也不入的。便败落下来，子孙回家读书务农，也有个退步，祭祀又可永继。若目今以为荣华不绝，不思后日，终非长策。眼见不日又有一件非常喜事，真是烈火烹油、鲜花着锦之盛。要知道，也不过是瞬息的繁华，一时的欢乐，万不可忘了那‘盛筵必散’的俗语。若不早为后虑，只恐后悔无益了。”凤姐忙问：“有何喜事？”秦氏道：“天机不可泄漏。只是我与婶子好了一场，临别赠你两句话，须要记着。”因念道：

三春去后诸芳尽，各自须寻各自门。[1]

3. 丧　礼

丧礼与祭礼一样，最能体现儒家礼制传统的基本内容和伦理意义。丧礼的意义不仅在于对死者的尊重，而且重在体现生者之于死者的亲疏和尊卑，以及由此形成生者的责任。秦氏死后，宁国府的丧礼繁复、奢华，《红楼梦》对此描写极为细致。

卷十三　秦可卿死封龙禁尉 王熙凤协理宁国府

一直到了宁国府前，只见府门大开，两边灯火，照如

〔1〕〔清〕曹雪芹、高鹗：《红楼梦》，中华书局2014年版，第178—180页。

白昼，乱烘烘人来人往。里面哭声摇山振岳。宝玉下了车，忙忙奔至停灵之室，痛哭一番，然后见过尤氏。谁知尤氏正犯了胃痛旧症，睡在床上。然后又出来见贾珍。彼时贾代儒、代修、贾敕、贾效、贾敦、贾赦、贾政、贾琮、贾㻞、贾珩、贾珖、贾琛、贾琼、贾璘、贾蔷、贾菖、贾菱、贾芸、贾芹、贾蓁、贾萍、贾藻、贾蘅、贾芬、贾芳、贾蓝、贾菌、贾芝等都来了。贾珍哭的泪人一般，正和贾代儒等说道："合家大小，远近亲友，谁不知我这媳妇比儿子还强十倍。如今伸腿去了，可见这长房内绝灭无人了。"说着又哭起来。众人忙劝道："人已辞世，哭也无益，且商议如何料理要紧。"贾珍拍手道："如何料理，不过尽我所有罢了！"

正说着，只见秦业、秦钟并尤氏的几个眷属尤氏姊妹也都来了。贾珍便命贾琼、贾琛、贾璘、贾蔷四个人去陪客，一面吩咐去请钦天监阴阳司来择日，择准停灵七七四十九日，三日后开丧送讣闻。这四十九日，单请一百单八众禅僧在大厅上拜《大悲忏》，超度前亡后化诸魂，另设一坛于天香楼上，是九十九位全真道士，打四十九日解冤洗业醮。然后停灵于会芳园中，灵前另外五十众高僧，五十众高道，对坛按七作好事。

那贾敬闻得长孙媳死了，因自为早晚就要飞升，如何肯又回家染了红尘，将前功尽弃，故此并不在意，只凭贾珍料理。[1]

4. 婚　礼

宝玉、黛玉的爱情悲剧是《红楼梦》的主要感情线，宝玉、宝

〔1〕〔清〕曹雪芹、高鹗：《红楼梦》，中华书局 2014 年版，第 181—182 页。

钗的婚姻是父母之命。古代的婚姻关系还上升到为父母尽孝的高度，"父母之命，媒妁之言"是婚姻成立的要件。

卷九十六　瞒消息凤姐设奇谋 泄机关颦儿迷本性

正在无计可施，只听见贾母那边叫："请老爷。"贾政即忙进去，看见王夫人带着病也在那里。便向贾母请了安。贾母叫他坐下，便说："你不日就要赴任，我有多少话与你说，不知你听不听？"说着，掉下泪来。贾政忙站起来说道："老太太有话只管吩咐，儿子怎敢不遵命呢。"贾母咽哽着说道："我今年八十一岁的人了，你又要做外任去，偏有你大哥在家，你又不能告亲老。你这一去了，我所疼的只有宝玉，偏偏的又病得糊涂，还不知道怎么样呢。我昨日叫赖升媳妇出去叫人给宝玉算算命，这先生算得好灵，说：'要娶了金命的人帮扶他，必要冲冲喜才好，不然只怕保不住。'我知道你不信那些话，所以教你来商量。你的媳妇也在这里。你们两个也商量商量：还是要宝玉好呢，还是随他去呢？"贾政陪笑说道："老太太当初疼儿子这么疼的，难道做儿子的就不疼自己的儿子不成么。只为宝玉不上进，所以时常恨他，也不过是'恨铁不成钢'的意思。老太太既要给他成家，这也是该当的，岂有逆着老太太不疼他的理。如今宝玉病着，儿子也是不放心。因老太太不叫他见我，所以儿子也不敢言语。我到底瞧瞧宝玉是个什么病。"王夫人见贾政说着也有些眼圈儿红，知道心里是疼的，便叫袭人扶了宝玉来。宝玉见了他父亲，袭人叫他请安，他便请了个安。贾政见他脸面很瘦，目光无神，大有疯傻之状，便叫人扶了进去，便想到："自己也是望六的人了，如今又放外任，不知道几年回来。倘或这孩子果然不好，一则年老无嗣，虽说有孙子，到底隔了一层；二则老太太最疼的是宝玉，若有差错，可不是我的罪名更重了。”瞧瞧王夫人，一包眼泪，又想到他身上，复站起来说：“老太太这么大年纪，想法儿疼孙子，做儿子的还敢违拗？老太太主意该怎么便怎么就是了。但只姨太太那边，不知说明白了没有？”王夫人便道：“姨太太是早应了的。只为蟠儿的事没有结案，所以这些时总没提起。”贾政又道：“这就是第一层的难处。他哥哥在监里，妹子怎么出嫁。况且贵妃的事虽不禁婚嫁，宝玉应照已出嫁的姐姐，有九个月的功服，此时也难娶亲。再者我的起身日期已经奏明，不敢耽搁，这几天怎么办呢？”

贾母想了一想：“说的果然不错。若是等这几件事过去，他父亲又走了。倘或这病一天重似一天，怎么好？只可越些礼办了才好。”想定主意，便说道：“你若给他办呢，我自然有个道理，包管都碍不着。姨太太那边我和你媳妇亲自过去求他。蟠儿那里，我央蝌儿去告诉他，说是要救宝玉的命，诸事将就，自然应的。若说服里娶亲，当真使不得；况且宝玉病着，也不可教他成亲，不过是冲冲喜，我们两家愿意，孩子们又有金玉的道理，婚是不用合的了。即挑了好日子，按着咱们家分儿过了礼。赶着挑个娶亲日子，一概鼓乐不用，倒按宫里的样子，用十二对提灯，一乘八人轿子抬了来，照南边规矩拜了堂，一样坐床撒帐，可不是算娶了亲了么。宝丫头心地明白，是不用虑的。内中又有袭人，也还是个妥妥当当的孩子。再有个明白人常劝他，更好。他又和宝丫头合的来。再者，姨太太曾说：‘宝丫头的金锁也有个和尚说过，只等有玉的便是婚姻。’焉知宝丫头过来，不因金锁倒招出他那块玉来，也定不得。从此一天好似一天，岂不是大家的造化。这会子只要立刻收拾屋子，铺排起来，这屋子是要你派的。一概亲友不请，也不排筵席，待宝玉好了，过了功服，然后再摆席请人。这么着都赶的上。你也看见了他们小两口的事，也好放心的去。”贾政听了，原不愿意，只是贾母做主，不敢违命，勉强陪笑说道：“老太太想的极是，也狠妥当。只是要吩咐家下众人，不许吵嚷得里外皆知，这要耽不是的。姨太太那边，只怕不肯；若是果真应了，也只好按着老太太的主意办去。”贾母道：“姨太太那里有我呢。你去吧。”贾政答应出来，心中好不自在。因赴任事多，部里领凭，亲友们荐人，种种应酬不绝，竟把宝玉的事，听凭贾母交与王夫人凤姐儿了。惟将荣禧堂后身王夫人内屋旁边一大跨所二十余间房屋指与宝玉，余者一概不管。〔1〕

（二）礼　义

礼之仪规定了礼的形式内容，礼之义则构成儒家伦理的核心，具有伦理和道德属性。《红楼梦》中繁复、细致的礼仪、礼教，体现的也是儒家思想中的礼义。其中，尤以“忠孝”“仁”“义”为最。

1. 忠　孝

卷十六　贾元春才选凤藻宫　秦鲸卿夭逝黄泉路

……贾琏道：“如今当今体贴万人之心，世上至大莫如‘孝’字，想来父母儿女之性，皆是一理，不在贵贱上分的。当今自为日夜侍奉太上皇、皇太后，尚不能略尽孝意，因见宫里嫔妃才人等皆是入宫多年，抛离父母，岂有不思想之理？且父母在家，思想女儿，不能一见，倘因此成疾，

〔1〕〔清〕曹雪芹、高鹗：《红楼梦》，中华书局 2014 年版，第 1273—1277 页。

亦大伤天和之事，故启奏太上皇、皇太后，每月逢二六日期，准椒房眷属入宫请候。于是太上皇皇太后大喜，深赞当今至孝纯仁，体天格物。因此，二位老圣人又下谕旨说：椒房眷属入宫，未免有关国体仪制，母女尚未能惬怀。竟大开方便之恩，特降谕诸椒房贵戚，除二六日入宫之恩外，凡有重宇别院之家，可以驻跸关防者，不妨启请内廷銮舆入其私第，庶可尽骨肉私情，共享天伦之乐事。此旨下了，谁不踊跃感戴？现今周贵妃的父亲已在家里动了工，修盖省亲的别院呢。又有吴贵妃的父亲吴天祐家，也往城外踏看地方去了。这岂非有八九分了？”[1]

2. 仁

卷二　贾夫人仙逝扬州城 冷子兴演说荣国府

子兴见他说得这样重大，忙请教其故。雨村道：“天地生人，除大仁大恶，余者皆无大异。若大仁者，则应运而生；大恶者，则应劫而生。运生世治，劫生世危。尧、舜、禹、汤、文、武、周、召、孔、孟、董、韩、周、程、朱、张，皆应运而生者；蚩尤、共工、桀、纣、始皇、王莽、曹操、桓温、安禄山、秦桧等，皆应劫而生者。大仁者修治天下，大恶者扰乱天下。清明灵秀，天地之正气，仁者之所秉也；残忍乖僻，天地之邪气，恶者之所秉也。今当运隆祚永之朝，太平无为之世，清明灵秀之气所秉者，上自朝廷，下至草野，比比皆是。所余之秀气，漫无所归，遂为甘露，为和风，洽然溉及四海。彼残忍乖僻之邪气，不能荡溢于光天化日之下，遂凝结充塞于深沟大壑之中，偶因风荡，或被云摧，略有摇动感发之意，一丝半缕，误

〔1〕〔清〕曹雪芹、高鹗：《红楼梦》，中华书局2014年版，第221—222页。

而逸出者，值灵秀之气适过，正不容邪，邪复妒正，两不相下，如风水雷电，地中相遇，既不能消，又不能让，必至搏击掀发后始尽。故其气亦必赋人。使男女偶秉此气而生者，上则不能为仁人为君子，下亦不能为大凶大恶，置之千万人之中，其聪俊灵秀之气，则在千万人之上；其乖僻邪谬不近人情之态，又在千万人之下。若生于公侯富贵之家，则为情痴情种；若生于诗书清贫之族，则为逸士高人；纵偶生于薄祚寒门，亦断不至为走卒健仆，甘遭庸夫驱制驾驭，必为奇优为名娼。如前之许由、陶潜、阮籍、嵇康、刘伶、王谢二族、顾虎头、陈后主、唐明皇、宋徽宗、刘庭芝、温飞卿、米南宫、石曼卿、柳耆卿、秦少游，近日倪云林、唐伯虎、祝枝山，再如李龟年、黄幡绰、敬新磨、卓文君、红拂、薛涛、崔莺、朝云之流，此皆易地则同之人也。”[1]

《红楼梦》中多处出现“王仁”这个人物，暗喻“忘仁”，忘记“仁义礼智信”的人。可见，“仁”是《红楼梦》提倡的做人目标。

卷一百一　大观园月夜感幽魂 散花寺神签惊异兆

凤姐听了，气的干咽，要和他分证，想了一想，又忍住了，勉强陪笑道：“何苦来生这么大气？大清早起，和我叫喊什么？谁叫你应了人家的事？你既应了，只得耐烦些，少不得替人家办办。也没见这个人自己有为难的事还有心肠唱戏摆酒的闹。”贾琏道：“你可说么！你明儿倒也问问他。”凤姐诧异道：“问谁？”贾琏道：“问谁！问你哥哥！”凤姐道：“是他吗？”贾琏道：“可不是他，还有谁呢？”凤姐忙问道：“他又有什么事，叫你替他跑？”贾琏

[1]〔清〕曹雪芹、高鹗:《红楼梦》，中华书局2014年版，第33—35页。

道："你还在坛子里呢！"凤姐道："真真这就奇了！我连一个字儿也不知道。"贾琏道："你怎么能知道呢！这个事，连太太和姨太太还不知道呢。头一件，怕太太和姨太太不放心；二则你身上又常嚷不好：所以我在外头压住了，不叫里头知道。说起来，真真可人恼！你今儿不问我，我也不便告诉你。你打量你哥哥行事像个人呢！你知道外头的人都叫他什么？"凤姐道："叫他什么？"贾琏道："叫他什么？——叫他"忘仁"！"凤姐扑哧的一笑："他可不叫王仁，叫什么呢？"贾琏道："你打量那个王仁吗？是忘了仁义礼智信的那个"忘仁"哪！"凤姐道："这是什么人这么刻薄嘴儿遭塌人！"贾琏道："不是遭塌他呀。今儿索性告诉你，你也该知道知道你那哥哥的好处！到底知道他给他二叔做生日呵！"[1]

3. 义

在中国古代，以死殉夫，被赞为有义有节的行为。丈夫为妻子投河，其更被认为是重情重义之人。

卷十六　贾元春才选凤藻宫　秦鲸卿夭逝黄泉路

那凤姐儿已是得了云光的回信，俱已妥协。老尼达知张家，果然那守备忍气吞声的受了前聘之物。谁知那张家父母如此爱势贪财，却养了一个知义多情的女儿，闻得父母退了前夫，他便一条麻绳悄悄的自缢了。那守备之子闻得金哥自缢，他也是个情种，遂也投河而死。[2]

---

〔1〕〔清〕曹雪芹、高鹗：《红楼梦》，中华书局 2014 年版，第 1329 页。

〔2〕〔清〕曹雪芹、高鹗：《红楼梦》，中华书局 2014 年版，第 215 页。

（三）礼　教

礼教是儒家伦理思想的传承和教化手段，在《红楼梦》中无处不在。《红楼梦》中各色人等都以精通四书五经为最高境界，并期望以此打通科举和仕途道路。女子也以修女德、读《列女传》《贞女传》为荣，懂得孔孟之道、熟知诗书礼乐的黛玉、宝钗被认为是才女。《红楼梦》中表现出来的礼教，与先秦儒家所倡导的礼教相比，在形式与内容上已经发生了很大的变化。

卷四　薄命女偏逢薄命郎　葫芦僧乱判葫芦案

……这李氏亦系金陵名宦之女，父名李守中，曾为国子祭酒；族中男女无不读诗书者，至李守中继续以来，便谓"女子无才便是德"，故生了便不十分认真读书，只不过将些《女四书》、《列女传》读读，认得几个字罢了，记得前朝这几个贤女便罢了；却以纺绩女红为要……

…………

近因今上崇尚诗礼，征采才能，降不世之隆恩，除聘选妃嫔外，在世宦名家之女，皆得亲名达部，以备选择，为公主郡主入学陪侍，充为才人赞善之职。……[1]

卷五　贾宝玉神游太虚境　警幻仙曲演红楼梦

……警幻道："非也。淫虽一理，意则有别。如世之好淫者，不过悦容貌，喜歌舞，调笑无厌，云雨无时，恨不能尽天下之美女供我片时之趣兴，此皆皮肤淫滥之蠢物耳。如尔则天分中生成一段痴情，吾辈推之为'意淫'。惟'意淫'二字，可心会而不可口传，可神通而不能语达。汝今独得此二字，在闺阁中固可为良友；然于世道中未免迂阔怪诡，百口嘲谤，万目睚眦。今既遇令祖宁荣二公剖

〔1〕〔清〕曹雪芹、高鹗：《红楼梦》，中华书局2014年版，第63—73页。

腹深嘱，吾不忍君独为我闺阁增光，见弃于世道，是以特引前来，醉以灵酒，沁以仙茗，警以妙曲，再将吾妹一人，乳名兼美字可卿者，许配于汝。今夕良时，即可成姻。不过令汝领略此仙闺幻境之风光尚如此，何况尘境之情景哉？而今后万万解释，改悟前情，留意于孔孟之间，委身于经济之道。”〔1〕

卷九　训劣子李贵承申饬 嗔顽童茗烟闹书房

贾政因问：“跟宝玉的是谁？”只听外面答应了两声，早进来三四个大汉，打千儿请安。贾政看时，认得是宝玉的奶母之子，名唤李贵。因向他道：“你们成日家跟他上学，他到底念了些什么书！倒念了些流言混语在肚子里，学了些精致的淘气。等我闲一闲，先揭了你的皮，再和那不长进的算帐！”吓的李贵忙双膝跪下，摘了帽子，碰头有声，连连答应“是”，又回说：“哥儿已念到第三本《诗经》，什么‘呦呦鹿鸣，荷叶浮萍’，小的不敢撒谎。”说的满座哄然大笑起来。贾政也撑不住笑了。因说道：“那怕再念三十本《诗经》，也都是掩耳偷铃，哄人而已。你去请学里太爷的安，就说我说了：什么《诗经》古文，一概不用虚应故事，只是先把《四书》一气讲明背熟，是最要紧的。”〔2〕

三、“三言二拍”

“三言二拍”是明代五本著名传奇小说集的合称。包括冯梦龙创作的《喻世明言》、《警世通言》和《醒世恒言》以及凌濛初创作

〔1〕〔清〕曹雪芹、高鹗：《红楼梦》，中华书局2014年版，第102—103页。
〔2〕〔清〕曹雪芹、高鹗：《红楼梦》，中华书局2014年版，第143页。

的《初刻拍案惊奇》和《二刻拍案惊奇》。其中，“三言”吸收了很多宋话本的故事。“三言二拍”中也有不少涉及法、礼及礼法关系的内容。

（一）法与礼

王娇鸾百年长恨

樊公骂道：“调戏职官家子女，一罪也；停妻再娶，二罪也；因奸致死，三罪也。婚书上说：‘男若负女，万箭亡身。’我今没有箭射你，用乱棒打杀你，以为薄幸男子之戒。”喝教合堂皂快齐举竹批乱打。下手时宫商齐响，着体处血肉交飞。顷刻之间，化为肉酱。满城人无不称快。周司教闻知，登时气死。魏女后来改嫁。向贪新娶之财色，而没恩背盟，果何益哉！有诗叹云：

一夜恩情百夜多，负心端的欲如何？

若云薄幸无冤报，请读当年《长恨歌》。[1]

由于周廷章与王娇鸾的婚书上写着：“男若负女，万箭身亡”，樊公虽无万箭，但命“乱棒打杀”，其社会反响是“满城人无不称快”，审判既合法又合情，符合礼的精神。

（二）法与理

“三言二拍”的公案故事中，常可见“天理”，“天网恢恢，疏而不漏”等句子，如《初刻拍案惊奇》中知县往往大喝道：“你这没天理的狠贼！”

恶船家计赚假尸银　狠仆人误投真命状

〔1〕〔明〕冯梦龙编撰：《警世通言》（第34卷），中华书局2009年版，第354—355页。

诗曰：

杳杳冥冥地，非非是是天。

害人终自害，狠计总徒然。

话说那杀人偿命，是人世间最大的事，非同小可。所以是真难假，是假难真。真的时节，纵然有钱可以通神，目下脱逃宪网，到底天理不容，无心之中，自然败露；假的时节，纵然严刑拷掠，诬伏莫伸，到底有个辨白的日子。假饶误出误入，那有罪的老死牖下，无罪的却命绝于囹圄、刀锯之间，难道头顶上这个老翁是没有眼睛的么？所以古人说得好：

湛湛青天不可欺，未曾举意已先知。

善恶到头终有报，只争来早与来迟。〔1〕

百姓认为法律即是天理，刑法为天罚、天报，这种认识符合当时的民心与民情。

（三）法与公正

《警世通言》第三十五卷《况太守断死孩儿》，“却说况钟原是吏员出身……百姓呼为‘况青天’”，既迎合了当时百姓的心态，也彰显了统治者政治清明的需要。

况太守断死孩儿

却说况钟原是吏员出身，礼部尚书胡濙荐为苏州府太守，在任一年，百姓呼为“况青天”。因丁忧回籍，圣旨夺情起用，特赐驰驿赴任。船至仪真闸口，况爷在舱中看书，忽闻小儿啼声，出自江中，想必溺死之儿，差人看来，

〔1〕〔明〕凌濛初：《初刻拍案惊奇》，张明高校注，中华书局2009年版，第105页。

回报："没有。"如此两度。况爷又闻啼声，问众人皆云不闻。况爷口称怪事，推窗亲看，只见一个小小蒲包，浮于水面。况爷叫水手捞起，打开看了，回复："是一个小孩子。"况爷问："活的？死的？"水手道："石灰腌过的，象死得久了。"况爷想道："死的如何会啼？况且死孩子，抛掉就罢了，何必灰腌，必有缘故。"叫水手，把这死孩连蒲包放在船头上："如有人晓得来历，密密报我，我有重赏。"水手奉钧旨，拿出船头。恰好夫头包九看见小蒲包，认得是支助抛下的，"他说是臭牛肉，如何却是个死孩？"遂进舱禀况爷："小人不晓得这小孩子的来历，却认得抛那小孩子在江里这个人，叫做支助。"况爷道："有了人，就有来历了。"一面差人密拿支助，一面请仪真知县到察院中同问这节公事。

…………

审得支助，奸棍也。始窥寡妇之色，辄起邪心；既秉弱仆之愚，巧行诱语。开门裸卧，尽出其谋；固胎取孩，悉堕其术。求奸未能，转而求利；求利未厌，仍欲求奸。在邵氏一念之差，盗铃尚思掩耳；乃支助几番之诈，探箧加以逾墙。以恨助之心恨贵，恩变为仇；于杀贵之后自杀，死有余愧。主仆既死勿论，秀婢已杖何言。惟是恶魁，尚逃法网。包九无心而遇，腌孩有故而啼。天若使之，罪难容矣！宜坐致死之律，兼追所诈之赃。况爷念了审单，连支助亦甘心服罪。况爷将此事申文上司，无不夸奖大才；万民传颂，以为包龙图复出，不是过也。这一家小说，又题做："况太守断死孩儿"。有诗为证：

俏邵娘见欲心乱，蠢得贵福过灾生。

支赤棍奸谋似鬼，况青天折狱如神。[1]

（四）法与人情、道德

《醒世恒言》第一卷《两县令竟义婚孤女》中的贾氏对丈夫收养的恩人之女百般折磨，甚至卖给牙婆，最终恶有恶报，被丈夫终身疏离。故事表达的是惩恶扬善的道德追求。

> 两县令竟义婚孤女
>
> 且说贾昌在客中，不久回来，不见了月香小姐和那养娘，询知其故，与婆娘大闹几场。后来知得钟离相公将月香为女，一同小姐嫁与高门，贾昌无处用情，把银二十两，要赎养娘送还石小姐。那赵二恩爱夫妻，不忍分拆，情愿做一对投靠，张婆也禁他不住。贾昌领了赵二夫妻，直到德安县，禀知大尹高公。高公问了备细，进衙又问媳妇月香，所言相同。遂将赵二夫妻收留，以金帛厚酬贾昌，贾昌不受而归。从此贾昌恼恨老婆无义，立誓不与他相处，另招一婢，生下两男。此亦作善之报也！后人有诗叹云：
>
> 人家嫁娶择高门，谁肯周全孤女婚？
> 试看两公阴德报，皇天不负好心人。[2]

《警世通言》第十三卷《三现身包龙图断冤》，讲的是开封府尹孙文救了一个冻倒在大雪里的人，这人反和孙文之妻私通，谋害孙文。后来孙文的鬼魂三次出现，包拯审明案情，将囚犯正法。

> 三现身包龙图断冤
>
> 捻指间，到来年二月间，换个知县，是庐州金斗城人，

---

〔1〕〔明〕冯梦龙编撰：《警世通言》（第35卷），中华书局2009年版，第362—364页。

〔2〕〔明〕冯梦龙编撰：《醒世恒言》（第1卷），中华书局2009年版，第10页。

姓包名拯，就是今人传说有名的包龙图相公。他后来官至龙图阁学士，所以叫做包龙图。此时做知县还是初任。那包爷自小聪明正直，做知县时，便能剖人间暧昧之情，断天下狐疑之狱。

…………

元来这小孙押司当初是大雪里冻倒的人，当时大孙押司见他冻倒，好个后生，救他活了，教他识字，写文书。不想浑家与他有事。当日大孙押司算命回来时，恰好小孙押司正闪在他家。见说三更前后当死，趁这个机会，把酒灌醉了，就当夜勒死了大孙押司，撺在井里。小孙押司却掩着面走去，把一块大石头漾在奉符县河里，扑通地一声响，当时只道大孙押司投河死了。后来却把灶来压在井上，次后说成亲事。当下众人回复了包爷。押司和押司娘不打自招，双双的问成死罪，偿了大孙押司之命。包爷不失信于小民，将十两银子赏与王兴。王兴把三两谢了裴孔目，不在话下。

包爷初任，因断了这件公事，名闻天下，至今人说包龙图日间断人，夜间断鬼。有诗为证：

诗句藏谜谁解明，包公一断鬼神惊。

寄声暗室亏心者，莫道天公鉴不清。[1]

（五）司　法

《醒世恒言》第八卷《乔太守乱点鸳鸯谱》体现“无讼”“厌诉”的司法理念。法官的司法过程不仅是依法裁判，儒家的礼教作为感化式的断案方式，也是解决民间纠纷的司法措施。

---

〔1〕〔明〕冯梦龙编撰：《警世通言》(第13卷)，中华书局2009年版，第117—119页。

乔太守乱点鸳鸯谱

……刘公央人写了状词，望着府前奔来，正值乔太守早堂放告。这乔太守虽则关西人，又正直，又聪明，怜才爱民，断狱如神，府中都称为乔青天。

…………

乔太守援笔判道：

弟代姊嫁，姑伴嫂眠。爱女爱子，情在理中。一雌一雄，变出意外。移干柴近烈火，无怪其燃；以美玉配明珠，适获其偶。孙氏子因姊而得妇，搂处子不用逾墙；刘氏女因嫂而得夫，怀吉士初非炫玉。相悦为婚，礼以义起。所厚者薄，事可权宜。使徐雅别婿裴九之儿，许裴政改娶孙郎之配。夺人妇人亦夺其妇，两家恩怨，总息风波；独乐之不若与人乐，三对夫妻，各谐鱼水。人虽兑换，十六两原只一斤；亲是交门，五百年决非错配。以爱及爱，伊父母自作冰人；非亲是亲，我官府权为月老。已经明断，各赴良期。

乔太守写毕，教押司当堂朗诵与众人听了。众人无不心服，各各叩头称谢。乔太守在库上支取喜红六段，教三对夫妻披挂起来，唤三起乐人，三顶花花轿儿，抬了三位新人。新郎及父母，各自随轿而出。此事闹动了杭州府，都说好个行方便的太守，人人诵德，个个称贤。自此各家完亲之后，都无说话。[1]

《醒世恒言》第十三卷《勘皮靴单证二郎神》，描述古代司法依证据断案。

勘皮靴单证二郎神

大尹带了王观察、冉贵二人，藏了靴儿簿子，一径打

---

〔1〕〔明〕冯梦龙编撰：《醒世恒言》（第8卷），中华书局2009年版，第111—113页。

轿到杨太尉府中来。正直太尉朝罢回来，门吏报覆，出厅相见。大尹便道："此间不是说话处。"太尉便引至西偏小书院里，屏去人从，止留王观察、冉贵二人，到书房中伺候。大尹便将从前事历历说了一遍，如此如此："却是如何处置？下官未敢擅便。"太尉看了，呆了半晌，想道："太师国家大臣，富贵极矣，必无此事。但这只靴是他府中出来的，一定是太师亲近之人，做下此等不良之事。"商量一会，欲待将这靴到太师府中面质一番，诚恐干碍体面，取怪不便；欲待搁起不题，奈事非同小可，曾经过两次法官，又着落缉捕使臣，拿下任一郎问过，事已张扬。一时糊涂过去，他日事发，难推不知。倘圣上发怒，罪责非小。左思右想，只得分付王观察、冉贵自去。也叫人看轿，着人将靴儿簿子，藏在身边，同大尹径奔一处来。正是：

踏破铁鞋无觅处，得来全不费工夫。[1]

《醒世恒言》第十五卷《赫大卿遗恨鸳鸯绦》，此案判决依照律例行斩，实则蕴含礼的价值判断。

赫大卿遗恨鸳鸯绦

且说静真、空照俱是娇滴滴的身子，嫩生生的皮肉，如何经得这般刑罚，夹棍刚刚套上，便晕迷了去，叫道："爷爷不消用刑，容小尼从实招认。"知县止住左右，听他供招。二尼异口齐声说道："爷爷，后园埋的不是和尚，乃是赫监生的尸首。"赫家人闻说原是家主尸首，同蒯三俱跪上去，听其情款。知县道："既是赫监生，如何却是光头？"二尼乃将赫大卿到寺游玩，勾搭成奸，及设计剃发，

〔1〕〔明〕冯梦龙编撰：《醒世恒言》（第13卷），中华书局2009年版，第167页。

扮作尼姑，病死埋葬，前后之事，细细招出。知县见所言与赫家昨日说话相合，已知是个真情。又问道："赫监生事已实了，那和尚还藏在何处？一发招来！"二尼哭道："这个其实不知，就打死也不敢虚认。"

知县又唤女童、香公逐一细问，其说相同，知得小和尚这事与他无干。又唤了缘、小和尚上去问："你藏匿静真、空照等在庵，一定与他是同谋的了，也夹起来！"了缘此时见静真等供招明白，和尚之事，已不缠牵在内，肠子宽了，从从容容的禀道："爷爷不必加刑，容小尼细说。静真等昨到小尼庵中，假说他人扎诈，权住一两日，故此误留。其他奸情之事，委实分毫不知。"又指着小和尚道："这徒弟乃新出家的，与静真等一发从不相认。况此等无耻勾当，败坏佛门体面，即使未曾发觉，小尼若稍知声息，亦当出首，岂肯事露之后，还敢藏匿？望爷爷详情超豁。"

知县见他说的有理，笑道："话到讲得好，只莫要心不应口。"遂令跪过一边。喝叫皂隶将空照、静真各责五十，东房女童各责三十，两个香公各打二十，都打的皮开肉绽，鲜血淋漓。打罢，知县举笔定罪：

静真、空照设计恣淫，伤人性命，依律拟斩。东房二女童，减等，杖八十，官卖。两个香公，知情不举，俱问杖罪。[1]

（六）婚姻家庭

《二刻拍案惊奇》第六卷《李将军错认舅 刘氏女诡从夫》，描

〔1〕〔明〕冯梦龙编撰：《醒世恒言》（第15卷），中华书局2009年版，第197页。

写了刘翠翠和金定忠贞不渝的爱情。翠翠为使父母放弃“门当户对”的陈规，历尽艰辛，最后两人殉情来证明他们至死不渝的感情。

李将军错认舅　刘氏女诡从夫

这是他夫妻第二番相见了，可怜金生在床上一丝两气，转动不得。翠翠见了十分伤情，噙着眼泪，将手去扶他的头起来，低低唤道：“哥哥挣扎着，你妹子翠翠在此看你！”说罢泪如泉涌。金生听得声音，撑开双眼，见是妻子翠翠扶他，长叹一声道：“妹妹，我不济事了，难得你出来见这一面！趁你在此，我死在你手里了，也得瞑目。”便叫翠翠坐在床边，自家强抬起头来，枕在翠翠膝上，奄然而逝。翠翠哭得个发昏章第十一，报与将军知道，将军也着实可怜他，又恐怕苦坏了翠翠，分付从厚殡殓。替他在道场山脚下寻得一块好平坦地面，将棺木送去安葬。翠翠又对将军说了，自家亲去送殡。直看坟茔封闭了，恸哭得几番死去叫醒，然后回来。自此精神恍惚，坐卧不宁，染成一病。李将军多方医救，翠翠心里巴不得要死，并不肯服药。展转床席，将及两月。

一日，请将军进房来，带着眼泪对他说道：“妾自从十七岁上抛家相从，已得八载。流离他乡，眼前并无亲人，止有一个哥哥，今又死了。妾病若毕竟不起，切记我言，可将我尸骨埋在哥哥傍边，庶几黄泉之下，兄妹也得相依，免做了他乡孤鬼，便是将军不忘贱妾之大恩也。”言毕大哭。将军好生不忍，把好言安慰他，叫他休把闲事萦心，且自将息。说不多几时，昏沉上来，早已绝气。将军恸哭一番，念其临终叮嘱之言，不忍违他，果然将去葬在金生冢旁。可怜金生、翠翠二人，生前不能成双，亏得诡认兄妹，死后倒得做一处了。[1]

《喻世明言》第一卷《蒋兴哥重会珍珠衫》中，对于出轨的妻子，丈夫可以一纸休书解除婚姻关系，也可将休了的妻子纳妾为偏房。故事表现了父权家族伦理下的古代妇女的形象和地位。

蒋兴哥重会珍珠衫

却说三巧儿回家，见爹娘双双无恙，吃了一惊。王公见女儿不接而回，也自骇然。在婆子手中接书，拆开看时，却是休书一纸。上写道：立休书人蒋德，系襄阳府枣阳县人。从幼凭媒聘定王氏为妻。岂期过门之后，本妇多有过失，正合七出之条。因念夫妻之情，不忍明言，情愿退还本宗，听凭改嫁，并无异言，休书是实。成化二年月日手掌为记。

再说蒋兴哥带了三巧儿回家，与平氏相见。论起初婚，王氏在前，只因休了一番，这平氏到是明媒正娶，又且平氏年长一岁，让平氏为正房，王氏反做偏房，两个姊妹相称。从此一夫二妇，团圆到老。有诗为证：

恩爱夫妻虽到头，妻还作妾亦堪羞。

殃祥果报无虚谬，咫尺青天莫远求。[2]

中国古代，女子在家中没有地位，婚姻大事更没有自主权，妇从夫，子从父。《喻世明言》第二卷《陈御史巧勘金钗钿》中的女主人公能够勇敢地与这一传统礼制进行抗争。

陈御史巧勘金钗钿

却说江西赣州府石城县，有个鲁廉宪，一生为官清

---

〔1〕〔明〕凌濛初：《二刻拍案惊奇》（第6卷），吴书荫校注，中华书局2014年版，第122—123页。

〔2〕〔明〕冯梦龙编撰：《喻世明言》（第1卷），中华书局2009年版，第16—23页。

> 介，并不要钱，人都称为“鲁白水”。那鲁廉宪与同县顾佥事累世通家。鲁家一子，双名学曾，顾家一女，小名阿秀，两下面约为婚，来往间亲家相呼，非止一日。因鲁奶奶病故，廉宪携着孩儿在于任所，一向迁延，不曾行得大礼。谁知廉宪在任，一病身亡。学曾扶柩回家，守制三年，家事愈加消乏，止存下几间破房子，连口食都不周了。顾佥事见女婿穷得不像样，遂有悔亲之意，与夫人孟氏商议道：“鲁家一贫如洗，眼见得六礼难备，婚娶无期。不若别求良姻，庶不误女儿终身之托。”孟夫人道：“鲁家虽然穷了，从幼许下的亲事，将何辞以绝之？”顾佥事道：“如今只差人去说男长女大，催他行礼。两边都是宦家，各有体面，说不得‘没有’两个字，也要出得他的门，入的我的户。那穷鬼自知无力，必然情愿退亲。我就要了他休书，却不一刀两断？”孟夫人道：“我家阿秀性子有些古怪，只怕他到不肯。”顾佥事道：“在家从父，这也由不得他，你只慢慢的劝他便了。”当下孟夫人走到女儿房中，说知此情。阿秀道：“妇人之义，从一而终；婚姻论财，夷虏之道。爹爹如此欺贫重富，全没人伦，决难从命。”孟夫人道：“如今爹去催鲁家行礼，他若行不起礼，倒愿退亲，你只索罢休。”阿秀道：“说那里话！若鲁家贫不能聘，孩儿情愿守志终身，决不改适。当初钱玉莲投江全节，留名万古。爹爹若是见逼，孩儿就拼却一命，亦有何难！”[1]

《醒世恒言》第十五卷《赫大卿遗恨鸳鸯绦》，阐述了好色与好淫的不同。夫妇之情，乃人伦之本，此之谓正色。

---

[1]〔明〕冯梦龙编撰：《喻世明言》（第2卷），中华书局2009年版，第26页。

赫大卿遗恨鸳鸯绦

皮包血肉骨包身，强作娇妍诳惑人。

千古英雄皆坐此，百年同共一坑尘。

这首诗乃昔日性如子所作，单戒那淫色自戕的。论来好色与好淫不同。假如古诗云："一笑倾人城，再笑倾人国。岂不顾倾城与倾国，佳人难再得！"此谓之好色。若是不择美恶，以多为胜，如俗语所云："石灰布袋，到处留迹。"其色何在？但可谓之好淫而已。然虽如此，在色中又有多般：假如张敞画眉，相如病渴，虽为儒者所讥，然夫妇之情，人伦之本，此谓之正色。又如娇妾美婢，倚翠偎红，金钗十二行，锦障五十里，樱桃杨柳，歌舞擅场，碧月紫云，风流姱艳；虽非一马一鞍，毕竟有花有叶，此谓之傍色。又如锦营献笑，花阵团欢，露水分司，身到偶然，留影风云随例，颜开那惜缠头，旅馆长途，堪消寂寞，花前月下，亦助襟怀。[1]

《醒世恒言》第三十三卷《十五贯戏言成巧祸》中，丈夫去世，妻子需要守孝三年。

十五贯戏言成巧祸

闲话休题。却说那刘大娘子到得家中，设个灵位，守孝过日。父亲王老员外劝他转身，大娘子说道："不要说起三年之久，也须到小祥之后。"父亲应允自去。光阴迅速，大娘子在家，巴巴结结，将近一年。父亲见他守不过，便叫家里老王去接他来，说："叫大娘子收拾回家，与刘官人做了周年，转了身去罢。"大娘子没计奈何，细思父言亦是有理，收拾了包裹，与老王背了，与邻舍家作别，暂去

〔1〕〔明〕冯梦龙编撰：《醒世恒言》（第15卷），中华书局2009年版，第181页。

再来。[1]

《醒世恒言》第十八卷《施润泽滩阙遇友》中，喻氏夫妇二人之间的关系不是传统的男尊女卑，而是平等和谐的新型家庭关系。喻氏知书达理，完全不输丈夫。故事表现了妇女意识觉醒，礼的内涵有了很大变化。

施润泽滩阙遇友

且说施复回到家里，浑家问道："为甚么去了这大半日？"施复道："不要说起，将到家了，因着一件事，复身转去，担阁了这一回。"浑家道："有甚事担阁？"施复将还银之事，说向浑家。浑家道："这件事也做得好。自古道：'横财不富命穷人。'倘然命里没时，得了他反生灾作难，到未可知。"施复道："我正为这个缘故，所以还了他去。"当下夫妇二人，不以拾银为喜，反以还银为安。衣冠君子中，多有见利忘义的，不意愚夫愚妇到有这等见识。

从来作事要同心，夫唱妻和种德深。
万贯钱财如粪土，一分仁义值千金。[2]

《警世通言》第三十二卷《杜十娘怒沉百宝箱》中，杜十娘投江自尽。杜十娘为了维护尊严和爱情而放弃生命，是对封建礼法的控诉。

杜十娘怒沉百宝箱

公子再四被逼不过，只得含泪而言道："仆天涯穷困，蒙恩卿不弃，委曲相从，诚乃莫大之德也。但反复思

---

〔1〕〔明〕冯梦龙编撰：《醒世恒言》（第33卷），中华书局2009年版，第489页。
〔2〕〔明〕冯梦龙编撰：《醒世恒言》（第18卷），中华书局2009年版，第237—238页。

之，老父位居方面，拘于礼法，况素性方严，恐添嗔怒，必加黜逐。你我流荡，将何底止？夫妇之欢难保，父子之伦又绝。日间蒙新安孙友邀饮，为我筹及此事，寸心如割！”十娘大惊道：“郎君意将如何？”公子道：“仆事内之人，当局而迷。孙友为我画一计颇善，但恐恩卿不从耳！”十娘道：“孙友者何人？计如果善，何不可从？”公子道：“孙友名富，新安盐商，少年风流之士也。夜间闻子清歌，因而问及。仆告以来历，并谈及难归之故，渠意欲以千金聘汝。我得千金，可借口以见吾父母，而恩卿亦得所天。但情不能舍，是以悲泣。”说罢，泪如雨下。

…………

十娘推开公子在一边，向孙富骂道：“我与李郎备尝艰苦，不是容易到此。汝以奸淫之意，巧为谗说，一旦破人姻缘，断人恩爱，乃我之仇人。我死而有知，必当诉之神明，尚妄想枕席之欢乎！”又对李甲道：“妾风尘数年，私有所积，本为终身之计。自遇郎君，山盟海誓，白首不渝。前出都之际，假托众姊妹相赠，箱中韫藏百宝，不下万金。将润色郎君之装，归见父母，或怜妾有心，收佐中馈，得终委托，生死无憾。谁知郎君相信不深，惑于浮议，中道见弃，负妾一片真心。今日当众目之前，开箱出视，使郎君知区区千金，未为难事。妾椟中有玉，恨郎眼内无珠。命之不辰，风尘困瘁，甫得脱离，又遭弃捐。今众人各有耳目，共作证明，妾不负郎君，郎君自负妾耳！”于是众人聚观者，无不流涕，都唾骂李公子负心薄幸。公子又羞又苦，且悔且泣，方欲向十娘谢罪。十娘抱持宝匣，向江心一跳。众人急呼捞救。但见云暗江心，波涛滚滚，杳无踪影。可惜一个如花似玉的名姬，一旦葬于江鱼之腹！

…………

后人评论此事，以为孙富谋夺美色，轻掷千金，固非良士；李甲不识杜十娘一片苦心，碌碌蠢才，无足道者。独谓十娘千古女侠，岂不能觅一佳侣，共跨秦楼之凤，乃错认李公子。明珠美玉，投于盲人，以致恩变为仇，万种恩情，化为流水，深可惜也！有诗叹云：

不会风流莫妄谈，单单情字费人参；

若将情字能参透，唤作风流也不惭。[1]

《警世通言》第八卷《崔待诏生死冤家》，表现的是女性自我意识的觉醒。

崔待诏生死冤家

道不得个"春为花博士，酒是色媒人"。秀秀道："你记得当时在月台上赏月，把我许你，你兀自拜谢。你记得也不记得？"崔宁叉着手，只应得"喏"。秀秀道："当日众人都替你喝采，'好对夫妻！'你怎地到忘了？"崔宁又则应得"喏"。秀秀道："比似只管等待，何下今夜我和你先做夫妻，不知你意下何如？"崔宁道："岂敢。"秀秀道："你知道不敢，我叫将起来，教坏了你，你却如何将我到家中？我明日府里去说。"崔宁道："告小娘子，要和崔宁做夫妻不妨。只一件，这里住不得了，要好趁这个遗漏人乱时，今夜就走开去，方才使得。"秀秀道："我既和你做夫妻，凭你行。"当夜做了夫妻。

…………

崔宁听得说浑家是鬼，到家中问丈人丈母。两个面面厮觑，走出门，看着清湖河里，扑通地都跳下水去了。当

---

〔1〕〔明〕冯梦龙编撰：《警世通言》（第32卷），中华书局2009年版，第327—330页。

下叫救人，打捞，便不见了尸首。原来当时打杀秀秀时，两个老的听得说，便跳在河里，已自死了。这两个也是鬼。崔宁到家中，没情没绪，走进房中，只见浑家坐在床上。崔宁道："告姐姐，饶我性命！"秀秀道："我因为你，吃郡王打死了，埋在后花园里。却恨郭排军多口，今日已报了冤仇，郡王已将他打了五十背花棒。如今都知道我是鬼，容身不得了。"道罢起身，双手揪住崔宁，叫得一声，匹然倒地。邻舍都来看时，只见：

两部脉尽总皆沉，一命已归黄壤下。

崔宁也被扯去，和父母四个，一块儿做鬼去了。后人评论得好：

咸安王捺不下烈火性，郭排军禁不住闲磕牙。

璩秀娘舍不得生眷属，崔待诏撇不脱鬼冤家。[1]

〔1〕〔明〕冯梦龙编撰：《警世通言》(第8卷)，中华书局2009年版，第62—67页。

参考文献

一、古籍类

〔宋〕李昉等撰:《太平御览》，中华书局 1960 年版。

〔宋〕万桂荣编著:《棠阴比事》，凤凰出版社 2021 年版。

〔唐〕长孙无忌等:《唐律疏议》，上海古籍出版社 2013 年版。

〔唐〕中敕撰:《大唐开元礼》，民族出版社 2000 年版。

〔清〕彭定求等编:《全唐诗》，中华书局 1960 年版。

〔清〕曹雪芹、高鹗:《红楼梦》，中华书局 2014 年版。

〔清〕阮元校刻:《十三经注疏》，中华书局 2021 年版。

《新编诸子集成》，中华书局 2018 年版。

《二十四史》，中华书局 2018 年版。

唐圭璋编纂:《全宋词》，中华书局 2011 年版。

二、著作类

金景芳:《古史论集》，齐鲁书社 1981 年版。

翟同祖:《中国法律与中国社会》，中华书局 1981 年版。

沈家本:《历代刑法考》，群众出版社 1985 年版。

杨伯峻:《春秋左传注》，中华书局 1990 年版。

杨鸿烈:《中国法律发达史》，上海书店 1990 年版。

皮锡瑞:《经学历史》，周予同注释，商务印书馆 1992 年版。

张晋藩、林中、王志刚:《中国刑法史新论》，人民法院出版社

1992年版。

牟宗三:《心性与体性》,上海古籍出版社1999年版。

张晋藩:《中华法制文明的演进》,中国政法大学出版社1999年版。

何勤华:《中国法学史》,法律出版社2000版。

钱穆:《先秦诸子系年》,商务印书馆2001年版。

张汝伦:《现代中国思想研究》,上海人民出版社2001年版。

高绍先:《中国刑法史精要》,法律出版社2001年版。

钱大群:《中国法律史论考》,南京大学出版社2001年版。

范忠信:《中国法律传统的基本精神》,山东人民出版社2001年版。

林端:《儒家伦理与法律文化》,中国政法大学出版社2002年版。

程树德:《九朝律考》,中华书局2003年版。

杨宽:《杨宽古史论集》,上海人民出版社2003年版。

高绍先:《法史探微》,法律出版社2003年版。

丁鼎:《仪礼丧服考论》,社会科学文献出版社2003年版。

张国华:《传统中国法理探源》,北京大学出版社2004年版。

马小红:《法与礼:法的历史连接》,北京大学出版社2004年版。

刘源:《商周祭祖礼研究》,商务印书馆2004年版。

牟宗三:《中国哲学十九讲》,上海古籍出版社2005年版。

张伯元:《出土法律文献研究》,商务印书馆2005年版。

沈起凤:《谐铎》,人民文学出版社2006年版。

杨天宇:《郑玄三礼注研究》,天津人民出版社2007年版。

柳立言:《宋代的家庭和法律》,上海古籍出版社2008年版。

陆建华:《先秦诸子礼学研究》,人民出版社2008年版。

马小红:《中国古代社会的法律观》,大象出版社2009年版。

陈飞龙:《孔孟荀礼学之研究》,文史哲出版社2009年版。

任强:《知识、信仰与超越:儒家礼法思想解读》,北京大学出版社2009年版。

牟宗三：《名家与荀子》，吉林出版集团有限责任公司 2010 年版。

余英时：《现代儒学论》（第 2 版），上海人民出版社 2010 年版。

邓晓芒：《儒家伦理新批判》，重庆大学出版社 2010 年版。

梁家荣：《仁礼之辩——孔子之道的再释与重估》，北京大学出版社 2010 年版。

戴建国：《唐宋变革时期的法律与社会》，上海古籍出版社 2010 年版。

杨建：《西汉初期津关制度研究》，上海古籍出版社 2010 年版。

张晓蓓：《冕宁清代司法档案研究》，中国政法大学出版社 2010 年版。

魏向东、严安平：《中国的礼制》，中国国际广播出版社 2010 年版。

冯友兰：《冯友兰讲哲学》，凤凰出版社 2011 年版。

余英时：《朱熹的历史世界》，生活·读书·新知三联书店 2011 年版。

阎步克：《服周之冕——〈周礼〉六冕礼制的兴衰变异》，中华书局 2011 年版。

汤勤福、王志跃：《宋史礼志辨证》（上册），上海三联书店 2011 年版。

周聪俊：《乡礼考辩》，文史哲出版社 2011 年版。

刘慧恕：《论〈礼〉的精神》，上海人民出版社 2011 年版。

李云光：《三礼郑氏学发凡》，华东师范大学出版社 2012 年版。

杨华：《古礼新研》，商务印书馆 2012 年版。

商伟：《礼与十八世纪的文化转折：〈儒林外史〉研究》，生活·读书·新知三联书店 2012 年版。

［日］吾妻重二：《朱熹〈家礼〉实证研究》，吴震、郭海良等

译，华东师范大学出版社 2012 年版。

梁启超:《梁启超论宪法》，商务印书馆 2013 年版。

冯友兰:《中国哲学简史》，涂又光译，北京大学出版社 2013 年版。

钱穆:《中国史学名著》，生活·读书·新知三联书店 2013 年版。

胡适:《中国古代哲学史》，江苏文艺出版社 2013 年版。

胡适:《中国中古思想史长编》，江苏文艺出版社 2013 年版。

徐复观:《中国思想史论集》，九州出版社 2013 年版。

高明士:《律令法与天下法》，上海古籍出版社 2013 年版。

胥仕元:《秦汉之际礼治与礼学研究》，人民出版社 2013 年版。

张仁善:《礼法社会——清代法律转型与社会变迁》，商务印书馆 2013 年版。

梁治平:《寻求自然秩序中的和谐：中国传统法律文化研究》，商务印书馆 2013 年版。

梁治平:《礼教与法律：法律移植时代的文化冲突》，上海书店出版社 2013 年版。

梁治平:《法律史的视界》，广西师范大学出版社 2013 年版。

成守勇:《古典思想世界中的礼乐生活：以〈礼记〉为中心》，上海三联书店 2013 年版。

胡水君:《内圣外王——法治的人文道路》，华东政法大学出版社 2013 年版。

顾涛:《中国的射礼》，南京大学出版社 2013 年版。

尤淑君:《宾礼到礼宾——外使觐见与晚晴涉外体制的变化》，社会科学文献出版社 2013 年版。

齐琨:《乡礼与俗乐——徽州宗族礼俗音乐研究》，安徽文艺出版社 2013 年版。

梁启超:《老子、孔子、墨子及其学派》，北京出版社 2014 年版。

俞荣根:《礼法传统与现代法治》,孔学堂书局 2014 年版。

张海峰:《唐代法律与佛教》,上海人民出版社 2014 年版。

赵喆:《〈天圣令〉与唐宋法制考论》,上海古籍出版社 2014 年版。

徐忠明:《明镜高悬:中国法律文化的多维关照》,广西师范大学出版社 2014 年版。

张紫葛、张绍先:《〈尚书〉法学内容译注》,商务印书馆 2014 年版。

王坤、徐静莉:《大理院婚姻、继承司法档案的整理与研究——以民初女性权利变化为中心》,知识产权出版社 2014 年版。

李山:《西周礼乐文明的精神建构》,河北教育出版社 2014 年版。

任方冰:《明清军礼与军中用乐研究》,中央音乐学院出版社 2014 年版。

李俊芳:《汉代皇帝施政礼仪研究》,中华书局 2014 年版。

朱溢:《事邦国之神祇:唐至北宋吉礼变迁研究》,上海古籍出版社 2014 年版。

刘永青:《情礼之间——论明清之际的礼学转向》,人民出版社 2014 年版。

陈力祥:《王船山礼宜乐和的和谐社会理想》,社会科学文献出版社 2014 年版。

沈家本:《寄簃文存》,商务印书馆 2015 年版。

梁启超:《中国近三百年学术史》,崇文书局 2015 年版。

张岱年:《中国哲学大纲》,商务印书馆 2015 年版。

李泽厚:《由巫到礼　释礼归仁》,生活·读书·新知三联书店 2015 年版。

丁四新:《先秦哲学探索》,商务印书馆 2015 年版。

苏亦工:《天下归仁:儒家文化与法》,人民出版社 2015 年版。

梁治平:《法辩》，广西师范大学出版社 2015 年版。

梁治平:《清代习惯法》，广西师范大学出版社 2015 年版。

［日］高桥芳郎:《宋至清代身分法研究》，李冰逆译，上海古籍出版社 2015 年版。

黄永年:《唐史史料学》，中华书局 2015 年版。

李毅婷:《魏晋之际司马氏与礼法之士政治思想研究》，社会科学文献出版社 2015 年版。

任慧峰:《先秦军礼研究》，商务印书馆 2015 年版。

项阳:《以乐观礼》，北京时代华文书局 2015 年版。

王锷、翟林江整理:《礼记要义整理与研究》，高等教育出版社 2016 年版。

杨天宇:《周礼译注》，上海古籍出版社 2016 年版。

杨天宇:《仪礼译注》，上海古籍出版社 2016 年版。

杨天宇:《礼记译注》，上海古籍出版社 2016 年版。

俞荣根:《礼法传统与中华法系》，中国民主与法制出版社 2016 年版。

陶磊:《德礼道法斯文重建：中国古代政治文化变迁研究》，浙江大学出版社 2016 年版。

金玲:《程瑶田〈仪礼丧服文足征记〉再研究》，中山大学出版社 2016 年版。

何兆泉:《两宋宗室研究——以制度考察为中心》，上海古籍出版社 2016 年版。

叶修成:《西周礼制与〈尚书〉文体研究》，中国社会科学出版社 2016 年版。

刘丰:《北宋礼学研究》，中国社会科学出版社 2016 年版。

张岱年:《中国古典哲学概念范畴要论》，中华书局 2017 年版。

冯友兰:《中国哲学史史料学》，中华书局 2017 年版。

冯友兰:《中国哲学史补二集》，中华书局 2017 年版。

李泽厚:《中国近代思想史论》，生活 · 读书 · 新知三联书店 2017 年版。

萧萐父:《中国哲学史史料源流举要》，文津出版社 2017 年版。

高明士:《中国中古礼律综论》，商务印书馆 2017 年版。

姚中秋:《道统与宪法秩序》，中央编译出版社 2017 年版。

杨一凡、刘笃才 :《中国的法律与道德》，黑龙江人民出版社 1987 年版。

三、编著类

杨一凡、刘海年编著 :《中国古代法律史知识》，黑龙江人民出版社 1984 年版。

王云海主编:《宋代司法制度》，河南大学出版社 1992 年版。

杨一凡、田涛主编 :《中国珍稀法律典籍续编》，黑龙江人民出版社 2002 年版。

杨一凡主编 :《中国法制史考证》, 中国社会科学出版社 2003 年

杨一凡、徐立志主编，俞鹿年、汪世荣、闫晓君整理 :《历代判例判牍》，社会科学文献出版社 2005 年版。

陈重业编:《折狱龟鉴补译注》, 北京大学出版社 2005 年版

郑宏峰主编:《中华名案》，线装书局 2008 年版。

黄俊杰主编、高明士编 :《东亚传统家礼、教育与国法（二）: 家内秩序与国法》，华东师范大学出版社 2008 年版。

胡兴东、李杰、黄涛编著 :《判例法的两面 : 中国古代判例选编》，云南大学出版社、巴蜀书社 2010 年版。

曾先义、马小红主编 :《法与礼 : 中国传统法律文化总论》，中国人民大学出版社 2012 年版。

范玉吉主编 :《法律与文学研究》(第一辑)，上海三联书店 2012 年版。

中国政法大学法律古籍整理研究所编：《中国古代法律文献研究》（第六辑），社会科学文献出版社 2013 年版。

中国政法大学法律古籍整理研究所编：《清代民国司法档案与北京地区法制》，中国政法大学出版社 2014 年版。

王沛主编：《出土文献与法律史研究》（第三辑），上海人民出版社 2014 年版。

里赞主编:《法律史评论》，法律出版社 2014 年版。

张卉、钟雅琼编著：《以礼传文：柳诒徵说儒》，孔学堂书局 2015 年版。

何勤华、李秀清、顾颐主编：《〈清末民国法律史料丛刊〉辑要》，上海人民出版社 2015 年版。

吴丽娱主编:《礼与中国古代社会》，中国社会科学出版社 2016 年版。

汤勤福主编：《中国礼制变迁及其现代价值研究》（东北卷），上海三联书店 2016 年版。

李敖主编：《唐律疏议 · 佐治药言》，天津古籍出版社 2016 年版。

后记

中国法律传统是中国传统文化不可或缺的一部分，如何认识和对待中国法律传统是国人面临的时代课题。中国近现代以来的法律改革大规模移植西方法律制度，从清末变法到新文化运动再到新中国成立后的法律改革，传统法律文化逐渐被置于与现代法治相对的位置，被认为与现代法治文明格格不入。近几十年来，中国知识界不仅接受了西方对中国形象的定义和描述，而且常将法律理论与实践中的问题归咎于中国法律传统文化，体现了法律“东方主义”的认知和逻辑进路，这是一种对中国法律传统非常系统化的误读。

在某种程度上，西方如何看待东方的“东方主义”并不重要，重要的是“自我东方主义”如何消解。范畴分析是哲学最重要的任务之一，具有普遍的方法论意义。法与礼是中国法律传统中的核心概念，是中国传统法哲学的基本范畴，代表了中国法律传统的本质属性和基本特征。本书的问题意识是摆脱东西方文化“先进 / 落后”的思维模式，代之以关注东西方文化类型的差异，在全球化背景下，反思中国法以及中国法律文化的现代性。以“文化自觉”“理论自觉”重新看待、发掘和利用中国传统资源，梳理法与礼的历史渊源、内涵特征、相互关系等，体现中国文化的特质和民族精神，建构中国传统法哲学之法与礼的概念范畴。

我非常有幸能够加入“中国传统法哲学基本范畴研究”丛书的团队，亲历了项目从构想谋划、研讨论证、任务分解到具体实施的整个过程，为中国学界重塑当代中国法律主体性的努力添砖加瓦，作出力所能及的贡献。长达八年的研究异常艰辛，查阅大量古典文献令我这个视力极佳的人患上了眼疾。法与礼的文献资料浩如烟海，尚没有以规范法学的分析方法重构法与礼概念的法哲学研究成果可资参考和借鉴。写作就像在黑夜中摸索前行，没有灯光、看不到方向，时常感到孤独和无助，又深恐自己才学浅薄，难以完成如此重任，辱没了中国传统法哲学。道阻且长，行则将至。唯有全力以赴，坚持不放弃，方能不负使命。法与礼的研究让我站在东西方文化交汇之处，回望中国传统法律，重新认识西方法律传统中以自由主义为核心价值的权利、自由、平等、正义等概念范畴，更加坚定了继续深入法与礼研究的决心和信心。

书稿即将付梓，衷心感谢於兴中教授引领我进入中国传统法哲学研究的殿堂，感谢李其瑞教授对项目研究和每位作者的持续支持！感谢张生研究员为本书作序！感谢俞荣根教授、黄源盛教授、梁治平研究员、姜永琳教授，以及其他在《法与礼》写作过程中给予帮助、指导和建议的师长和朋友！感谢知识产权出版社庞从容女士对书稿出版的倾情付出，薛迎春女士大量耐心、细致和专业的编辑工作！

限于作者水平，本书错漏及不足之处，恳请专家学者及广大读者批评指正。

作者
2023 年 6 月